学ぶ人は、変えてゆく人だ。

目の前にある問題はもちろん、

人生の問いや、

社会の課題を自ら見つけ、

挑み続けるために、人は学ぶ。

「学び」で、

少しずつ世界は変えてゆける。

いつでも、どこでも、誰でも、

学ぶことができる世の中へ。

旺文社

英検分野別ターゲット

文部科学省後援

英検®1級
リーディング
問題

［改訂版］

旺文社

はじめに

　本書は実用英語技能検定（英検®）1級のリーディング（長文読解）問題に特化した問題集です。

　1級のリーディング問題では，非常に高い英文読解力が必要とされます。なかなかスコアが上がらないという方には，「そもそもどう読み進めたらよいかわからない」「読むことに慣れていない」といった思いがあるのではないでしょうか。そういった声に応えるべく，まずはリーディング問題の解き方について理解することができ，それからたくさんのオリジナル問題を解くことで力をつけられるよう，本書を制作いたしました。

　本書には以下のような特長があります。

リーディングについて基礎から学べる

1級の試験形式と過去問分析，長文の読み進め方，問題の解き方，普段の学習法などを詳しく解説しています。

41の長文があるから，着実に力をつけられる

いきなり本番形式は大変，という方のために，まずは「短めウォーミングアップ」から気軽に始められます。それから本番同様の長さの問題をどんどん解いて，最後には総仕上げの模擬テストを体験できます。

巻末「覚えておきたい単語リスト」付き

1級では長文読解のために高い語彙力が必要です。少しでも多く覚えておくことで，読解がスムーズになります。

　本書をご活用いただき，英検1級に合格されることを心よりお祈りしております。

旺文社

CONTENTS

Chapter 3　模擬テスト

Appendix　覚えておきたい単語リスト

※模擬テスト解答用紙は別冊の最後にあります。

※別冊解答のもくじは別冊p.2をご覧ください。

執筆　攻略ポイント：阪上辰也（広島修道大学）

問題・訳・解説：株式会社シー・レップス

編集協力　株式会社シー・レップス，Daniel Joyce，
Ken Stephano Medrano Endo，鹿島由紀子

装丁・本文デザイン　相馬敬徳（Rafters）

録音　ユニバ合同会社

ナレーター　Jack Merluzzi，Ann Slater

本書の利用法

Chapter 1　攻略ポイント

「問題形式と過去問分析」で問題形式と過去問の傾向を確認しましょう。その後,長文の読み進め方や問題の解き方,普段の学習法など,リーディングの基礎を学びましょう。

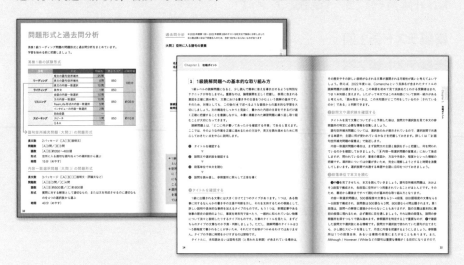

Chapter 2　練習問題 ／ Chapter 3　模擬テスト

41のオリジナル長文問題に挑戦しましょう。Chapter 2では,語句空所補充問題13(うち短め5),内容一致選択問題18(うち短め5)を,Chapter 3では10長文(試験2回分)を収録しています。解答・解説は別冊に収録しています。

本冊

ジャンル ————

———— 解答時間めやす

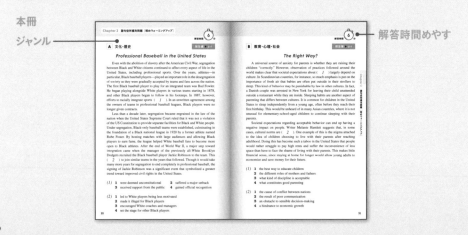

別冊解答

全訳

段落の要旨
各段落の内容のまとめが書いてあります

解答の根拠
内容一致選択問題の解答の根拠となる箇所を示しています。語句空所補充問題では空所に入る内容を色で示しています

解答・解説

語句

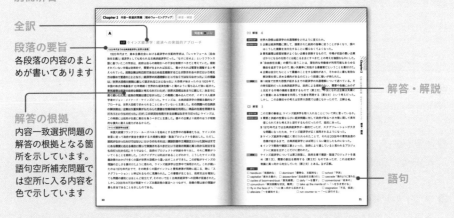

Appendix 「覚えておきたい単語リスト」

1級リーディングで役立つと考えられる単語を，ジャンル別にまとめました。覚えることで，よりスムーズに長文を読めるようになります。

音声について

　本書のChapter 3に収録されている模擬テストのすべての長文の音声をお聞きいただけます。))) 01-05の表示をご確認ください。音声は以下の2つの方法で聞くことができます。

公式アプリ「英語の友」（iOS/Android）で聞く場合

❶「英語の友」公式サイトより，アプリをインストール

https://eigonotomo.com/

（右の2次元コードからアクセスできます）

| 英語の友 | 検索 |

❷ ライブラリより「英検分野別ターゲット 英検1級 リーディング問題［改訂版］」を選び，「追加」ボタンをタップ

●本アプリの機能の一部は有料ですが，本書の音声は無料でお聞きいただけます。
●詳しいご利用方法は「英語の友」公式サイト，あるいはアプリ内ヘルプをご参照ください。
●本サービスは予告なく終了することがあります。

パソコンに音声データ（MP3）をダウンロードして聞く場合

❶ 以下のURLからWeb特典にアクセス

https://eiken.obunsha.co.jp/1q/

❷ 本書を選び，以下のパスワードを入力してダウンロード

hqkebn（※すべて半角アルファベット小文字）

❸ ファイルを展開して，オーディオプレーヤーで再生
音声ファイルはzip形式にまとめられた形でダウンロードされます。展開後，デジタルオーディオプレーヤーなどで再生してください。

●音声の再生にはMP3を再生できる機器などが必要です。
●ご使用機器，音声再生ソフト等に関する技術的なご質問は，ハードメーカーもしくはソフトメーカーにお願いいたします。
●本サービスは予告なく終了することがあります。

Chapter 1
攻略ポイント

問題形式と過去問分析

英検1級リーディング問題の問題形式と過去問分析をまとめています。
学習を始める前に把握しましょう。

英検1級の試験形式

技能	形式	問題数	満点スコア	試験時間
リーディング	短文の語句空所補充	25問	850	100分
	長文の語句空所補充	6問		
	長文の内容一致選択	10問		
ライティング	英作文	1問	850	
リスニング	会話の内容一致選択	10問	850	約35分
	文の内容一致選択	10問		
	Real-Life形式の内容一致選択	5問		
	インタビューの内容一致選択	2問		
スピーキング	自由会話	—	850	約10分
	スピーチ	1問		
	Q&A	—		

語句空所補充問題（大問2）の問題形式

長文数 2パッセージ（[A][B]説明文）
問題数 [A]3問／[B]3問
語数 [A][B]約350〜400語
形式 空所に入る適切な語句を4つの選択肢から選ぶ
時間 15分（めやす）

内容一致選択問題（大問3）の問題形式

長文数 3パッセージ（[A][B][C]説明文・評論文など）
問題数 [A][B]3問／[C]4問
語数 [A][B]約500語／[C]約800語
形式 質問に対する解答として適切なもの，または文を完成させるのに適切なものを4つの選択肢から選ぶ
時間 40分（めやす）

過去問分析　　※2020年度第1回〜2022年度第3回のテストを旺文社で独自に分析しました
※小数点第二位以下四捨五入のため，合計100%にならないものがあります

大問2　空所に入る語句の要素

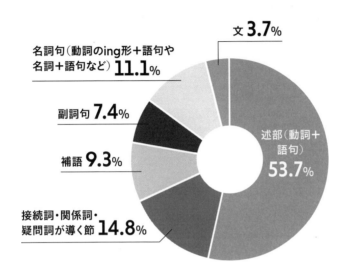

文 **3.7**%

名詞句（動詞のing形＋語句や
名詞＋語句など）**11.1**%

副詞句 **7.4**%

補語 **9.3**%

接続詞・関係詞・
疑問詞が導く節 **14.8**%

述部（動詞＋
語句）
53.7%

- 1級では選択肢は4〜8語程度の語句からなる。「空所のうち1つは接続表現」というような決まった傾向はない。
- 空所に入る要素（選択肢の要素）としては，「述部」が半分以上を占める。次に「接続詞・関係詞・疑問詞が導く節」が多い。「補語」「副詞句」「名詞句」にも動詞（の変化形）やto不定詞を含むことを考えると，動詞が重要ということになる。
- 選択肢が短くとも長くとも，空所のある文（本書では「空所文」と呼ぶ）で何を言おうとしているかを理解し，空所文の前後の論理関係を考えて判断しなくてはならない。

大問3　設問の疑問詞／形

What ～ learn about... 3.4%　　文継続because 5.6%

| What 39.3% | Which of the following statements 18.0% | 文継続 19.1% | | Why 6.7% | How 6.7% |

文継続reason 1.1%

大問3　設問で問われる内容例

●**ある事柄についてわかること**
What do we learn about ～? / Which of the following statements regarding～ is true? / Which of the following statements best describes ～?

●**何かの（誰かが何かをした／何かが起きた）理由**
Why did ～? / ～ because［文継続型］/What is one reason ～?

●**筆者や登場人物が同意しそうな事柄**
Which of the following statements would ～ most likely agree with?

●**実験結果・研究からの示唆**
～（研究など）suggests that［文継続型］/ The results of ～（研究など）indicate that［文継続型］/ According to the study conducted by～,［文継続型］

●**出来事の経緯や背景**
How did ～ alter the circumstances surrounding ～? / In what way was ～ misinterpreted?

●**出来事の経過や事柄の解釈**
How can ～ best be interpreted in the context of the passage?

●**何かの根拠**
～（ある物事への見解や出来事の結果）on the grounds that［文継続型］

●**筆者の結論・示唆**
What does the author of the passage conclude with regard to ～? / What conclusion does the author of the passage draw about ～? /What does the author of the passage reveal about ～?

●**登場人物の考えや行動**
During the 1830s, ～（主語）［文継続型：選択肢は述部］

●**推測できること**
What can be inferred about ～?

● 設問の疑問詞や形で見ると，Whatで始まる設問が多いが，ある程度形が決まったWhat ～ learn about ...?のような形をとる設問は少な目で，Whatでも多様な内容が問われる。また，文継続型の設問の割合も比較的多い。中でも，設問に主語や地域や時代だけがあり、選択肢の内容を詳細に読む必要がある設問が多くなっている。決まったフレーズで言うと，Which of the following statementsから始まる設問が比較的多いが，選択肢の真偽や，筆者や登場人物が同意しそうな事柄など様々なことが問われる。

● 広範囲にわたって述べられた内容を要約する力や，推測する力が必要となる設問も出題される。内容例を参考にするとよい。

大問2，3 長文のジャンル

分野	分野詳細	大問2　出題トピックの内容例	大問3　出題トピックの内容例
人文科学系	文化・芸術・文学・言語・哲学・歴史学・宗教など	演技と脳の関係/ある英英辞書の出版背景/ある映画シリーズに基づく宗教・ポップカルチャー哲学/ある映画製作者の製作技術と評価	ある国の劇作家の作風とそれへの各種意見/ある歴史書の内容と歴史研究への影響
社会科学系	政治・経済・国際関係（紛争やその歴史も含む）・社会・法学・教育・心理・情報化社会など	刑務所の改革/ITによる監視経済/人工衛星の情報と金融業界での利用/経済評価/警察尋問手法と心理や法学的知見	様々な時代や場所における戦争/条約/思想/政治的主張/経済理論/ある事業と環境への影響/環境に配慮した税金制度
自然科学系	生物（植物・動物・昆虫など）・医学（遺伝子関連や脳科学の話も含む）・地球科学など	ハチ・ゴキブリ・クモの生態/火を操る鳥/毒と服用量の関係	植物の知性/種の定義と分類学の論争/宇宙/記憶のメカニズム（脳）/化石分析・遺伝子研究・技術の進展により解明の進む被子植物の進化論的位置づけ
その他・複合	上記3分野の2つか3つにまたがるものや上記で挙げていないもの	科学・宗教・神に関する考え方をめぐる世界の思想的闘争/ある人によって作られた地図と英仏の論争および戦いとの関係（植民地史・政治・経済・歴史が絡む複合的説明）	途上国の生物資源からの利益を独占する先進国に対する各分野からの意見/昆虫養殖への期待と環境への影響

大問2 長文テーマ分野（大分類）

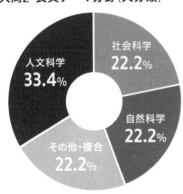

大問3 長文テーマ分野（大分類）

- 割合としては，大問2（語句空所補充）では人文科学系，大問3（内容一致選択）では社会科学系が多い傾向はあるが，回ごとに偏っていたりもするため，まんべんなく幅広い話題に対応できるようにするのがよい。
- 1級では，テクノロジー・自然科学（生物学・生態学・遺伝学・医学など）・地球科学・心理学・歴史学・社会学・哲学・教育・政治・ビジネス・娯楽・文化・人類学・文学・芸術といった幅広い分野の長文が出題され，それらが複合的に組み合わされた内容になっていることもよくあるので，割合よりも実際に出題されたトピックの内容例を参考にするとよい。

1 1級読解問題への基本的な取り組み方

　1級レベルの読解問題になると，少し読んで簡単に答えを導き出せるような特別なテクニックが存在しません。重要なのは，論理展開を正しく把握し，表現に含まれる意図を正確に読み取り，文章における書き手の主張をつかむという読解の基本です。そのため，対策としても，この後の 4 で述べるような普段からの基本的な学習を大切にしましょう。文の構造をしっかりと見抜く，書かれた内容の主旨をできるだけ速く正確に把握することを意識しながら，本書に掲載された練習問題に繰り返し取り組むことが大切になってきます。

　読解問題とは，「どこに何が書いてあったかを確認する作業」であると言えます。ここでは，そのような作業を正確に進めるための方法や，英文を読み進めるために用心しておきたい点を中心に説明します。

❶　タイトルを確認する
▼
❷　設問文や選択肢を確認する
▼
❸　段落単位で本文を読む
▼
❹　設問を読み直し，参照箇所に照らして正答を導く

❶タイトルを確認する

　1級に出題される文章には大きく分けて2つのタイプがあります。1つは，ある物事に対するなんらかの書き手の主張や判断を示し，それを支持するための根拠として，詳しい説明や具体的な事例を加えるタイプのものです。もう1つは，新聞記事やある物事の歴史の説明のように，事実を時系列で並べたり，一般的に知られていない物事について淡々と説明したりするタイプのものです。文章のタイトルを見たら，まずどちらのタイプの文章なのか予測・判断しましょう。ただし，読解問題のタイトルは3～5語程度で書かれることが多いため，それだけで全容がつかめるわけではありません。タイプの予測に時間をかけすぎるのは禁物です。

　タイトルに，未知語あるいは固有名詞（と思われる単語）が含まれている場合は，

その歴史やその詳しい説明がなされる文章が展開される可能性が高いと考えてよいでしょう。例えば，2022年度には，Comanche という民族名が含まれたタイトルの読解問題が出題されました。この単語を初めて見て民族名だとわかる受験者はまれ，つまり未知語と言えます。したがって本文ではこの未知語について説明・紹介があると考えられ，「読み取るべきは，この未知語がどこで何をしているのか［されているのか］である」と判断できます。

❷設問文や選択肢を確認する

　タイトルを見て文章についてざっと予測した後は，設問文や選択肢を見て本文の参照箇所の特定に必要な情報を収集しましょう。

　語句空所補充問題については，選択肢のみが提示されているので，選択肢間で共通する単語や，主語に何が使われているかなどを把握しておきます。詳しくは「　2　語句空所補充問題の留意点」で後述します。

　内容一致選択問題の場合は，まず設問文の主語と動詞をざっと把握し，何を問われているのかを確認しておきましょう。「　3　内容一致選択問題の留意点」において後述しますが，問われているのが，著者の意図か，方法や手段か，程度かといった情報の把握です。選択肢については分量が多いため，完全に理解しようとすると時間を浪費してしまいます。選択肢間で共通する単語や主語に目印をつけておきましょう。

❸段落単位で本文を読む

　❶や❷を完了させたら，本文を読んでいきましょう。語句空所補充問題は，おおよそ3段落で構成され，各段落に空所が1つ用意されていることがほとんどです。そのため，最初から最後まですべて読むのが基本的な取り組み方となります。

　内容一致選択問題は，500語程度の文章なら3〜4段落，800語程度の文章なら6〜8段落で構成され，設問数は500語なら3問，800語なら4問出題されます。第1段落は，設問への解答に直接かかわらないこともありますが，話の主題は基本的に最初の段落に現れるため，必ず最初に目を通しましょう。それ以降の段落も，設問の参照箇所を探すつもりで読み進めます。参照箇所を特定する上で重要なのが，❷で確認した設問文や選択肢にある情報です。設問文や選択肢で使われていた語句が出てきたら，少し読むスピードを落として，丹念に内容を把握するようにしましょう。参照箇所は1つの段落全体，あるいは複数の段落にまたがることもあります。また，Although / However / While などの語句は重要な情報がくる目印になりますので，

これらの接続詞や副詞があったら，話の展開の変化に注意して読むようにしましょう。

❹設問を読み直し，参照箇所に照らして正答を導く

　ここで改めて，設問文や選択肢を確認しましょう。語句空所補充問題の場合は，空所に入るべきものを絞り込んでいくことになります。読みながらすぐに正解を決められるほど容易な問題はほとんどなく，一見するとどれも空所に当てはまりそうな選択肢が並んでいます。文脈を再確認するため，空所の前後1〜2文を読み直し，最も自然な流れになる選択肢を選びます。

　内容一致選択問題では，本文中の参照箇所を丁寧に読み直していきます。❸での作業がきちんとできていると，参照箇所を重点的に読むことに集中できます。なお，本文中の表現は選択肢中では言い換えられていることがほとんどです。

　もし，問題文を読み進める中で，内容がさっぱり頭に入ってこない，きわめて難解な話題であると感じたら，別の長文問題に取り組むなどして，一旦，自身の頭と気持ちをリセットし，残り時間で再度取り組み直すというのも1つの手です。

2　語句空所補充問題の留意点

　1級の問題では，空所前後の1文程度を読むだけで答えを絞り込めるような，簡単な問題はあまり出ません。多くの場合，各段落で何が述べられているのか，段落中の展開がどのようになっているのかを読み解いていくことになります。

❶タイトルから文章の展開を推測する

　過去に，The New Atheism というタイトルの読解問題が出題されました。"Atheism" が「無神論」であるとわからなくとも，"New" や "-ism" から，新しい何らかの「論」について説明されるだろうと予想でき，対立する立場・主張や，書き手の判断が示される可能性が高いと考えられます。

　書き手の判断・主張と思われる文を推測させる語句空所補充問題が出題されることはよくあり，社会的な問題などを取り上げている文章では特にその傾向が強く見られます。書き手の判断・主張の前後では，それを裏付ける根拠として，識者の意見やデータなどが示されます。これは解答を選ぶ際の根拠になりますし，問題によってはこの根拠の部分が問われることもあります。

❷選択肢が持つ機能と意味合いを捉える

　語句空所補充問題の場合は，選択肢が持つ機能とそこに含まれる語がどのような意味合いを持っているかをざっと確認しましょう。機能を捉えるというのは，選択肢に並んでいるものが述部なのか節なのか，文法的な役割が何かを把握することです。もし述部であれば，空所の前には主語があるはずなので，その文の主語になる名詞を見つけて，そこに印をつけておくと，読み返して解答を確定させる際に役立つでしょう。

　加えて，並んでいる選択肢の中の共通部分を探します。特に，動詞の前後を読み，否定しているのか肯定しているのか，あるいは，ポジティブな意味合いを持つ名詞・形容詞・副詞が多く使われているかどうか，などの確認をします。例えば，4つの選択肢のうち3つではネガティブな単語が多く使われ，1つだけポジティブな単語が多く使われているという場合もあります。その時には，4つの選択肢の中で仲間外れになっている選択肢のみ，先に全体の意味を把握しておくと良いでしょう。そうすることで，比較的短時間でその選択肢が正解か不正解かを判断しやすくなる可能性があります。仲間はずれの選択肢がポジティブであったとして，本文を読んだ時に，空所に

入りそうなのがポジティブな内容かどうかわかるだけで，正解が素早く見つけられます。一方，空所に入りそうなのがネガティブな内容であれば，少なくとも，そのポジティブな選択肢は外れて，他の選択肢との照合が必要とわかります。見方を変えれば，他の選択肢を読んで照合に時間がかかるとわかるので，そのまま問題に取り組み続けるか，一旦別の問題を解決してから戻ってくるかを決められます。これは内容一致選択問題の選択肢に関しても同じことが言えます。

❸つなぎ言葉を起点に広範囲を読み取る

　語句空所補充問題に取り組む際，1つの手がかりとなるのは，文と文の関係性を示す「つなぎ言葉」（接続語句）です。ただし，1級レベルの問題においては，つなぎ言葉の前後の文を読むだけで解答を絞り込めるということは少なくなっています。例えば，however が空所文の前や後ろにあるからといって，前と後ろの内容が正反対の対照的な内容になるわけではなかったり，選択肢が絞り込めなかったりするのです。より広い範囲で内容やその論理関係を捉えた上で解答を決める必要が出てきます。また，つなぎ言葉が明示されないまま，文が続いていくこともあり，その場合には，「前後の流れを読む」ことで，どのような展開になっているかを把握することが求められることになります。ここで，以下の長文を見てみましょう。これは，つなぎ言葉に着目しながら解答を絞り込む問題です。

【p.46-47 の練習問題 F より一部抜粋】

　　People have lived in the part of the Scandinavian Peninsula now known as Finland for about 9,000 years. The region has been important not only for its forests, mineral wealth, and farmland but also because its geographical location makes it ideally placed for trade. Finland has ports on the Baltic Sea and the Gulf of Finland, which form the main shipping route to Saint Petersburg, the second biggest city in Russia. The region gained international significance in the twelfth century, when it became an area of contention between Sweden and Russia. Initially, Sweden (　1　). However, in 1809, Imperial Russia finally succeeded in capturing Finland from Sweden, giving the empire a strategic geographical advantage it had sought for centuries.

(1)　**1**　agreed to let Russia control Finland
　　2　governed Saint Petersburg firmly but fairly

3 convinced Russia to attack Finland
4 repeatedly won military confrontations

　この問題は，スウェーデンが主語になっている部分の後に空所があり，元々どのような状況にあったのかを選択肢から選ぶものになります。この空所の前では，"Initially"，そして，空所の直後には"However"というつなぎ言葉が使われており，「元々はスウェーデンは（　1　）であったのだが，しかし…」という，前の文とは異なる新たな事実などを提示する際に使用される典型的な論理展開となっていることがわかります。そこで，まずはHowever以下の内容を把握すると，「帝政ロシアがついにスウェーデンからフィンランドを奪い取った」という内容が述べられています。この内容とHoweverというつなぎ言葉が使われていることを踏まえれば，フィンランドを奪い取る前には，両国の力関係が逆であったことが予測されます。ここで，選択肢の中からロシアが優勢な状態を示す**1**，**3**をまず除外できます。残る**2**，**4**を見ると素直にスウェーデンの連続勝利を述べている**4**が選べそうですが，**2**の「（スウェーデンが）サンクトペテルブルグを統治した」という内容も優勢を表しているかもしれません。これを完全に誤答と断定するには，Initiallyから始まる空所文前で，現在ロシア第二の都市サンクトペテルブルグへの航路として重要なフィンランドの土地をめぐるロシアとスウェーデンの闘争があるという流れを把握し，そのような流れで出てきただけの地名であることも把握していなければならないわけです。

　この例からわかるように，1級の空所補充問題では飛ばし読みをして正答を導くことは難しくなっています。さまざまな予測をし，英文の展開方法や何らかの対立軸（利点と欠点・賞賛と批判・予想や願望と現実・原則と例外など）を見極めたうえで，段落全体の内容を要約できる力が必要になります。

　なお，実際の試験においては，第1段落に空所が設定されていない場合もあります。その場合でも，第1段落には，その文章のエッセンス（最も伝えたい内容）やタイトルに含まれる単語の定義や説明が含まれていることが多いため，必ず最初から最後まで目を通しておきましょう。

3　内容一致選択問題の留意点

　基本的には，本文の内容の適切な要約・言い換えを見つけることで正解へたどり着くことができます。p.12に挙げられているように，何かの（誰かが何かをした／何かが起きた）理由，筆者や登場人物が同意しそうな事柄，実験結果・研究からの示唆，出来事の経過や事柄の解釈などを把握する問題などが出題されています。本文の適切な要約・言い換え表現を見つけるには，動詞を名詞化あるいは名詞を動詞化した表現や，類義語の知識が必要になります。こうした知識を身につけるには，問題集の解説を読みながら，選択肢中のどの表現が本文のどの表現に言い換えられているのか，当該の表現に線を引いて対応関係を明示化するようなトレーニングをするとよいでしょう。

　基本的な読解方法については①で説明をしましたので，ここでは，選択肢を絞り込んでいく際の留意点について説明します。

❶どう読めば設問に対処できるか，戦略を立てて読む

　内容一致選択問題では，本文を読む前に設問を確認しましょう。問題にできるだけ早く答えるためには，あらかじめ何が問われるのかを把握しておく方が効率的です。何について答える必要があるのかを知っていれば，その後で本文を読み進める中で，問題に関連する箇所に気づきやすくなります。そこに気づいたら精読し，答えを導くことになります。まずは設問を見て何が問われているかを把握して，何について書かれているところを注意して読めばよいのか予測を立ててみましょう。

　設問は，基本的に長文の流れに従って順に問われるため，段落を戻って読む必要がないことがほとんどです。また多くの場合，1段落内に1問を解くための根拠の中心となる内容が述べられています。前述のとおり，500語の長文は3〜4段落（3段落が多い）に3問の設問が出されるのですが，500語で3段落の時はだいたい1設問ずつ第1段落から対応していると予測されます。また，800語の長文の場合は，6〜8段落（7段落が多い）で構成され，4問の設問があるので，どの段落に重点がありそうか，ざっと目星をつけられると解きやすくなります。試験のような時間が限られた状況で必要な情報を読み取ることが求められている場合，このような形で「戦略的に読む」ことが非常に重要になります。

　その他にも，"What does the author of the passage conclude ...?" という設

問であれば，結論が述べられるのは文章の終盤と考えられますから，本文全体のうち，最後の段落をしっかり読むべきだと予測できます。また，本文と直接的にかかわる（固有）名詞が入った設問なら，その表現が出てくる文・段落を集中的に読もうと戦略を立てることができます。

　なお，単純な英文解釈ではなく，"What does the author of the passage imply about ...?" のように，広い範囲の内容を要約したり，明示的には書かれていない筆者の意図を推測して解答を決めなくてはならない問題も出題されています。こうした問題を解くには多くの時間を要するので，時間がかかりすぎると感じた場合はむしろ諦め，他の部分的な事柄や書かれている事実を問う問題にその分時間を費やしてもよいかもしれません。こうした路線変更も戦略の1つと言えます。

　もちろん，予測が外れてしまい，本当に読むべき箇所を逃してしまうこともあるわけですが，予測の精度を高めるためには，多くの設問に取り組み，ある程度の傾向をつかんでおくとよいでしょう。そのため，本書の練習問題を解く際には，回答の根拠となった部分に下線などをつけておき，答え合わせをするときには，文章全体のどのあたりに根拠となる文があったのか，その段落や位置を確認するようにしましょう。印などをつけることで，解答に必要な情報がどの箇所にどれほど書かれていたのかが可視化されます。可視化により，印をする箇所が多くなれば，解答を決めるのにそれだけの分量を読まなくてはいけないということを視覚的に把握することができます。その問題の難易度を測る1つの指標にもなるはずです。

❷選択肢を読み込みすぎない

　選択肢については，各選択肢の英文が20語程度，もしくはそれ以上となることもあります。選択肢は4つありますから，選択肢すべてを読むだけで100語近くの読解をすることになります。しかもそのうち4分の3は本文の内容に合っていない情報ということになるので，すべての選択肢を読み込むのは賢明とは言えません。そこで，選択肢については，共通して書かれている具体的な名詞や動詞などの単語を中心に眺め，「何がどうしているか／どうなっているか」をつかんでおくようにしましょう。また，程度や状態を表す形容詞や副詞に着目することで正解に素早くたどり着く方法もあります。例えば，とあるプロジェクトが話題となっていたとします。その英文についての内容一致問題の選択肢の中に，比較級であるbetterという表現があれば，読むべき段落にポジティブな表現が記載されている可能性があり，加えて，何かと比較するような内容が出てくるかもしれないことも予想されます。あるいは，properly

という副詞が選択肢にあれば，何かの適切さにかかわる話題があること，また，その反対の意味を持つinappropriateやinappropriatelyのようなネガティブな表現が本文中に現れる可能性が考えられます。これら2つの表現がそれぞれの選択肢に含まれている場合には，「何らかの適切さについて比較がなされている」可能性も踏まえながら，本文を読み進めることになります。

❸推測しすぎ・拡大解釈パターンの選択肢に惑わされない

　選択肢の中には，本文に書かれている以上のことを含めたものが混ぜ込まれていることがあります。例えば，本文中に「利益確保のため，製薬会社Aが別の製薬会社Bと合併した」（In order to improve profitability, pharmaceutical company A merged with another pharmaceutical company B.）という記載があることに関連して，選択肢に「今回の合併により，新たなプロジェクトの成功が約束された」（The merger is expected to lead to the success of the new project.）とあるようなケースです。これは，「利益確保のための合併ならば，何かよいことがあるはずであり，新たなプロジェクトも成功するだろう」と推測しすぎてしまっており，言い換えでも要約でもなく，飛躍した解釈をしていることになります。つまり，正解とは言えません。この場合，本文の他の箇所に，実際にプロジェクトの成功について述べられた記載がないかどうかを確認し，裏付けをする必要があります。

　またこの他にも，そもそも本文のどこにも書かれていない内容を含んだ選択肢や，本文の内容を言い換えているようで実は矛盾した内容を含む選択肢を混ぜ込み，問題の難易度を上げている場合があります。長文読解の選択肢は1文が長く，時間的な制約もあることから，本文の内容といくらか一致しているから大丈夫だろうと思って選んでしまうと，全体で見たときにはやはり誤答であったということもあります。

　本書の問題を解いて答え合わせをするとき，正解以外の選択肢について誤りである理由を考えてみましょう。前半は合っているが後半は矛盾している，拡大解釈をしている，もっともらしいことを言っているがよく読むと関係のない内容，といったパターンが見えてくるはずです。パターンに慣れることで，正しい答えにたどり着く可能性はさらに上がります。

4　日頃からの学習方法

　1級合格を目指すため，まずは，過去問の長文部分を3回分ほど読んでみましょう。過去問の長文をいくつか読むことで，チェックできることがあります。

①意味がはっきりとわからない語彙に遭遇したら印をつける
②読み進めてなんとなく予想できた語彙の意味（プラスイメージかマイナスイメージ
　かだけでもよい）を記してみる
③読みにくいと感じたトピックと読みやすい印象のあるトピックをメモしておく

これらのことをすると，現状で自分が
①1級に必要な語彙をどれほど知らないか
②文全体から予測する力がどのくらいあるか（文章把握力や前後の推測力）
③背景知識を得ることで把握しやすくなる可能性がある分野
がわかってきます。

　語彙力，文章構成把握とそこからの推測力，背景知識のすべてが1級のリーディングに役立つ要素です。ここでは，1）語彙力，2）文の構造を把握する力，3）背景知識，という主に3つの点に焦点をあて，それらを強化するための学習方法について紹介します。

1）語彙力を強化するには

　『英検1級 でる順パス単』のような単語リスト書籍，『英検1級 文で覚える単熟語』のような長文内で単語が覚えられる書籍は「英検1級」でよく出る傾向にあるものを中心に学習できるのでお勧めです。また，1級レベルの語彙を習得するには，その語彙に「何度も」「違う場面で」出会うことが重要です。語彙力強化の方法にはさまざまなものがありますが，以下では，上記以外で意識するとよいことや，試してみるとより発展的学習となる例を紹介します。

❶「コロケーション」を意識する

　「この単語を知っている」という場合でも，その単語の何をどれほど知っているのか，

改めて確認しておくとよいでしょう。例えば，knowledgeという単語について，この単語の品詞，意味，綴り，発音を知っているというだけでは，十分にその単語について知っているとは言えません。もし，この単語を修飾する形容詞を5つ挙げてくださいと尋ねられたら，extensive / basic / up-to-date / professional / scientificのような単語がすぐに思い浮かぶでしょうか。こうした名詞には，それを修飾する形容詞が前につくことがあるわけですが，単語そのものではなく，その周辺にどのような単語が使われやすいのかを把握しておくことも大切です。こうした語彙の連鎖は「コロケーション」と呼ばれ，コロケーションに特化した辞書も販売されていますし，オンラインでコロケーションを無料検索できるウェブサイト（Macmillan Dictionaryなど）もあります。名詞であれば形容詞や動詞，前置詞とのコロケーション，形容詞や動詞であれば副詞とのコロケーションも覚えておくと，その単語についてより深い知識を得ることになり，読解の速度を上げることにもつながります。その効果はリーディングにとどまらず，ライティングにおいても，より自然な表現を使って英文を作成していくことができるようになります。

❷ 専門性の高い文章を読んで知らない語をチェックする

　長文読解においては，1つでも多くの単語の意味を知っておくに越したことはありません。そこで，p.13で見たようなよく出る分野のいくらか専門性の高い文章を読み，そこに含まれる語彙を覚えていくことをお勧めします。

　さまざまな媒体で紹介されていますが，やはり，英文雑誌や英字新聞を読むことが未知の単語の収集と学習には最適です。住まいの近くの図書館に配架されていて無料で読むことができる場合もありますし，各雑誌・新聞の公式サイトにおいても，無料でいくつかの記事を読むことができるようになっています。代表的な雑誌としては，TIME（時事問題），The Economist（経済系），National Geographic（自然系），WIRED（技術系）などが挙げられます。新聞では，The New York TimesやThe Guardian（時事・経済・医学などニュース全般）やThe Wall Street JournalやFinancial Times（経済系）などがあります。

　すべての雑誌，そして，すべての記事についてじっくりと目を通すということは時間的に難しいかもしれません。語彙力不足の解消を目的とする場合，記事の内容には深入りはせずに流し読みをして，単語として知っているのか知らないのかだけを判定しながら目を通していきます。意味がすんなりと言えない単語が見つかったら，それらをマークしておき，目を通し終わったところで意味などを辞書で調べ，調べたもの

をできるだけ多くピックアップしてリスト化しておくのが良いでしょう。

❸ 1日のスケジュールに単語学習をうまく組み込み継続する

語彙力を強化するには，トレーニングの量をきっちりと確保することにより，記憶として定着させやすくすることが肝要です。言い換えれば，「繰り返し」・「反復練習」が記憶や学習にとって重要であると言えますが，一方で，こうした地道な学習活動を退屈に感じてしまい，長続きしにくい部分もあるかもしれません。そうした場合には，1日のスケジュールの中に単語学習の時間をあらかじめ組み込んでおき，単語学習を絶対にすると決めておくと，すっきりとした気持ちで取り組むことができるかもしれません。単語学習を30分・1時間と継続させることは難しいと思われるので，10〜20分程度に区切り，集中して取り組むことも大切です。

また，単語の意味を調べてリスト化したりカードを作ったりするだけでなく，単語テストを作成してくれるアプリやウェブサイトを活用し，自作の単語テストを解きながら定着を図るという方法もあります。こうした能動的な活動を，未知の単語に出会ったときに行う習慣としておくことで，継続的な学習を目指しましょう。

2）英文の構造を把握する力を強化するには

❶ 過去問や練習問題を多読して要約文を考える

英語の文構造や文章の流れに慣れるためには，多くの英文を読む必要があります。英検1級合格のためには，まず，過去問や本書にある練習問題を繰り返し読みましょう。もし，取り組む分量が多く感じられる場合には，『英検1級 文で覚える単熟語』を利用し，短めの段落から始めてみてもよいでしょう。

読み終えた後には，その英語の文章の概要をまとめ，要約をしてみましょう。日本語でかまいません。要約は，内容理解が十分でなければ適切にすることができないことから，自身が英文の構造を把握できているかどうかを判断するのに役立ちます。そして，文章の主題は何か，話の展開はどのようになっているかなど，文章として主要なポイントを把握して短くまとめるトレーニングをすることで，文章全体の構造を理解する力が養われます。もう少し書く時間を短縮したい場合は，本書の全訳の段落のはじめについているような，その段落の内容を最も端的に表すような小見出しを付けるトレーニングでも，自身が内容を理解できているのかどうかがはっきりするはずです。

❷ 音読する

　音読というと，スピーキングやリスニング対策のためのトレーニングとして捉えられることが多いですが，自身が文の構造をきちんと捉えられているかをチェックする上でも有効です。音読の際には，音声を利用して自己チェックをぜひ行いましょう。

　本書に収録された模試については，音声データがダウンロードできるようになっています。また，スマホ向けのアプリ「英語の友」を利用することもできます。音読時のお手本として必ず聴くようにし，詰まったり言い淀んだりすることなく，読み上げられる速度と同程度にスラスラと音読をすることができていれば，概ね，その英文の構造を捉えられていると判断できます。しかし，言い淀みなどが多発する場合には，その英文の内容や構造について捉えきれていない部分が残っていると思われます。その場合には，改めて，意味を把握し，どのような構造をしているのかを再点検しましょう。

　音読は，できるだけ毎日，そして，短い時間（10〜15分程度）で，短めの区切り（ある特定の段落のみ）で行うことが大切です。大量にこなそうとしても，継続が困難になりやすく，自分がわかって読めているのかそうでないのかが判断できなくなり，十分な効果が見込めないためです。

3）背景知識を補うには

　1級レベルの問題は，科学や文化に関する幅広い知識を求められている側面があります。背景知識がなくとも長文を読めば問題が解けるようにはなっているはずですが，背景知識があったほうが読みやすくなることは否めません。英文雑誌などを通じた情報収集についても紹介しましたが，正確かつ効率的に情報を得るのであれば，やはり日本語での情報収集が一番です。

　英文読解の問題として，科学・文化・歴史などをテーマにした内容も幅広く出題されることから，そうした情報を日本語でも取り入れておくことが望ましいです。個人の趣向もあるので，あまり興味のわかない分野もあるとは思いますが，基本的な知識を入手するのであれば，新書として刊行されている書籍がお勧めです。手始めに，「〇〇学入門」とある書籍を手に取ってみるとよいでしょう。新書は，その学問を専門としない人向けに，比較的平易な文章で書かれており，専門用語も少なからず使われることがありますが，読む中で，「この用語・表現を英語で何と言えばよいのかな」と思って調べてみることで（書籍内に英語が併記されることも多々あります），新たな語

彙を増やすことができます。

　まとめとして，読解問題において，語句空所補充問題・内容一致選択問題のいずれにおいても，できるだけ未知語を少なくすることと，文章の展開方法を把握した上で，各段落が何を主題としているのか，それをどのように言い換えればよいかをできるだけ速くまとめあげること（要約），そして，さまざまな背景知識を備えることの3点が，弱点克服の鍵となります。

　最後に，段落の主題をまとめたり，言い換えを考えたりする力を，短期的に向上させることは難しく，日頃から継続的にトレーニングすることが重要です。これまでに述べてきたようなトレーニングを行うと，相応の時間と労力を費やすことになるはずです。費やされたものは，ロールプレイングゲームにおける「経験値」にあたり，この値をどれだけ高められるかが合否に影響すると言っても過言ではありません。

　学習を継続的に行うには，未知語をいくつ新しく学んだか，どれだけの文章を要約したか，ある練習問題に何回取り組んだかなど，自分自身の取り組みの成果を客観的に数値化・可視化することがお勧めです。自分の頑張りを見直すことが，学習の原動力にもなります。試行錯誤を重ねながら，自分が続けられるような，自分に合うトレーニング方法を見つけていきましょう。

Chapter 2
練習問題

語句空所補充問題

内容一致選択問題

A 文化・歴史

解答編 ▶ p.4

Professional Baseball in the United States

Even with the abolition of slavery after the American Civil War, segregation between Black and White citizens continued to affect every aspect of life in the United States, including professional sports. Over the years, athletes—in particular, Black baseball players—played an important role in the desegregation of society as they were gradually accepted by teams and fans across the nation. The first Black baseball player to play for an integrated team was Bud Fowler. He began playing alongside White players in various teams starting in 1878, and other Black players began to follow in his footsteps. In 1887, however, efforts to racially integrate sports (*1*). In an unwritten agreement among the owners of teams in professional baseball leagues, Black players were no longer given contracts.

Less than a decade later, segregation became engrained in the law of the nation when the United States Supreme Court ruled that it was not a violation of the US Constitution to provide separate facilities for Black and White people. Under segregation, Black-only baseball teams were established, culminating in the foundation of a Black national league in 1920 by a former athlete named Rube Foster. By hosting matches with large audiences and allowing Black players to earn fame, the league helped White baseball fans to become more open to Black athletes. After the end of World War II, a major step toward integration came when the manager of the previously all-White Brooklyn Dodgers recruited the Black baseball player Jackie Robinson to the team. This (*2*) to join similar teams in the years that followed. Though it would take many more years for segregation to end completely in professional baseball, the signing of Jackie Robinson was a significant event that symbolized a greater trend toward improved civil rights in the United States.

(1) **1** were deemed unconstitutional   **2** suffered a major setback
      3 received support from the public   **4** gained official recognition

(2) **1** led to White players being less motivated
      2 made it illegal for Black players
      3 encouraged White coaches and managers
      4 set the stage for other Black players

B 教育・心理・社会

解答編 ▶ p.6

The Right Way?

A universal source of anxiety for parents is whether they are raising their children "correctly." However, observation of practices followed around the world makes clear that societal expectations about (*1*) largely depend on culture. In Scandinavian countries, for instance, so much emphasis is put on the importance of fresh air that babies are often put outside in their strollers to sleep. This kind of behavior may be punishable by law in other cultures. In fact, a Danish couple was arrested in New York for leaving their child unattended outside a restaurant while they ate inside. Sleeping habits are another aspect of parenting that differs between cultures. It is common for children in the United States to sleep independently from a young age, often before they reach their first birthday. This would be unheard of in many Asian countries, where it is not unusual for elementary-school-aged children to continue sleeping with their parents.

Societal expectations regarding acceptable behavior can end up having a negative impact on people. Writer Melanie Hamlett suggests that, in some cases, cultural norms are (*2*). One example of this is the stigma attached to the idea of children choosing to live with their parents after reaching adulthood. Doing this has become such a taboo in the United States that people would rather struggle to pay high rents and suffer the inconvenience of less space than have to face the shame of living with their parents. This makes little financial sense, since staying at home for longer would allow young adults to economize and save money for their future.

(1) **1** the best way to educate children
    2 the different roles of mothers and fathers
    3 what kind of discipline is acceptable
    4 what constitutes good parenting

(2) **1** the cause of conflict between nations
    2 the result of poor communication
    3 an obstacle to sensible decision-making
    4 a hindrance to economic growth

Chapter 2 語句空所補充問題［短めウォーミングアップ］

C 政治・経済

解答編 ▶ p.8

The 2008 Financial Crisis

In 2008, the United States fell into a recession caused by a financial crisis that affected nations around the world. The crisis was a result of irresponsible mortgage lending practices by financial institutions that created a housing price bubble that eventually burst, causing many of the institutions to fail and the stock market to crash. In response, the United States Congress implemented a series of measures to (*1*). In October 2008, an act was passed to provide $700 billion in assistance to firms that were in danger of failing. In February of the following year, Congress also passed a stimulus package intended to help revive the nation's financial health. The United States gradually climbed out of its recession, which officially ended in June 2009, although many parts of the economy did not recover until much later.

While the government response to the crisis helped large financial institutions to survive, thereby stabilizing the markets, many people were unhappy with how the situation was handled. Critics disapproved of how taxpayer money was used to bail out the banks, whose careless practices led to the economic crash in the first place. They argued that these financial institutions should have been left to fail. Many also perceived the government's measures as essentially rewarding banks for unethical behavior. Others (*2*) the rationale behind the bank bailouts. They believed that without this relief, the United States might have plunged into a more serious depression with much more severe consequences for society.

(1) **1** punish the organizations involved
  2 promote economic recovery
  3 cover up its mistakes
  4 reduce government spending

(2) **1** remained unaware of
  2 chose to ignore
  3 showed more support for
  4 were negatively affected by

D 自然・環境

解答編 ▶ p.10

Miscanthus

As the challenges posed by climate change become more pressing year after year, societies around the world have been looking to biofuels as a means of reducing the environmental impact of burning fossil fuels. Switching to biofuels has been demonstrated to be an effective means of reducing greenhouse gas emissions, and unlike coal and gas, biofuels can be produced from sustainable resources. In the production of biofuel, crops with high biomass are ideal because biomass is what is converted into energy. One such source of biofuel is miscanthus, a plant commonly known as silvergrass. Studies have shown that silvergrass is capable of producing more than twice as much biomass as switchgrass, another crop traditionally used to produce biofuel. For this reason, miscanthus (*1*).

In addition to the large crop yields, miscanthus has been found to have a number of other useful biological properties. For example, miscanthus is a crop that (*2*). Due to its excellent ability to recycle nutrients, it does not require large amounts of fertilizer to grow. Moreover, due to the fact that miscanthus is resilient against pests and diseases, growing it does not require the use of large amounts of pesticide. Another advantage of miscanthus is its tolerance to a wide range of climatic conditions, which allows it to be grown in areas all over the world. It has even been found to survive when exposed to freezing temperatures. It should be noted, however, that further research will be needed in order to verify that miscanthus continues to exhibit these properties when grown on a commercial scale.

(1) **1** has high potential for use as biofuel
    2 is less suitable for biofuel than switchgrass
    3 cannot be converted into energy effectively
    4 is easier to harvest than switchgrass

(2) **1** is ideal for industrial-scale farming
    2 requires a lot of maintenance
    3 does not require nutritional input
    4 grows best in cold conditions

E 医学・テクノロジー

解答編 ▶ p.12

Echolocation and Autonomous Vehicles

Although autonomous vehicles and drones are already being put to use in the streets and skies around us, the systems that help them navigate remain developing technologies. Engineers are looking for innovative solutions to provide adequate safety and usability. To this end, scientists are researching the echolocation abilities of Egyptian fruit bats, which could provide an unlikely model for how vehicles might better react to their surroundings and each other. Echolocation is the ability some animals have to produce sound and determine where objects are based on how that sound returns to them, allowing the animals to navigate and hunt in darkness. Most bats use a high-pitched sound to echolocate, but Egyptian fruit bats use clicks, and they also have highly developed vision that they use when some light is available. This enables them to (*1*). Depending on the environment, these bats can use sight, echolocation, or both.

Michael Yartsev, Assistant Professor of Bioengineering and Neuroscience at the University of California, Berkeley, believes that the research carried out in his laboratory, dubbed the NeuroBat Lab, could help autonomous vehicles not only to navigate more effectively but also to (*2*). By studying the collective behavior of fruit bats, namely how they communicate and avoid collisions while traveling at high speeds, Yartsev feels that the findings could help autonomous vehicles react to the speed, direction, and proximity of other vehicles in real time. This is a different approach to the system most commonly used currently in autonomous vehicles, which helps individual vehicles navigate separately rather than multiple cars navigate as a unit. He believes that the sound frequency the bats use could be a key to unlocking the question of how autonomous vehicles could communicate and navigate as effortlessly as fruit bats.

(1) **1** fly faster than other bats

2 switch between sensory modes

3 see in complete darkness

4 locate food from kilometers away

(2) **1** respond better to traffic conditions

2 predict the movements of human drivers

3 run without regular maintenance

4 plan the best routes in advance

A 自然・環境

解答編 ▶ p.14

Forest Fires

Forest fires can be very damaging to the environment and communities in the local area. Not only can they destroy homes and infrastructure, but they can also worsen air quality, leading to public health issues. Furthermore, forest fires can damage habitats and kill wildlife. However, some forest fires are (*1*). When a certain area of forest is shown to have an unhealthy buildup of organic matter, experts may decide to take special measures. Known as controlled burns or prescribed fires, plans for these fires are approved by government organizations before they are carried out by trained professionals.

When planned and controlled responsibly, prescribed fires can remove old, decaying flora to make room for other vegetation to thrive. The newly created space allows younger plants to be exposed to more sunlight, giving them a chance to grow. Fires can also be used to combat the spread of invasive species that threaten the native plants and animals of the region. In addition, prescribed fires can (*2*). When old vegetation decomposes, soil nutrients are replenished, but it takes many years for this to occur naturally. The ash from vegetation burned in prescribed fires, however, has a similar effect in a much shorter time. Prescribed fires can be beneficial to humans, too. The deliberate removal of flammable material like dead trees from forest areas can protect people from uncontrolled wildfires that may otherwise occur.

However, it is important to note that not all effects of prescribed fires are considered beneficial. These fires have the potential to harm or kill people and animals, and the smoke they produce can affect the air quality in nearby areas, which can have health consequences for the local residents. Furthermore, prescribed fires (*3*). Climate change has led to extreme climate conditions such as drought. As a result, forests are much drier and vegetation becomes highly combustible, creating conditions that make prescribed fires much more difficult to manage. In rare cases, this can lead to disasters in which fire specialists fail to understand the climate conditions and end up losing control of the fires.

(1) **1** put out by professionals
　　　 2 easier to extinguish
　　　 3 set intentionally
　　　 4 ignored by local authorities

(2) **1** allow invasive species to thrive
　　　 2 keep old plants alive for longer
　　　 3 improve the quality of soil
　　　 4 help destroy harmful ash

(3) **1** have become riskier in recent years
　　　 2 often go out too quickly
　　　 3 are no longer carried out by experts
　　　 4 can cause water shortages

B 文化・歴史

解答編 ▶ p.16

Pinocchio

Through a variety of films and animated adaptations, children around the world have been exposed to the story of Pinocchio, a sentient wooden puppet whose nose famously grows when he lies. However, they may be less familiar with the original novel written in the 19th century by an Italian author named Carlo Collodi. Students who read the original work are often surprised to find that the story (*1*) than many of the adaptations. While the well-known Disney version released in 1940 tells a simple story with a lesson about honesty, Collodi's novel delves into a more intricate web of themes that were significant in the historical context of late 19th-century Italy. These ideas are often explored through morbid scenes, including one episode in which a fox and a cat hang Pinocchio from a tree in an attempt to steal his gold coins.

The Adventures of Pinocchio was written just twenty years after a collection of smaller states, each with its own unique culture and dialect, merged into the single unified nation of Italy. During this period, schools were an important place for children to learn to read and familiarize themselves with a new Italian national identity. Collodi emphasizes (*2*) in his novel. When Pinocchio plays truant for recreational pursuits, he is transformed into a donkey as punishment. In the original Italian, the word "donkey" had another meaning—someone who has to do hard labor to make a living. In this way, Collodi conveys the message that young people who neglect their studies will have a difficult life ahead.

Collodi also used the story of Pinocchio to express his views on other social and political issues. In one episode, Pinocchio is deceived into giving his gold coins to the two bandits who had hung him earlier, but when he takes his grievance to court, the judge sends Pinocchio to jail for being gullible instead of punishing the swindlers for their crime. This plotline can be interpreted as (*3*). When he wrote his novel, Collodi was disillusioned about the corrupt state of the newly unified Italian establishment. This satirical episode is in line with Collodi's tendency to use his writing to mock the incompetency of government institutions.

(1) **1** is darker and more complex
2 features more moral lessons
3 is more historical and factual
4 features more comedic moments

(2) **1** the value of physical labor
2 the importance of education
3 the downsides of Italian unification
4 the issue of child abuse

(3) **1** a call for more lenient sentences
2 a warning against materialism
3 a lesson against committing fraud
4 a criticism of the justice system

解答編 ▶ p.18

C　教育・心理・社会

Children and Violence in Media

Ever since the early days of television, concerned parents and psychologists have pondered the question of whether violence portrayed in the media affects the behavior of children. In recent years, the debate has (1). The advent of video games has given parents new cause for concern. In many of these games, children are active participants in the violence occurring on screen, rather than mere observers. Parents worry that in addition to television and movies, this new form of media may affect the behavior of their children. A lot of research has been conducted on this topic, but the results are mixed.

A number of studies starting in the 1980s seem to indicate that people who consume violent media in their childhood may be more predisposed to undesirable behavior when they grow older. For example, one study showed that children who watched violent TV programs when they were eight years old were more likely to be charged with crimes when they were adults. (2) studies on video game violence conducted after the turn of the century. In 2010, a research review suggested that violent video games increased the risk of aggressive thoughts and behavior, as well as reduced empathy. Such studies have become the basis for calls made by advocacy groups campaigning for the government to regulate the media.

These studies are far from conclusive, however, and the idea that violence in media is linked to violent behavior in children is somewhat controversial. Studies that draw a causal relationship have been criticized for (3). Skeptics say it is important to consider variables that are unrelated to violent media, such as the mental health and home life of children in the sample. For example, we must consider the possibility that children who grow up in unstable households may be drawn to violent video games and exhibit more violent behavior later in life. More recent studies have avoided making the blanket statement that violence in media is always harmful to children. Instead, they suggest that the impact of consuming media varies greatly depending on the individual.

(1) **1** changed its focus
    2 shifted to the effects on parents
    3 been revived
    4 become less divisive

(2) **1** Media censorship was rejected due to
    2 These results were questioned by
    3 No correlation was found with
    4 Similar results were observed in

(3) **1** only studying children from unstable households
    2 failing to take other factors into account
    3 using sample sizes that are insufficient
    4 ignoring aggressive thoughts and behavior

D 文化・歴史

解答編 ▶ p.20

Copyright and Opera

Copyright laws provide economic security to creators by ensuring that they will not be deprived of income due to others using their work without permission. In theory, therefore, such laws should encourage the creation of art. Though this assertion is often debated, economists at Stanford University claim to have found evidence for it by studying operas composed in Italy between 1770 and 1990. Following an invasion by France in 1796, copyright laws were imposed in some areas of Italy, allowing composers to retain exclusive rights to their work. In response, composers in these regions (*1*). Previously, they had been paid for the initial composition but received no compensation for subsequent performances. However, it appears that the prospect of continued revenues gave them an incentive to significantly raise their productivity.

The researchers also examined whether copyright rules (*2*). Italian operas are particularly suited to such analysis due to the existence of extensive records of operas produced during the period studied by the researchers. These enabled the researchers to chart both the immediate and continued popularity of the operas by utilizing data including records of notable performances, present-day sales of opera recordings, and whether the operas are still performed today. The researchers found clear evidence that areas with copyright laws tended to produce more operas with enduring popularity. They speculate that due to the knowledge that they would continue to receive royalties for their work, the composers put more effort into producing superior works.

Finally, the researchers also looked at extensions to the copyright term. Initially, composers were entitled to royalties for life, and payments would be made to their heirs for 10 years after their death. This was later extended to 40 years. Yet, when this happened, the production of new operas actually began to decline. This suggests that composers (*3*) even longer periods of copyright protection. Some people say that this finding is particularly relevant to the modern world. In recent years, many countries have extended copyright protections for artistic works to 70 years after the creator's death. However, based on the results of the study, it seems the change could potentially reduce artistic production.

(1) **1** protested against the new laws
2 wrote different types of operas
3 delayed the release of their operas
4 began to produce more operas

(2) **1** were unpopular with opera fans
2 harmed sales of opera tickets
3 affected the quality of operas
4 became stricter over time

(3) **1** will likely demand
2 understand the benefits of
3 would not be motivated by
4 should not expect

E 文化・歴史

解答編 ▶ p.22

Japanese Art and Impressionism

After Japan opened its borders for trade in the mid-1850s, Japanese arts and crafts quickly began to gain popularity in Europe. This gave birth to an artistic phenomenon known as Japonisme, in which artists from France and elsewhere in the West created works that drew heavy inspiration from the Japanese aesthetic seen in woodblock prints. This influence was particularly notable in the art movement known as Impressionism, which developed in Western Europe in the late nineteenth century. Prominent artists from this movement (　1　). The result was many Impressionist masterpieces that feature a Japanese touch.

One feature of Impressionist art was the (　2　). Inspired by the unusual angles and absence of symmetry in Japanese art, Impressionist art was characterized by viewpoints that had not been common in European art before. Many pieces depict scenes viewed from above and at an angle. For instance, Camille Pissarro's 1897 painting *The Boulevard Montmartre on a Winter Morning* features a scene viewed from a high vantage point, allowing the viewer to see all of the activity occurring on the street. There are notable parallels to Utagawa Kunisada II's 1865 work *Nihonbashi*, which depicts human figures on a bridge viewed from a similar perspective. Pissarro's fusion of traditional European brushwork and oil paints with a Japanese style of perspective creates an interesting dynamic typical of Impressionism.

Impressionist painters were also influenced by Japanese artists in terms of the subject matter they depicted. For example, Impressionist paintings often portrayed (　3　). The 1886 painting titled *The Tub* by Edgar Degas resembles the woodblock print *Chrysanthemum, from the series Contest of Modern Flowers* made by Utagawa Kunisada over half a century earlier. They both depict a simple scene of a woman bathing while surrounded by common objects. The Impressionists had largely abandoned depictions of dramatic scenes of heroism or historical moments, instead placing emphasis on simplicity and transient moments of beauty. They rejected the detailed accuracy of the Realists, as well as the idealistic figures of the Neo-Classicists who preceded them, in favor of sketch-like portrayals of familiar moments that emphasized lighting and atmosphere.

(1) **1** borrowed techniques and subject matter from Japanese art
      2 abandoned European styles of brushwork
      3 criticized the work of Japanese artists
      4 developed their own woodblock-print movement

(2) **1** use of oil paints
      2 unique use of perspective
      3 symmetrical compositions
      4 depiction of structures such as bridges

(3) **1** acts of courage and resilience
      2 significant events from the time
      3 people's bodies in a romanticized manner
      4 moments from everyday domestic life

F 文化・歴史

解答編 ▶ p.24

Northern Rivalries

People have lived in the part of the Scandinavian Peninsula now known as Finland for about 9,000 years. The region has been important not only for its forests, mineral wealth, and farmland but also because its geographical location makes it ideally placed for trade. Finland has ports on the Baltic Sea and the Gulf of Finland, which form the main shipping route to Saint Petersburg, the second biggest city in Russia. The region gained international significance in the twelfth century, when it became an area of contention between Sweden and Russia. Initially, Sweden (　*1*　). However, in 1809, Imperial Russia finally succeeded in capturing Finland from Sweden, giving the empire a strategic geographical advantage it had sought for centuries.

Russian rule of the Finns was not easy, however. Having governed Finland for centuries, Swedes had disseminated their culture, the liberal Lutheran religion, and democratic principles in the region. This legacy contradicted Imperial Russia's predominantly Russian Orthodox religion and the absolute power of the Tsar. Although the Finns were initially granted autonomy because of their cultural distinctiveness, successive Tsars later tried to assimilate them. This cultural conversion (　*2*　). The Finns remained culturally and politically much closer to Sweden than to Russia.

The fall of Imperial Russia in 1917 enabled Finland to gain independence, but the Soviet Union, the successor to Imperial Russia, tried to retake the nation during World War II. After years of intense conflict, Finland agreed to both territorial concessions and strict neutrality during the Cold War that followed between the Soviet Union and the West. Nevertheless, Finland went on to adopt capitalism and develop a high-tech economy, while the Soviet Union's economy struggled under communism. With the final collapse of the Soviet Union in 1991, Finland began to (　*3*　) the West. Desiring greater cultural, economic, and military cooperation with other European nations and the United States, it applied to join the North Atlantic Treaty Organization in 2022. This greatly irritated Russia, and to this day, Finland remains an area of contention.

(1) **1** agreed to let Russia control Finland
    2 governed Saint Petersburg firmly but fairly
    3 convinced Russia to attack Finland
    4 repeatedly won military confrontations

(2) **1** exposed Russia to democracy
    2 faced opposition from the strongest Tsars
    3 had a very limited level of success
    4 resulted in Finland breaking up

(3) **1** face growing pressure from
    2 tell more Russians about
    3 drop its complaints against
    4 align itself more closely to

G　教育・心理・社会

解答編 ▶ p.26

Experts in the Making

Psychologists have long studied how those with exceptional skills obtained them, trying to determine whether innate ability or intense practice was the key. Research into chess players has provided evidence that chess masters create an intricately detailed mental map of the various moves they could make, and that this relies more on training than innate talent. In fact, chess grandmasters score no better on general memory tests than average people do. When facing a difficult move, however, less experienced players may take 30 minutes to calculate their best move and still make the wrong choice, while grandmasters can visualize the strongest move immediately without (　*1*　). It is believed that other experts also have this ability to visualize potential outcomes.

But where do such visualizations come from? K. Anders Ericsson of Florida State University points out that physicians are able to store information in their long-term memory and recall it much later to make diagnoses. Long-term memory seems to be an important key to high levels of skill. Furthermore, researchers have found that it (　*2*　) to build these intricate memory structures. Herbert Simon at Carnegie Mellon University developed a model that postulates it takes a decade of intense study to become a master in any field. Child prodigies become masters in their fields by starting early and packing in a lot of intensive study in a few years.

Ericsson postulates that "effortful study," which involves struggling with problems just beyond one's level of competence or comfort zone, is crucial. This explains why the majority of people who play games such as chess or golf for hundreds or even thousands of hours never progress above the average, while a serious student can rise to a higher level in a comparatively short time frame. Most novices advance quickly at first because any skilled task requires effortful study at the beginning. But when casual competitors only play within their own social circle, they (　*3*　). They put in less effort to move ahead of their peers, while more serious competitors put themselves in more challenging situations to help push themselves to the next level.

(1) **1** having to analyze it in detail
    2 using an elaborate mental map
    3 relying on their own experience
    4 planning a lot of moves ahead

(2) **1** is only possible for young people
    2 requires good mental health
    3 is only possible for geniuses
    4 requires great effort

(3) **1** experience a decline in skill
    2 begin to progress more rapidly
    3 lose their competitive drive
    4 improve their analytical abilities

解答時間 **7.5** 分

H 自然・環境   解答編 ▶ p.28

The Anthropocene Epoch

Well-known terms used to represent divisions in the earth's history, such as the Jurassic Period, are established by scientists called stratigraphers, who study rock layers. Up until the turn of the millennium, there was a general consensus that the earth is currently in the Holocene Epoch, which commenced following the end of the Ice Age some 11,000 years ago. But there are those who now argue that the Holocene Epoch (*1*). In recent decades, human activity has had a tremendous impact on the earth's climate, and man-made chemicals will eventually be evident in layers of rock currently being formed. As a result of this, a significant segment of the geologic profession now asserts that the Holocene Epoch has transitioned into what is often referred to as the Anthropocene Epoch, or the "age of humans."

A major issue preventing widespread acceptance of the Anthropocene Epoch is that (*2*). Some have suggested the Industrial Revolution in the 1800s because that is when methane and carbon dioxide in the earth's atmosphere increased significantly because of human activity. Others, however, argue that the use of nuclear weapons in the mid-twentieth century should be used to mark the dawn of the Anthropocene Epoch. Advocates of this theory say that because nuclear detonations caused radioactive plutonium, which is extremely rare in nature, to be spread across the globe, this will be evident in rock layers from our time and will provide clear evidence of the beginning of a new period in the earth's history.

There is also disagreement among supporters of the Anthropocene Epoch concept. One topic that is frequently debated is whether the name is appropriate, and some claim that it (*3*). An editorial in the respected publication *Scientific American*, for instance, argued that "naming a geologic era after ourselves suggests a certain awe at our own magnificence." Furthermore, some critics suggest that it is this very human-centered viewpoint that led to the environmental crisis we have created by putting our own needs ahead of everything else on the planet.

(1) **1** began much earlier
　　 2 should be part of the Jurassic Period
　　 3 is no different from the Anthropocene Epoch
　　 4 has already ended

(2) **1** people have not been taught about it
　　 2 its starting point is unclear
　　 3 scientists refuse to discuss it
　　 4 it may not have been caused by humans

(3) **1** is potentially misleading
　　 2 was not officially approved
　　 3 reflects human arrogance
　　 4 should follow scientific traditions

解答時間 8.5 分

A 政治・経済

解答編 ▶ p.30

Keynesian Economics: A Hands-On Approach to the Economy

Up until the 1920s, the dominant school of economics in capitalist societies was Classical Economics, also known as *laissez-faire* economics. Based on the French term for "allow to do," this school of thought held that governments should limit their interference in businesses. Unregulated markets were thought to be efficient, reacting to demand when it arises and adjusting practices when threatened. The idea that since private companies are self-interested, they should be allowed to self-regulate was extremely popular and fundamental to the common understanding of economics. This theory was severely tested during the Great Depression, which started in 1929 after the crash of the US stock market cascaded into a global economic crisis that lasted a decade. Cycles of boom-and-bust were thought to be natural aspects of economies, but the Great Depression was so severe and lasted so long that it defied conventional wisdom. Into this conundrum stepped John Maynard Keynes, an English economist. Keynes argued that the hands-off approach of Classical Economics was ill-suited to the demands of the Great Depression. The Classical solution to the issue was that businesses would take advantage of the abundant labor supply caused by massive unemployment and go back to producing goods again. However, no one seemed able to take advantage of the situation. Keynes argued that governments should take up the mantle of production during this period, since they are better able than individual businesses to withstand short-term losses.

Leaders around the world such as US President Franklin Roosevelt followed Keynes's guidance and created massive construction and manufacturing projects financed by the government. It was not without resistance though, as it flew in the face of conventional wisdom, which said endeavors such as construction projects and factory erections should only be carried out if they served existing demand. Instead, government projects created supply and hoped demand would follow. It turned out that there was merit to the idea, and these Keynesian policies helped many countries crawl out of the Great Depression. With this turnaround seeming to confirm Keynes's theories, Keynesian Economics was adopted across the globe. This continued until the 1970s, when many countries were hit by simultaneous inflation and economic stagnation, sometimes referred to as "stagflation." When this happened, increased government spending did little to alleviate the issue, which prompted a widespread return to Classical Economics. However, the recession of 2008 once again led to a revival of Keynesian policies, suggesting his theories are most relevant during crises.

(1) How did the Great Depression change the common understanding of economics?

1 Companies were more likely to follow suggested government guidance on economic matters and countries did not have to resort to writing these suggestions into law.

2 It solidified the idea that boom-and-bust cycles would weed out poorly-run businesses and should be allowed to happen to prevent the market from being full of underperforming companies.

3 It confirmed that following *laissez-faire* practices would be the best way to handle high unemployment, since potential workers could pursue any opportunities available.

4 It questioned the assumption that companies were inclined to do what was best for themselves and consequently seek the most efficient solutions.

(2) What does the author of the passage say about the adoption of Keynesian Economics?

1 It met resistance because it ran counter to long-held beliefs about the nature of supply and demand and the approach governments should take toward economic matters.

2 Classical Economics was popular until the 1970s, but then stagflation became such an issue that Keynesian Economics was widely adopted.

3 The widespread acceptance of Keynesian Economics led to it becoming almost as well-established as Classical Economics until the crisis of the 2008 recession.

4 It was used only to fund projects that were thought to be more appropriate for governments, such as infrastructure development and construction.

解答時間 7 分

解答編 ▶ p.32

B 医学・テクノロジー

Memory Recall

Some people believe that memories are stored like mental pictures. To recall a particular event or story, a special part of the brain is accessed and the memory is retrieved. If this were the case, a person's memory would be perfect, since all one would have to do to recall a memory would be to look at the mental picture. However, researchers say this is not how the process works. Instead, our memories are more complex. Our brains divide our memories into many pieces and then store the sounds, sights, smells, and tastes we experience in different areas. Our brain recreates a whole memory on call.

The brain has an outer layer around an inner mass. The outer layer, called the cortex, is only a few millimeters thick, but it holds about 70 billion brain cells. These cells are gray, and together form our "gray matter," which stores pieces of information. The cells in the gray matter need to communicate with each other and this is where "white matter," the inner part of the brain, comes in. Each brain cell has a long, extended arm called an axon through which the cell sends information, much like a telephone sending information down a wire. The cell also has other arms, called dendrites, which are the lines for receiving information. The axons and dendrites extend away from the gray matter in the outer part of the brain toward the white matter in the inner part. The axons and dendrites can connect, disconnect, and reconnect brain cells for communication purposes. An axon and a dendrite meet at a synapse, where the axon of one cell passes information to the dendrite of another cell. Axons and dendrites reach out from the cells like arms, while the synapses are like people joining hands. When the cells join together in this way, people recall the whole memory. Only some of the brain's cells are used for each memory, and different cells must join to retrieve different memories. How well the cells join controls how strong the memory is. When there are many synapses, or connections, a memory is strong, but when there are only a few synapses, a memory is weak.

(1) According to the author of the passage, people's memories are not perfect because

1 when the brain recalls a mental picture that has been stored, errors occur that prevent the memory from being reproduced exactly.

2 the brain sometimes fails to receive information regarding all of the senses, which stops it from creating a complete picture of the memory.

3 memories are split up into their various components and have to be reassembled by the brain when they are required.

4 the brain has to store so much information that parts from different events sometimes get mixed up when memories are being retrieved.

(2) What is one thing that is true about axons and dendrites?

1 They form a barrier between white matter and gray matter in the brain to ensure that memories remain clear and accurate.

2 They sometimes disconnect from each other to prevent brain cells from being overloaded with information, which could cause people to lose memories.

3 They become weaker each time a memory is retrieved, which is why memories become more difficult to recall over time.

4 They form a channel between different brain cells along which stored information can be passed so that people can recreate memories.

C　教育・心理・社会

解答編 ▶ p.34

Set for Happiness

Some people give the impression that they are always happy, which lends credence to the idea that our level of happiness is determined by our genes. The theory goes that happy adults were either born with a positive personality or with attributes that helped them to have a successful life, such as good looks, sporting prowess, or high intelligence. However, psychologists believe that our level of happiness has little to do with our genes or luck, and that feeling good about our lives is a skill that is learned, just like swimming or riding a bicycle. Harvard University even offers a course on how to be happy, and with more than 800 students enrolled, it is the university's most packed classroom.

Psychologists did not always believe this. Until the last decade, most assumed that, in the long term, happiness levels tended to remain stable, returning to a "set point" even after experiencing a highly positive or negative event. However, researchers at the University of Illinois found that this set point can shift over time, and that there are things we can do to push that set point up to a higher level of happiness. One way people can do this is to learn to be more appreciative of what they have and to not always look for satisfaction in material things, such as a bigger house or new car, or by trying to "improve" themselves with makeovers or cosmetic surgery. The research suggests that while material things may bring short-term joy, they tend to become less effective the more people have.

(1) According to the passage, levels of happiness

1 may be genetically predetermined, as the children of parents who were happy reported experiencing happiness themselves.

2 were found to be highest in those who engage in plenty of cardiovascular exercise, such as swimming or cycling.

3 are correlated with education levels, with alumni of prestigious universities such as Harvard experiencing the highest levels of happiness.

4 are largely dependent on whether or not we have acquired techniques that allow us to feel joy, which is something that can be taught.

(2) Which of the following best describes the once widely accepted belief that was challenged by research at the University of Illinois?

1 By learning to cherish their life the way it is without wanting more, people are able to raise their baseline level of happiness in the long term.

2 People can generally increase their level of happiness by amassing wealth and material goods, with the benefits increasing the more they acquire.

3 Overall happiness levels generally remain constant for each individual and only fluctuate temporarily when significant events occur.

4 It is possible for people to increase their long-term happiness by dramatically changing their appearance, which boosts confidence.

D 医学・テクノロジー

解答編 ▶ p.36

Virology, Cancer, and Mythical Creatures

Though the treatment of cancer has advanced tremendously, the best strategy for treatment is prevention. While some people have genetic predispositions to certain cancers, the chance of suffering from many of them can be reduced through lifestyle choices such as avoiding smoking, eating healthier, and limiting exposure to the sun. In addition, there is one type of cancer that is unique because it is caused by a virus. Cervical cancer, which affects the female reproductive system, is known to be caused by the human papillomavirus (HPV), which, like the virus that causes influenza, can be passed on to others. Another parallel that can be drawn with influenza is that cervical cancer can be prevented with a vaccine.

The story of how this cancer-causing virus was first discovered and how the vaccine was developed goes back almost one hundred years and has an unexpected connection with similar mythical creatures from distant parts of the world. In the 1930s, Richard Shope was an American scientist working at Princeton University when he was informed about unusual rabbits that appeared to have horns. Around the same time, Americans in the Old West invented a mythical creature called the jackalope, which looked like a rabbit but had deer-like antlers. These creatures were cunning and dangerous, and were featured in tales intended to trick outsiders. In fact, similar creatures have existed in Arab mythology and German folk tales since much earlier, which led to the theory that they must be based on some kind of previously unidentified species. The rabbits that were delivered to Shope initially seemed to lend credence to this theory, but by examining the creatures, Shope soon realized that what people had believed to be horns were actually cancerous tumors on the rabbits' heads. Shope took these tumors and crushed them down into a paste before diluting them into a solution. He then took this solution and ran it through a filter so fine that only viruses could pass through it. When he injected the solution into healthy rabbits, they also developed tumors, leading Shope to conclude that the cancer was caused by a virus. This knowledge allowed other scientists to make the link between similar growths and viruses in humans, and since viruses can be prevented with vaccines, the discovery spurred the development of this unusual preventative measure.

(1) According to the first paragraph, what is true about cervical cancer?

1 Previous approaches to dealing with it focused on prevention, but recent discoveries have made treating it a more realistic option.

2 Unlike other types of cancer, its cause and prevention are similar to infectious diseases such as influenza.

3 It is the result of exposure to certain stimuli during childhood and symptoms do not become obvious until much later in life.

4 Research has shown that the most effective way to reduce the risk of getting it is to avoid high-risk activities such as smoking.

(2) What does the author of the passage imply about the mythical creatures?

1 They were likely created in order to warn people to stay away from diseased animals that could infect them and make them sick.

2 The far-flung examples show how humans bring stories with them as they migrate and trade around the world with other peoples.

3 It is possible that the jackalope was based on a real animal, but one that was exposed to a disfiguring disease.

4 These hybrid animals were the results of humans purposefully injecting them with disease vectors that would cause deformations.

E その他

解答編 ▶ p.38

Building Los Angeles

From the 1940s to the 1960s, Los Angeles experienced a population explosion as more than 3 million people flocked to the area in search of employment, educational opportunities, and a favorable climate. This influx of new residents—which was fueled by soldiers returning from World War II and a manufacturing boom that created plentiful jobs—created a huge demand for inexpensive housing. The conventional solution for this would have been to construct multi-story apartment buildings that were capable of housing hundreds of people while occupying only a small amount of land. However, Los Angeles was one of the first cities in the United States to rely on the automobile for transportation, creating the additional complication that a large amount of space was required for car parking. The solution was the "dingbat"—a boxy two- or three-story building built on stilts in which the ground floor served as a garage while residents occupied the floors above. Since land was at a premium and the new residents had limited financial means, many dingbats were built in close proximity and with very little concern for design.

While dingbats provided a much-needed solution to the city's housing shortage, their cheap construction and focus on functionality over aesthetics resulted in them gaining a less-than-flattering reputation and has led to their gradual demise. They were considered eyesores by many residents and received scathing reviews from architecture critics. In the words of historian Leonard Pitt, "The dingbat typifies Los Angeles apartment building architecture at its worst." Some builders attempted to cover up these aesthetic shortcomings by painting the buildings bright colors and adding decorative flourishes such as coats of arms or French-style ornaments. Many dingbats were also given fanciful names like "Cedar Tropics" and "The Pink Flamingo" to improve their image. These cosmetic improvements did little to improve the reputation of dingbats, however, and there was also an issue of much greater concern—the structural integrity of the buildings. Earthquakes are a common occurrence in Los Angeles, and dingbats are, by virtue of their design, particularly prone to earthquake damage. While some of the buildings have been upgraded and strengthened, many have now been replaced by modern apartment buildings. The dingbats that remain provide an interesting reminder of the city's past and even evoke nostalgia in some residents, but it seems that their days may be numbered.

(1) Why did the buildings described in the passage become common in Los Angeles between the 1940s and 1960s?

    1 They were compact, and there was only limited space for new housing in Los Angeles due to large areas of land being used for the manufacturing industry.

    2 They provided an economical and practical way to meet the housing needs of the massive number of people who moved to Los Angeles during that period.

    3 The apartment buildings that had been common in Los Angeles before that period provided little space for car parking and all had to be knocked down.

    4 There were few qualified architects in Los Angeles as a result of many men having to fight in wars, so the city needed buildings that could be constructed with little architectural knowledge.

(2) According to the passage, one reason that many of the buildings no longer exist today is that

    1 the materials that were needed to repair them had to be imported from France, which made doing so too expensive for many owners.

    2 despite attempts to improve their appearance, many residents campaigned for them to be destroyed because they created a poor impression of the city.

    3 attempts by residents to protect them as part of the history of Los Angeles failed and many were bought by developers to be converted into modern apartments.

    4 the way they were designed meant that they not only looked unattractive but also lacked the structural strength required for them to be adequately safe housing in Los Angeles.

解答時間 **12** 分

A 文化・歴史　解答編 ▶ p.40

An Underwater Mystery

The modern world is fascinated by ancient civilizations. While some findings are well understood by researchers and corroborated by physical evidence and plausible reasoning, others remain a mystery. In May 2001, a team of Canadian researchers was on an exploratory mission for sunken treasure off the western coast of Cuba when their sonar equipment mapping the ocean's bottom picked up a perplexing series of stone structures some 650 meters below the surface. The structures seemed to consist of symmetrically organized stones resembling an urban development. The stones were laid out in a geometric pattern that looked very much like the ruins of a city. "What we have here is a mystery," said Paul Weinzweig of Advanced Digital Communications, the company contracted to do the mapping survey. "Nature couldn't have built anything so symmetrical. This isn't natural, but we don't know what it is." Many in the tabloid press were quick to dub the discovery Atlantis, the mythical city described in the writings of an ancient Greek philosopher, Plato. Weinzweig dismissed such nonsense but still had questions and a burning desire to learn more.

Weinzweig and a team of deep-sea researchers returned to the area for a closer look. Using an underwater visual robot, they were able to obtain high-resolution images of the structures with better resolution and clarity than those previously taken with sonar. The new pictures showed some structures that were similar to pyramids while others were circular, made of massive smooth stones. The pyramids reportedly measured approximately 8 feet wide and 10 feet high. Some stones were stacked upon each other in distinct formations while others appeared to be randomly placed around the structures at a distance. Fragments taken from the site were sent to Manuel Iturralde, a marine geologist, who concluded that such magnificent stonework would have taken 50,000 years or more to sink to such depths of the sea. "To explain these samples in a geological point of view is very hard," said Iturralde. "It was beyond the capability of cultures of that time to establish such complex structures," he added.

Theories for the purported underwater city have been offered. Some local researchers believe it is remnants of an ancient Mayan city that was washed away by the sea. A Greek team dismisses this notion and contends that the underwater structures are a fossil feature from the Pliocene age (5.4 to 2.4 million years ago), which has since been uncovered by sea currents. Adding fuel to the debate regarding lost underwater cities was a discovery made in 1986 off the coast of Yonaguni Island in Japan, which is a prehistoric submerged rock formation formed in large clusters of up to 5 floors high and is believed to be a completely artificial structure. Masaaki Kimura, a marine geologist at the University of the Ryukyus in Japan, guesses the site is the ruins of a 5,000-year-old city, but many other researchers offer different explanations. Kimura says the best way to get definitive answers is to learn more, but research is now at a standstill in Cuba, so how the stone structures were formed there remains clouded in uncertainty.

(1) What was Paul Weinzweig's initial reaction to the stone structures discovered in Cuba?

1 He believed the structures his team discovered were evidence of the mythical city of Atlantis described in the writings of Plato.

2 He thought that the discovery of the structures, while interesting, had no significance to his mission of finding treasure.

3 He dismissed the tabloid talk of finding Atlantis as nonsense, but he wanted to find out what the structures were.

4 He was intrigued by the structures and felt their discovery could help answer questions about the sunken treasure his team was searching for.

(2) What conclusion did one marine geologist come to after viewing images of the structures and examining fragments of the stonework?

1 They made no geological sense considering the capabilities of cultures at the time and the amount of time it would have taken for the structures to reach the depth they were found at.

2 Since cultures 50,000 years ago were capable of making magnificent structures, they could be the remains of a city, but the depth at which the stones were found did not support that idea.

3 The high resolution of the re-recorded images made it clear that the structures' magnificent stonework was not created by cultures active at the time.

4 The structures could have been from a city because it is known that some of the cultures that have inhabited the area throughout history had the technology to construct complex structures.

(3) The rock formation off the coast of Yonaguni Island in Japan is similar to the one near Cuba in that

1 it has been identified as the remnants of an ancient city written about in ancient times and it was discovered by local divers who were searching for treasure.

2 it is believed to be a fossil feature from the Pliocene age that has been revealed over time as a result of sea currents.

3 it has been suggested by some that it could be the remains of an ancient city, but its origin has yet to be conclusively proved by researchers.

4 the way the stones are arranged suggests that the structures were created using techniques similar to those found in the Mayan civilization.

B 政治・経済

解答編 ▶ p.43

Civil War in Yemen

The country of Yemen is one of the poorest in the world. It is located on the southwestern tip of the Arabian Peninsula and shares its northern border with Saudi Arabia and Oman. The Red Sea lies to its west and the Arabian Sea to its south. For more than 10 years, Yemen has been engaged in a bloody war between Houthi rebels, an armed Islamist militia and tribe from north Yemen's poor, mountainous Saada region, and the supporters of Yemen's internationally recognized government. Yemen has been troubled by less severe civil wars for decades, but the current conflict intensified in March 2015 when a Saudi-led coalition intervened on behalf of the Yemeni government against Houthi rebels who had taken control of the capital city, Sanaa. Further complicating the situation are reports from the United Nations (UN) that terrorist groups such as Al-Qaeda and ISIL have used the civil war and the chaos it has created to gain footholds in parts of the country, causing further havoc.

As with other clashes in the Middle East, part of this conflict stems from Shia-Sunni hostilities. The Shia and the Sunni are two branches of Islam, and the tension between the two groups centers around disagreement regarding the successor of the prophet Muhammad following his death in A.D. 632. Yemen was ruled for a millennium by Shia imams, or leaders of the Islamic community, until 1962. A pro-Sunni government enacted policies many in Northern Yemen viewed as discriminatory. The Houthis were founded as a Shia revivalist movement. Iran's Shia-led government contends they give only moral support to the Houthis, though this is disputed by the Saudi government, which claims weapons, training, and strategy are being provided. The rebels, however, have not called for restoring Islamic regional control of Yemen—their demands have been primarily economic and political in nature. The war threatens to turn into a wider conflict as the Houthis have begun missile and drone attacks in Saudi Arabia and Abu Dhabi in response to Saudi air attacks. The United States has troops stationed in the United Arab Emirates, part of the Saudi coalition, and shares its intel with the Saudis.

According to the UN, from the beginning of hostilities until 2022, over 150,000 people have been killed in Yemen, with estimates of 227,000 dead because of famine and lack of health-care facilities due to the war. The UN warns that 13 million Yemeni civilians are at risk of starvation in what it says could become "The worst famine the world has seen in the last 100 years." The country is currently divided into regions controlled by competing factions. Efforts at a peace process continue. Al Jazeera, a Middle Eastern news network, has reported that Saudi and Iranian officials are open to peace talks. One Yemeni journalist stated, "Yemenis disagree on what the solution is. To me, the potential division of Yemen would be the lesser of two evils. In its current form, with the current circumstances and tensions, life has become unbearable for citizens across the country."

(1) What can be said about the current civil war in Yemen according to the passage?

1 The conflict is more severe than those in the past due to intervention from neighboring countries and terrorist groups.

2 The capital city of Sanaa in the north is controlled by supporters of the internationally recognized government rather than by rebel forces.

3 The borders between Yemen and Saudi Arabia are disputed by the Houthi rebels in the northern part of the country.

4 Al-Qaeda and ISIL are working on behalf of the Saudi Arabian government and causing further problems in the country.

(2) In the second paragraph, what does the author of the passage state about the Houthis?

1 The conflict in Yemen is based on the discriminatory policies of the Houthis in the northern part of the country, which is unfavorable to the rebels.

2 The Saudi government and the Iranian government wish to see the Houthis take full control of Yemen.

3 Iran's Shia-led government is working in conjunction with the Saudi government to insert the Houthis into positions of political power.

4 The Houthis' conditions for peace focus more on business practices and politics than on having Shia-based rule.

(3) What did one Yemeni journalist say about a possible resolution to the conflict?

1 Yemenis are united in their wish to gain independence from both Saudi and Iranian influence and for Yemen to become an autonomous country.

2 With Saudi Arabian and Iranian cooperation, a peaceful solution to the civil war is the best way to avoid famine, which could lead to the starvation of millions of people.

3 As life has become unbearable for the citizens of Yemen, regional leaders must take the initiative in the peace process and ignore outside influence.

4 Since the people of Yemen are divided on the best solution to the current situation and are currently suffering because of it, dividing the country may be the best option.

C 医学・テクノロジー

解答編 ▶ p.46

Biotechnology and Food

For centuries, humans have been using methods such as selective breeding and crossbreeding to create plants and animals with more-desirable physical traits. The many corn varieties that exist today with different colors and flavors are an example of how farmers have been manipulating nature in this way. In 1973, however, scientists developed a genetic engineering method that enabled them to insert DNA from one bacterium into another, paving the way for a revolution in the way many farmers breed plants and animals. A genetically modified organism (GMO) is a plant, animal, or microbe in which one or more changes have been made to the genome, typically using genetic engineering. In essence, biotechnology developments have made it possible to alter characteristics in organisms in a much shorter time than in the past. The key point of contention for those opposed to foods made from GMOs is that the changed organisms do not naturally occur in nature.

There are continuing debates over the ethics and safety of genetically modified (GM) foods. In the United States, GM foods are widely grown, consumed, and generally considered safe. Proponents point to the benefits of GM foods, which include higher crop yields and nutritional value, the ability to grow them without the need for large amounts of water, pesticides, and fertilizers, improved taste and appearance, and a longer shelf life. It is even contended that GM foods can be good for the environment. The US government employs a coordinated framework of federal agencies that test all foods and additives and set strict rules and regulations regarding how GMOs are grown. Europeans, on the other hand, see the GM food debate much differently. Genetically engineered foods are imported from a variety of countries into Europe; however, their compliance rules, procedures, and testing are more rigorous. GM crops are grown but on a much smaller scale than in the United States. Many European Union (EU) countries, in fact, have an outright ban on their production. This is because of concerns over the long-term safety and potential health risks of GM foods. Negative effects on the environment, including harm caused to wild plant and animal species by cultivating pest-resistant crops, bioethical considerations, and the need for labeling to inform consumers when foods are made from GMOs, are often cited by Europeans for their resistance.

As the debate over GM food continues, the United States has come closer to the European position on favoring the labeling of foods containing GM products, with regulations being imposed on manufacturers and certain retailers from 2022. Negotiations between the United States and the EU over the Transatlantic Trade and Investment Partnership could bring closer agreement on GM food policies. To add further spice to the debate, a new technology called gene editing promises to become a contentious topic. Gene editing fundamentally differs from GMOs. Gene-edited crops are created by altering existing genes already present within the genome rather than inserting an entirely new gene. The process works like a biological find-and-replace function to cut out genes and splice in new ones. Currently, some influential environmental groups argue that no bioengineered food has a benign impact on nature and oppose accepting gene-edited foods as well as GM foods because of potential and unknown damages to the ecosystem. As climate change and droughts make farming more and more challenging, however, the EU may be forced to rethink its strict stance on such technologies.

(1) What is one thing the author says regarding genetically modified organisms?

1 The amount of time necessary to create them is greater than that needed to change the characteristics of a plant or animal using conventional methods such as crossbreeding.

2 They have been made using improved crossbreeding techniques to achieve the wider variety and higher quality of crops and livestock that people enjoy today.

3 They are made by inserting genes from bacteria into plants and animals to create organisms that have the same features as ones found in nature but can reproduce more quickly.

4 The main reason for opposition to them is that they are unnatural because their genomes have been altered using genetic engineering.

(2) According to the passage, which statement best summarizes the position of the United States regarding GM foods?

1 As most GM foods have high nutritional value and can be produced at low cost, they are popular with the American public.

2 GM foods are widely grown and are thought to be safe to eat because they are thoroughly tested by the US government.

3 There is a concern about the long-term safety and the potential influence such foods could have on the environment.

4 The importation of GM foods is permitted on the condition that such foods go through a comprehensive testing procedure in the country of origin.

(3) According to the passage, which of the following statements about gene editing is true?

1 Since different organisms are not combined in gene editing as they are in GM foods, the technique may be acceptable to some environmental groups.

2 Foods produced by gene-editing techniques are not subject to the safety guidelines imposed by US federal agencies, so environmental groups will reject them.

3 Some well-recognized environmental groups have officially stated that they will not support the use of gene editing even if tests show that the organisms produced have no negative effect on nature.

4 Some environmental groups oppose the introduction of gene editing in addition to GM foods because its effect on nature is unlikely to be benign.

D 教育・心理・社会

解答編 ▶ p.49

US Nobility?

The United States began in 1776 with the lowest income inequality and the highest social mobility on Earth. Without royalty or any defined upper classes, most Americans could gain at least a modest amount of wealth through hard work. As the country industrialized in the nineteenth and early twentieth centuries, company leaders often paid high wages, sometimes voluntarily, other times under pressure from workers' unions. Nevertheless, by the late 1980s, this model was already beginning to break down. As US heavy industries relied more on automation and outsourcing overseas, they lost much of their need for unskilled labor. This made it harder for ordinary Americans to find high-paying, secure jobs. Indeed, relative average wages remained flat from the 1970s, and the idea of a "job for life" ceased as many companies pushed to cut staff as aggressively as possible.

Yet, while many Americans struggled over this period, the top tier of society benefited greatly from the economy's transformation into one based on trade, services, and technology. Author and consultant Matthew Stewart noted in his research that an ascending US upper class has gained very high wages, bonuses, and returns on investments. In 2021, 9.9% of the population held about 60% of America's wealth, while both the bottom 90% and the top 0.1% each held 20% of it. The 9.9% may be the most interesting. The elite clique that makes up the top 9.9% has been aided by the maintenance of stable family and lifestyle patterns: divorce rates are low among this group, as are problems such as substance abuse or poor diet. In a sense, this elite group has become a community separated from the rest of US society in terms of money, education, and culture. Meanwhile, the United States has fallen to number 27 in the world in terms of social mobility. This is a cause of concern for US leaders and the population in general.

Supporters of the current economic model in the United States note that entry into the new upper class is more merit-based and diverse than ever. About 80% of American millionaires, for example, are self-made. They also include immigrants from places such as India, China, Nigeria, Cuba and even Haiti, one of the poorest countries in the world. In fact, nearly half of the founders of the largest US corporations are first- or second-generation immigrants, as are about

40% of its Nobel Prize winners. Richard Florida, a professor at the University of Toronto, characterizes at least part of this 9.9% group as the "Creative Class," bringing innovation and creating value in various fields. Regardless, others insist the current situation is not strong enough to be sustainable. They point out that nations with large income gaps tend toward worsening social stability, criminality, and poor public health. Furthermore, Professor Tyler Cowen of George Mason University points out that the current social and economic structure in the United States is almost impossible to change, since it is the result of powerful global trends. He says that Americans simply need to "get used to" this social arrangement. Few Americans seem to agree with him, though—the percentage of Americans who are "satisfied with the direction of the country" was just 13% in 2022.

(1) Which of the following best describes the reason it became more difficult for ordinary Americans to find jobs in the late twentieth century?

1 Manufacturing jobs began to decline in the United States when American companies started to depend on foreign labor and advanced technology that replaced workers.

2 Following a period of rapid industrialization, there were not enough workers who had the skills required to operate the new technologies companies were adopting.

3 Many US heavy-industry companies went out of business due to fierce competition from overseas companies, leading to widespread job losses.

4 In order to protect the interests of existing workers, unions began to engage in activities that prevented new jobs from being created in many industries.

(2) According to the second paragraph, what is true about modern society in the United States?

1 Due to government corruption fueled by money, wealthy Americans receive a much greater level of legal protection compared to low-income Americans.

2 A small percentage of Americans have been shown to exhibit much greater cognitive abilities than the rest of the population, giving them a higher chance of economic success.

3 Due to extreme wealth inequality, a small percentage of Americans enjoy a significantly higher standard of living and better health than the rest of the population.

4 The distinctions between different economic classes in US society have become so blurred that it is now difficult to categorize most people.

(3) One argument given in support of the current US economic model is that

1 despite the income gap, the nation is so wealthy that the majority of Americans will become millionaires at some point in their lifetime.

2 even those from lower-income families still enjoy greater social stability and public safety than their counterparts in other developed nations.

3 it enables creative people from any background, including some born in countries with fewer economic opportunities, to achieve economic success.

4 the US government provides more financial support for people who are developing innovative ideas than any other government in the world does.

E 教育・心理・社会

解答編 ▶ p.52

Affirmative Action in University Admissions

The mission statement of one famous public university in the United States declares that "The Office of Undergraduate Admissions recruits, admits, and encourages enrollment of applicants who are academically excellent, accomplished in extracurricular endeavors, and broadly diverse." With regard to admissions, many schools use similar language. To help universities achieve their recruitment goals, the contentious practice of giving preferential treatment to certain groups, such as racial minorities and women, is sometimes employed in the admissions process. This practice, termed affirmative action, has been a source of controversy for many years, with some arguing it is necessary to address discrimination and promote diversity and others claiming it is unfair and weakens the principle of meritocracy.

Proponents of affirmative action say it helps address historical discrimination and the lack of academic opportunities that minority groups and women have previously faced. Such people have traditionally been underrepresented in higher education, and affirmative action can help to level the playing field and ensure that these students have equal opportunities. Another advantage put forward is that affirmative action increases diversity on college campuses, enabling universities to provide a multicultural learning environment that creates benefits for all students by bringing new perspectives and promoting creative thinking.

On the other hand, opponents argue that affirmative action is unfair to students who do not belong to the targeted groups. They believe that it undermines the principle of meritocracy by giving preference to certain students based on their race or gender rather than their academic qualifications. Critics also claim that affirmative action may even harm the very students it is intended to help by setting lower standards for them, which creates the perception that they are not as qualified as their peers. Similarly, it can create antipathy among students who feel that they or others have been passed over in favor of less qualified students. Finally, it can discourage targeted students from working hard, since they know that they will have an advantage in the admissions process regardless of their qualifications.

While recent cases related to university admissions in the US Supreme

Court have not conclusively resolved the issue, they have provided some parameters. In a 2016 case brought by a white student who was denied admission at a public university, the plaintiff claimed that consideration of race violated her constitutional rights. And in a 2019 case, a group of Asian students challenged the constitutionality of Harvard University's admission policy, which also considered race in applications, arguing it put them at an unfair disadvantage by favoring other, less-qualified candidates from targeted minority groups. In both cases, the US Supreme Court upheld the constitutionality of considering race as one factor in admissions decisions, but it remains unclear how much weight schools can give to race in their admissions decisions, or whether public and private universities will be held to the same standards. Since the rules regarding the issue of affirmative action in university admissions remain vague, it is likely that the Supreme Court will have to deal with similar cases in the coming years.

(1) Supporters of affirmative action in university admissions policies point out that

1 it has benefits beyond the targeted groups because having students from a wider range of backgrounds creates a more stimulating learning environment for everyone.

2 minorities and women sometimes received preferential treatment in the past, so it is a way to make up for past failures in admissions practices.

3 it will lead to more minorities and women applying to universities in the future as universities seek to recruit students who have achieved high academic standards.

4 even if universities make diversity a goal in their mission statements, they are not obligated to give targeted groups advantages in their admissions policies.

(2) What is one argument given against the use of affirmative action in university admissions policies?

1 Because students admitted to universities under affirmative action policies are often less qualified than other applicants, they struggle to keep up in their courses.

2 It can inadvertently harm students from the targeted groups because they may be perceived as being less capable and therefore resented by other students.

3 Increasing the number of ethnic groups at universities can lead to racial tension that has the potential to distract students from their studies.

4 By treating applicants from different racial backgrounds differently, universities are simply reinforcing the way that society discriminates against minority groups.

(3) Based on the final paragraph, what can be said about affirmative action in university admissions?

1 The US Supreme Court has definitively judged that affirmative action in university admissions is legal under the constitution, but that it should be avoided at public universities.

2 Several US Supreme Court cases concluded that solely using affirmative action in university admissions policies is unconstitutional, but that it may be used in combination with other criteria.

3 More cases will likely be taken to the US Supreme Court because there remains uncertainty as to the extent to which universities can use affirmative action in their admissions policies.

4 The use of affirmative action in university admissions policies in the United States will likely increase as a result of the favorable decisions made by the US Supreme Court.

F 政治・経済

解答編 ▶ p.55

Lethal Autonomous Weapons Systems

Killer drones, robotic tanks, and missiles launched by artificial intelligence (AI) may seem like the stuff of science fiction, but they are closer to reality than many people suspect. Governments are currently investing billions in the development of lethal autonomous weapons systems (LAWS), and one such AI-based system was reportedly used by Turkey in 2022. According to experts, such weapons could potentially become a greater risk to humanity's existence than nuclear weapons are. Until now, the certainty that a nuclear strike would lead to massive retaliation by the other side has been an effective deterrent to any nation considering a nuclear offensive against an enemy, since it would surely result in mutual destruction. However, LAWS might grant one nation tactical superiority by, for example, giving it the capability of launching a first strike that could render the other side's nuclear missile bases or submarines inoperative. Furthermore, should one nation obtain this capability, or even be perceived to be likely to do so, it could provoke a preemptive strike by the other side that would lead to a full-scale nuclear conflict. Due to the speed at which LAWS are capable of operating, they greatly enhance the risk of rapid escalations in an already tense situation.

Another concern is the AI systems that control LAWS. While many people imagine AI systems as possessing human-like intelligence similar to those depicted in science-fiction movies, at present, they are highly specific, having been trained in simulations to perform specific tasks such as identifying targets. AI systems trained in this manner actually teach themselves how to react based on their experiences, and although humans can monitor and test their performance, the actual criteria these systems use to make decisions may not always be clear. Since LAWS will be operating in highly complex environments where situations change minute by minute, it is impossible to anticipate how the AI will react to various circumstances that it encounters. This has led to fears that LAWS could suddenly begin carrying out horrifying acts, such as killing civilians or military personnel who had already surrendered.

On the other hand, some experts claim that LAWS could potentially eliminate military atrocities, since ethical constraints could be entered into the algorithms controlling them. According to Ronald Arkin of the Georgia Institute of Technology, LAWS could "reduce man's inhumanity to man through technology." Advocates even envision LAWS patrolling the skies over conflict zones to prevent aggressions against civilians by military forces. Yet, many experts do not share this optimism. According to Ulrike Franke, a drone expert and senior policy fellow at the European Council on Foreign Relations, there is a fear that LAWS could spiral out of control as they react to each other, potentially leading to accidental military conflicts. Furthermore, should drones appear on the black market, they could easily fall into the wrong hands, allowing terrorists to destabilize governments or dictatorships to destabilize entire regions. To date, efforts to regulate LAWS through international treaties have been unsuccessful, and awareness of the danger they create is not widespread. However, LAWS are an urgent problem that must be dealt with before they cause a catastrophe that could be of global proportions.

(1) How might lethal autonomous weapons systems (LAWS) affect the situation regarding nuclear weapons?

1 They could cause countries to build more nuclear missiles and submarines, which will likely be the most effective weapons against LAWS.

2 There is a chance that LAWS would be able to end the threat of nuclear war if both sides had the capability to use them.

3 Countries will no longer consider it necessary to stockpile nuclear arms as LAWS are a much more effective deterrent against enemy attacks.

4 If a country discovers that its nuclear arms could be destroyed by enemy LAWS, it may act first by using its nuclear arms against that enemy.

(2) The artificial intelligence (AI) systems that control LAWS

1 need to be trained by using simulations that are much more realistic than the ones that are currently being utilized.

2 make decisions based on reasons that are difficult for people to identify, which will likely lead to unforeseeable results.

3 would probably be both much more effective and much more dangerous if they ever gained the ability to become self-aware.

4 have been shown by simulations to be much more likely to harm innocent people than the average human soldier.

(3) What do supporters such as Ronald Arkin believe about LAWS?

1 Although they would be harmful overall, the technology used in them could have applications that would benefit humanity.

2 Because their use is restricted by international treaties, they are unlikely to pose a level of danger that could cause a real threat to humanity.

3 They could be programmed to make decisions that reflect moral values and may even be useful in reducing some of the horrors of war.

4 Since they provide such a tremendous military advantage, countries are assuming a major risk if they do not develop them.

解答時間 **12** 分

G 医学・テクノロジー

解答編 ▶ p.58

The Antidepressant Debate

Every year, millions of people around the world are prescribed antidepressants. These drugs have prevented numerous suicides and have permitted individuals with severe depression to function in society, but some researchers have raised disturbing questions about the research studies that are used to ensure the effectiveness and safety of these powerful medications. Candidates for new antidepressant drugs must pass rigorous clinical trials, where the drugs are administered to human subjects. The eligibility guidelines for human subjects have numerous criteria that have been deemed essential for patient safety or ensuring a scientifically valid outcome. This may lead to the exclusion of the elderly, patients suffering from other diseases, or individuals who have been prescribed other medications. Some researchers, though, argue that the individuals being shut out are the very patients most likely to receive the medications following the trials. Furthermore, the duration of trials tends to be just a few weeks, whereas antidepressants are frequently prescribed for years.

During most clinical trials, subjects express their degree of depression prior to and following the administration of medication. One frequently utilized scale consists of 17 questions with a maximum score of 52 points and is designed to measure the overall severity of a patient's depression. Medications are deemed effective if they cause a significant decline in the patient's overall score. However, a typical questionnaire has multiple questions about sleep quality, and these account for 6 of the 52 possible points. Additionally, there is often a 4-point question about nervous movements made with the feet or hands known as "fidgeting." Clinical guidelines in the United Kingdom stipulate that a drug should lower scores by 3 or more points. It has been pointed out, however, that a host of medications could alter a person's sleep patterns or reduce fidgeting without having the slightest influence on the individual's state of mind.

One further difficulty that can be encountered in clinical trials is that improvement in a subject's condition appears to sometimes result not from the drug being tested but from the brain responding to the fact that a treatment is being offered. Known as the "placebo effect," this type of response is thought to be particularly prevalent in cases of depression. One possible explanation is related to what is known as "blind-breaking." During trials, one group of subjects, known as the "control group" receives a pill or another form of treatment that does not contain the antidepressant. This is done so that the control subjects' reactions can be compared to those of subjects who receive the active drug. However, the presence or absence of side effects that are commonly associated with antidepressants, such as weight gain, can cause subjects to deduce which group they are in. When this happens, those actually receiving medicine tend to exaggerate the positive effects of the treatment, which can seriously undermine the validity of a study. In recent years, debates over antidepressants and the trials used to test them have become an increasing cause for concern in the medical community, and many medical professionals believe adjustments to the way that some clinical trials are carried out are necessary.

(1) What does the author of the passage imply about antidepressant drug trials in the first paragraph?

1 Greater efforts have been made to ensure that the testing in trials is safe for subjects who are old or suffer from other medical conditions.

2 Subjects' reasons for joining the trials can potentially have an influence on the results that are reported by them.

3 The conditions under which trials are carried out and the type of subjects involved in them may not accurately reflect how the drugs are used in the real world.

4 As a result of doctors misinterpreting the results of drug trials, antidepressant drugs are sometimes prescribed for an inappropriate amount of time.

(2) What is implied about the scales used to evaluate the efficacy of antidepressant drugs?

1 The range of scores used in the scales should be greatly increased in order to allow for more accurate measurements.

2 They could result in drugs being approved even though they do not actually treat the underlying cause of a person's depression.

3 A greater number of points should be assigned to issues relating to sleep because they are a better indicator of depression than fidgeting is.

4 Since patients are asked to evaluate their own levels of depression, the scores they give are likely to be misleading.

(3) Why does the author of the passage mention "blind-breaking"?

1 To describe why some patients develop side effects while they are taking antidepressant drugs in human trials.

2 To show that there are effective ways of eliminating the placebo effect, and to argue that such methods should become standard in clinical trials.

3 To explain that when people guess that they are taking the active drug, it can have a negative impact on the outcome of the study.

4 To demonstrate the necessity of having a control group when clinical trials for antidepressant drugs are carried out.

H 自然・環境

Termites and Climate Change

Termites are a group of around 3,000 species of insects which are estimated to have first evolved from cockroaches around 195 million years ago during the Early Jurassic Epoch. They live together in colonies with sterile workers performing a variety of roles to support reproductive individuals such as queens. They are among only a few organisms that can degrade cellulose, a compound found in wood. By breaking down dead wood and plants, termites help aerate soil, serving an important ecological function. Termites are often considered to be pests, but fewer than 185 types of the more than 3,000 species that exist are responsible for significant damage. Wood-eating species have specific adaptations combined with interdependent relationships with symbiotic microbes that enable them to break down the strong fibers found in plants and trees. Should the activity of termites increase, however, there could be serious consequences for the environment.

There is a fear that climate change may increase termite activity. To assess this, a group of international researchers conducted studies at 133 sites around the world. Blocks of pine wood were monitored for up to four years to measure rates of decay. Wood usually breaks down because of the collective actions of termites, microbes, and fungi, which have a symbiotic or collaborative relationship. The researchers found that termite activity increased more than that of fungi and microbes in areas which were hotter and drier. Neither microbes nor fungi thrive in drier climates, but termites do, and while the studies showed that decay by fungi and free-living microbes also increased with rising temperatures, this was by a much smaller amount than decay by termites. All of the organisms involved in the decay process release CO_2 when they break down wood, so as the overall rate of decay increases, CO_2 emissions rise and contribute to further global warming, but the studies also suggest that as global temperatures rise and climates become drier, the balance between the organisms in the decay process will change in a way that leads to even greater environmental damage. Termites also produce methane—a greenhouse gas that is more harmful than CO_2—so if termites begin to take on a larger role in the decay process, the amount of methane produced will also increase.

According to Dr. Paul Eggleton of the Natural History Museum in London,

"Termites indeed have behavioral adaptations that allow them to do well in arid and semi-arid conditions." What is presently unknown is how far north or south termites with the most voracious appetites for wood will travel in response to rising global temperatures. The Mastos, or so-called Giant Northern Termite, which has super-breeding abilities, is already expanding its range southward in Australia, which may be a precursor of things to come. Dr. Alex Cheesman, an Australian researcher, states, "As climates become hotter and drier, termites tend to do much better than free microbes and increase the proportion of wood decay they perform." Unlike microbes, termites can transform carbon into methane when they break down wood. Cheesman also points out that methane has greater warming potential than CO_2. The fear some researchers have is that wood-eating termites will increasingly contribute to greenhouse gas emissions and climate change in a cycle that feeds upon itself.

(1) According to the passage, what can be said about wood-eating termites?

1 The sterile workers are unable to break down cellulose, so they have to rely on other termites in the colony to help them feed on wood.

2 They have innate characteristics along with an interdependent relationship with other organisms that aid them in breaking down wood.

3 Their distribution of work and ability to live in a well-organized society gives them an evolutionary advantage over other insects.

4 By consuming more cellulose as the climate changes, they may become overactive, which will result in serious consequences for the environment.

(2) Which of the following statements best describes what happens to termite, microbe, and fungus activity in warmer and drier climates?

1 Termites thrive in comparison with microbes and fungi in such conditions, which could result in greater harm to the environment due to more methane being released into the atmosphere.

2 The ability of microbes and fungi to break down cellulose in decaying wood decreases in such conditions, which negatively affects the activity of termites.

3 The interdependent balance between termites, microbes, and fungi in the wood-decay process remains consistent irrelevant of the conditions.

4 Free-living microbes and fungi outperform termites in such conditions, breaking down wood more quickly and reducing the amount of CO_2 and methane released into the atmosphere.

(3) What concern does Dr. Alex Cheesman have about wood-eating termites?

1 Termites with super-breeding abilities and large appetites are expanding vigorously into regions with warmer and drier climates.

2 One sign of things to come for increased climate change is the expanding range of termites in the southern hemisphere.

3 An increase in global temperatures could lead to an increase in their activity, which could further affect climate change.

4 Those with the ability to adapt to warmer, drier climates will contribute a larger share of greenhouse gases to the environment.

A　教育・心理・社会

解答編 ▶ p.64

The Big Five Personality Traits

The desire to categorize things is a deeply human trait, and this propensity extends to people as well. From signs of the zodiac to blood type, there have been countless attempts to categorize people to gain insights into their personalities and futures. For millennia, these systems were unscientific and based primarily on folk wisdom rather than observation and analysis of a person's behavior, but more recently developed systems to categorize people by personality types have attempted to at least provide a veneer of scientific reasoning to support them. The Myers–Briggs Type Indicator (MBTI) is likely the most famous system in use today and is often used by businesses to evaluate current and potential employees. Even so, the MBTI has generally failed scientific scrutiny and is generally not taken seriously by psychological researchers.

It might seem like folly to even attempt to scientifically study something as nebulous and subjective as personality, but there is one system that has gained a much more respected position in scientific circles. The Big Five Personality Traits, often called the Five Factor System (FFS), is a more rigorous system of categorizing a person's personality and making conclusions based on that categorization. The system uses surveys to determine a person's tendency to align with one side of a spectrum on a trait. The system was developed by a large number of independent researchers who noticed that some traits were positively correlated with each other. That is, when a person exhibited one trait strongly, they exhibited other ones almost equally as strongly. Over the course of decades, these traits were consolidated into five overarching traits.

The factors used in the FFS are Openness, Conscientiousness, Extroversion, Agreeableness, and Neuroticism. The categories make the acronym OCEAN when put together, though CANOE is also occasionally used. Unlike other well-known personality systems such as the four-trait MBTI, the FFS does not assign one of two binary options to a person for each trait. A person is not either purely extroverted or introverted as the MBTI claims, but is somewhere on a spectrum between the two possible extremes. A scale of 0 to 100 is often used in the FFS, and this allows individuals to be compared to the average score in that trait.

Though a person can describe themselves using their accumulated scores, the main use of the FFS is to gain insight into trends associated with people who score high or low in any particular category. One example is the fact that people who exhibit low Conscientiousness tend to have shorter life spans. Conscientiousness describes how disciplined a person is, and low-scoring people tend to be spontaneous and impulsive. Since someone who is more impulsive is more likely to engage in high-risk behaviors, the correlation between a low Conscientiousness score and a shorter life span is easy to grasp.

However, having a high Conscientiousness score is not always beneficial, since when it is matched with a high Neuroticism score, it can be associated with obsessive-compulsive behavior. In fact, all the traits can be associated with negative outcomes. Even a trait like Agreeableness, which measures how trusting and collaborative someone is, can result in negative outcomes. Since people with a high Agreeableness score tend to value peaceful cohesion, they can neglect conflicts to their own detriment. Studies have shown that highly agreeable people tend to earn less than their peers. Since they do not want to upset others by advocating for their own pay, they tend to be overlooked in salary decisions. This can have long-term effects on the financial stability of families over generations as well, since the traits of the FFS have been shown to be somewhat inheritable. This aspect of the FFS can offer insight into how to treat people whose parents have had specific psychological conditions.

Of course, the FFS is not without its detractors. Most obviously, the idea that all possible human personality traits can be boiled down to just five has struck some as excessively broad. Some reformers have suggested that, at the very least, a sixth trait, Humility/Honesty, should be applied. They believe this trait would make it possible to measure how much a person is likely to put their own interests above others.

Other people have suggested that the FFS is less universal than it purports to be, and that it is primarily relevant to people in Western, industrialized countries. This is a charge that is so commonly used against psychological models that a term exists for the type of people these models are biased toward: WEIRD. This stands for Western, Educated, Industrialized, Rich, and Democratic, and it describes not only the people who often develop these systems but also the people they study to reach their conclusions. Studies on FFS conducted in less-industrialized, poorer nations tend to show a lower correlation than those conducted in so-called WEIRD nations. As much as FFS has attempted to standardize the study of human personality, there might yet be work to do to come up with a truly unifying theory.

(1) What does the author of the passage imply about the ways that people attempted to categorize people in the past?

  1 They were based on ideas that had been created without any evidence to back them up and did not take into account the personality traits displayed by people.

  2 People would alter their own behavior to more closely match their expected personality based on the category they were assigned to.

  3 They have been repackaged with more modern perspectives and assumptions applied to them in modern systems such as the Myers–Briggs Type Indicator.

  4 They are as predictive of human behavior as newer systems, since none of the systems developed so far are effective at categorizing people.

(2) According to the passage, what is one thing that is true about the FFS?

  1 It was developed after the introduction of scientific methods and makes use of their principles in its attempts to categorize people.

  2 It does not rely on self-assessment and instead asks people who know the person to evaluate their personality and behavior.

  3 It recognizes that people do not fully embody any particular trait and instead fall somewhere within a range on a scale.

  4 It uses far fewer indicators than any other system and its creators are actively working to simplify its methodology even more.

(3) Which of the following would be a challenge for someone who has a high Agreeableness score?

1 Being able to find the courage to speak up to their superiors on behalf of themselves in order to ensure their own well-being.

2 Being willing to take on tasks of greater responsibility without the help of others for the success of their company.

3 Learning how to control their spending and plan their finances to make sure they can support their families throughout their lives.

4 Ignoring conflicts about unimportant details that will take their focus away from more urgent matters.

(4) According to critics, what type of person is less likely to be accurately described by the FFS?

1 People who are from cultures that have a less-developed economic system than that of the creators of the system.

2 Extensively educated people who know about the system and can alter their responses to diagnostic questionnaires to affect their results.

3 People who were not raised by their natural parents and in societies that are very different from the one into which they were born.

4 Citizens of so-called WEIRD countries who differ from most other people because of their levels of education and industrialization.

B　政治・経済

解答編 ▶ p.68

Out of Order Executive Order

On February 19th, 1942, President Franklin D. Roosevelt issued Executive Order 9066, which granted US military authorities the power to declare exclusion zones and to relocate persons of Japanese ancestry. According to information from the US government, after Roosevelt issued the order, more than 110,000 people, including children and the elderly, were required to leave their homes in California and parts of Washington, Oregon, and Arizona. Most of these people did not have time to store or sell their household goods, let alone get a fair price for them. Some people were able to move to other states, but the majority went to internment camps. They were allowed to take very few personal belongings with them, and many families lost virtually everything they owned except what they could carry. The internees then spent several years in the camps, kept behind barbed wire fences with armed guards patrolling them. Entire families often lived in cramped, one-room quarters that were poorly constructed.

Roosevelt's executive order was terminated exactly 34 years later, on February 19, 1976, by President Gerald Ford, as part of Proclamation 4417. In issuing the proclamation, President Ford said, "February 19th is the anniversary of a sad day in American history. It was on that date in 1942, in the midst of the response to the hostilities that began on December 7, 1941, that Executive Order 9066 was issued, subsequently enforced by the criminal penalties of a statute enacted on March 21, 1942, resulting in the uprooting of loyal Americans. Over 110,000 persons of Japanese ancestry were removed from their homes, detained in special camps, and eventually relocated. The tremendous effort by the War Relocation Authority and concerned Americans for the welfare of these Japanese Americans may add perspective to that story, but it does not erase the setback to fundamental American principles. Fortunately, the Japanese-American community in Hawaii was spared the indignities suffered by those on our mainland."

In 1980, the Commission on Wartime Relocation and Internment of Civilians was established by Congress. This commission reviewed the impact of Executive Order 9066 on Japanese-Americans and determined that they were the victims of discrimination by the federal government. This document stated unequivocally that "there was no military or security reason for the internment" and that "the internment of the individuals of Japanese ancestry was caused by racial prejudice, war hysteria, and a failure of political leadership."

On August 10, 1988, President Ronald Reagan signed the Civil Liberties Act of 1988. The act was passed by Congress to provide a Presidential apology and symbolic payment of $20,000 per person to the internees, evacuees, and others of Japanese ancestry who lost liberty or property because of discriminatory action by the federal government during World War II. The act also created the Civil Liberties Public Education Fund to help teach children and the public about the internment period.

The act called for five actions to be undertaken: The government had to acknowledge the fundamental injustice of the evacuation, relocation, and internment of people of Japanese ancestry during World War II, apologize to those who had been affected by the order, fund public education efforts to inform people about what had happened and prevent such a thing from happening again, pay restitution to those who were interned, and make American declarations of concern over other nations' human rights violations more credible and sincere. The US government's formal written apology was made by President George H.W. Bush the following year.

The question that remains is whether another group of Americans could ever be treated in a similar way. As US involvement in the Middle East and fears of Islamic extremism continue, some people worry about what could happen to Americans of Arab or Iranian descent, or to any Muslims in the United States. Could people today suffer the same injustices and indignities that Japanese-Americans suffered during World War II? Has enough been done to ensure that such a thing never happens again?

Some people argue that the way in which suspected terrorists are imprisoned and denied normal criminal trials is reminiscent of what was done to Japanese-Americans. Others view the two situations as different because the Japanese-Americans interned were US citizens who were not suspected of any crime and had had no involvement with the government of Japan. Remembering this sad chapter of American history, however, is an important step towards taking precautions against similar travesties based on discrimination and fear. It is also possible that by taking steps to apologize and acknowledge errors and abuses they have committed in the past, nations could learn from their mistakes and effectively avoid similar actions in the future.

(1) Which of the following statements regarding the implementation of Executive Order 9066 is true?

1 Japanese-Americans with mixed ancestry were given better treatment than those of pure Japanese ancestry, and many avoided being taken to internment camps.

2 Only Japanese-Americans who were considered to pose a serious threat to the security of US citizens were kept in internment camps.

3 Most of the Japanese-Americans taken to internment camps were given so little warning that they had almost no chance to sell their possessions.

4 When they were being moved to the camps, the internees were not allowed to carry any of their personal belongings with them.

(2) In his 1976 statement about the internment of Japanese-Americans, President Gerald Ford implied that

1 some of those interned were in fact not wholly loyal to the United States and that their detainment had been partially justifiable.

2 had he been US President at the time that Executive Order 9066 was implemented, he would also have proceeded with it.

3 although efforts were later made to improve the lives of Japanese-Americans, Executive Order 9066 went against fundamental American principles.

4 even though some people suffered more than others, the fundamental principles of American society were protected by President Franklin D. Roosevelt's order.

(3) What was one result of the Civil Liberties Act signed by President Ronald Reagan in 1988?

1 Interned Japanese-Americans were provided with free legal representation in order to allow them to sue the US government for appropriate compensation for the suffering they had experienced.

2 The US government was forced to admit that the internment of Japanese-American that it carried out during World War II was unacceptable.

3 An education fund was set up to explain to the public that while internment may be a last resort, there are situations in which it represents the only realistic option.

4 The federal government agreed to compensate all Japanese-Americans for the full value of the property they lost as a result of being interned during World War II.

(4) What is one issue that concerns some people today?

1 The fact that the internment of Japanese-Americans occurred provides a precedent that could result in similar actions being taken against other groups of people in the United States.

2 The public's outrage about the internment of Japanese-Americans makes it more difficult for the United States to effectively combat the rise of Islamic extremism.

3 The apology made by President George H.W. Bush was inadequate and needs to be reevaluated in order to satisfy those affected by Executive Order 9066.

4 Despite the US government being made aware of the unfairness of its actions during World War II, it continues to attempt to cover up this sad chapter in American history.

C 教育・心理・社会

解答編 ▶ p.72

Harry Houdini vs. The Mediums

Harry Houdini, born Erik Weisz in Budapest in 1874, is still known today as the world's most famous magician and escape artist. While his name has become synonymous with magic in modern times, Houdini was committed to exposing people who claimed to have actual magical powers. In between engagements for his entertainment career, he spent a significant amount of time and effort to investigate and debunk over a hundred false magicians and put himself at odds with the burgeoning Spiritualism movement.

Spiritualism was an umbrella term for many disparate belief systems that flourished in the early 20th century, primarily based on the idea that there were supernatural forces in the world that let people communicate with other planes of existence. That could mean extraterrestrials or beings in other dimensions, but perhaps the main goal of Spiritualism was to communicate with the dead. It was this aspect that caused Spiritualism to grow so popular in the wake of World War I; with so many people losing loved ones to the war, many were desperate to speak with those they lost. Working as a traveling medium, a person who claims to be able to speak to the dead, became a lucrative career. Many would charge money to attend séances, gatherings where they would attempt to contact the deceased.

Houdini devoted much of his time outside of performing to exposing fraudulent mediums who duped their clients into believing they could communicate with their dead relatives. Houdini was particularly adept at debunking these self-purported mediums, since the methods they used to fool their clients were very similar to the ones he used in his stage magic act. While the tricks that these mediums used might have been impressive to the uninitiated, especially when done in the dark as séances often were, Houdini could perceive the same sleight of hand techniques he used in his line of work. Sometimes, he would appear openly at these séances, often as a representative of the magazine *Scientific American*, which had a standing cash reward for anyone who could conclusively prove they could exhibit supernatural abilities. Other times, owing to his immense fame, he had to attend in disguises to avoid arousing suspicion.

The zeal with which Houdini pursued these frauds was exceptional and suggested a motive that went beyond a simple belief in rationality or a professional disdain for those who would use his craft to unscrupulous ends. In fact, there was an emotional element to his motivation. In 1922, Houdini was invited to attend a séance by Sir Arthur Conan Doyle, a famous English doctor and author, best known today as the author of the Sherlock Holmes novels. Doyle was one of the most famous and most fervent supporters of Spiritualism at that time, and his wife Jean Doyle was an "automatic writer," someone who claimed they could channel departed spirits and write on their behalf. The purpose of the séance was to allow Houdini to communicate with his mother, Cecelia Weisz, who died in 1913, and to whom he was deeply devoted.

It is not known if Houdini attended the séance out of a sincere desire to talk with his departed mother, a wish to commune with one of England's foremost intellectuals, or simply out of curiosity. In any case, he found the experience immensely disheartening. The message that Jean Doyle purported to receive from his mother was merely bland placations that were short on specifics that might have provided evidence it really was from Mrs. Weisz. Most damning were two factors: the message was written in English, a language she did not speak, and it included crosses in the margins, which would have been highly unlikely for the wife of a Jewish rabbi.

Whether disillusioned to learn that Spiritualism was phony or simply insulted by the way in which his mother was caricatured by a charlatan, Houdini focused his efforts on debunking mediums and psychics. Some evidence that Houdini did harbor a small hope that Spiritualism was real is the fact that he instructed his wife, Bess, to hold annual séances for the ten years following his death. He provided her with a secret message he would relay to her to confirm if the mediums were genuine. Bess honored this request, and the first séance after his death in 1926 was even broadcast. As might be expected, Bess never got the message from her departed husband, and she ceased holding séances after the specified tenth attempt.

Although Bess gave up any chance of contact with her husband, people around the world still hold séances on Halloween, the anniversary of Houdini's death. These events are usually held with more than a bit of irony, considering Houdini's beliefs. Most are held by fellow medium debunkers and fans of Houdini, who wish to celebrate his memory in an unusual, showman-like way while also mocking the idea of communing with the dead. After attending a séance at the Houdini Museum, actor Alec Mathieson said it did not surprise him that Houdini failed to come back. "I don't think he would be surprised, either," Mathieson said.

(1) Why did spiritualism become such a popular movement in the early 20th century?

1 Advances in transportation allowed many spiritualist leaders to travel across the world and spread their message more effectively than ever.

2 Advances in technology during the war made people more skeptical of traditional religions so they searched for new ways to express their spirituality.

3 There was a great desire to communicate with the dead because so many people's relatives had their lives cut short by conflict.

4 Spiritualist leaders made a great deal of money by practicing their trade, and other people wanted to imitate that success themselves.

(2) Why was Houdini particularly well-suited to exposing the fraud of false mediums?

1 Houdini himself used to work as a medium and learned the tricks they used to make gullible people think their abilities were genuine.

2 Houdini had been trained by the editors of *Scientific American* to recognize fraudulent mediums in order to subjectively assess their claims.

3 Houdini's family members had been taken advantage of by these mediums and described to him the ways in which they were fooled.

4 Houdini was already familiar with methods that mediums used to mimic supernatural powers, so he could easily recognize that they were simply tricks.

(3) Houdini had a dislike for the practices of false mediums because

  1 the secret phrase he and his mother agreed on for her to use to contact him after her death was never correctly used by a medium.

  2 he felt that illusion and magic were important performing arts, and the people who claimed to have magical powers were sullying that art.

  3 firsthand experience of attending a séance himself gave him a bad impression of mediums after the person running it tried to prey on his affection for his mother.

  4 his wife spent a great deal of money on mediums after one convinced her she could talk to a deceased relative, which caused problems in their marriage.

(4) What does the passage mean when it says that modern séances to communicate with Houdini are "held with more than a bit of irony?"

  1 Spiritualism has entirely fallen out of favor, and the only purpose they serve now is as entertainment, similar to Houdini's magic shows.

  2 Much like Houdini's work to expose mediums, the séances are not an attempt to contact the dead but to discredit the concept of doing so.

  3 Since Houdini did not believe in the power of séances, the possibility he might be spoken to in the afterlife would be using him to undermine his work.

  4 Even though Houdini spent a great deal of time trying to disprove séances were real, they are now one of the most well-known examples of séances today.

D 自然・環境

解答編 ▶ p.76

Near the Top of the World

When people think of Siberia or Alaska, lush forests and snow-covered land often come to mind. In fact, though, there is a vast region between the northernmost forests and the Arctic that is called tundra. This treeless zone covers an astonishing 20 percent of the earth's surface. The temperature is below zero year-round and the winds are very strong. The ground—known as permafrost—remains frozen nearly all year. In summer, only the top layer of soil, the active layer, thaws, allowing short grass to grow.

Rainfall is scarce in the tundra. It usually gets less than 25 centimeters of rainfall per year, about the same as a desert. This means that trees and other plants that require large amounts of water year-round cannot grow. Under these conditions, only shrubs, small plants with shallow, spreading root systems, can survive. Their root systems are actually similar to cacti and other succulents, which survive in similarly dry conditions. Lichen, an organism that is a combination of fungi and algae, also flourishes in the tundra, growing on the sides of rocks or on the ground itself. All in all, there is no greenery over a few centimeters tall.

Despite the lack of trees, winter grass, or other plants, the Arctic tundra is full of wildlife, both large and small. Polar bears range down from the Arctic to this area, hunting their prey. Caribou, a type of large deer, also live in the tundra. They survive off the grass in the summer months and depend on the lichen in winter. Arctic foxes also inhabit this region, hunting small birds, rabbits, and mice, as well as living off the remains of kills made by polar bears.

One of the most important things to note about the tundra is the precarious balance of life there. This means even small changes in one element can have substantial effects on the entire ecosystem. With warmer temperatures, for instance, the number of parasites increases, which can harm or even kill animals, including caribou. A fall in the caribou population can impact predators such as polar bears and Arctic foxes. The melting of tundra permafrost also means more opportunities for plant growth and the risk of the landscape being taken over by invasive species, which may eradicate the lichen and shallow-rooted native plants. This, in turn, can severely affect the animals that consume these species.

A 2016 NASA satellite photography program showed that about 38 percent of tundra land was greening, a signal of severe ecosystem problems to come. The tundra is home to plants and animals that are not found anywhere else in the world. With rising temperatures and the resultant greening of the tundra, this unique ecosystem could be lost forever. Researchers studying greening patterns in the region have found that it is associated with higher levels of soil moisture and temperature, results of the melting of the permafrost. If this trend continues, it could release large amounts of greenhouse gases that are locked in this permafrost, particularly methane gas. In a vicious cycle, this gas would reach the atmosphere and accelerate the global warming already taking place.

Not all nations are worried about a warming tundra, however. Russia, for instance, sees it as an opportunity. There are millions of tons of precious minerals and possible oil reserves deep in the frozen ground. Softer ground would make it easier to build roads, as well as operate the trucks, drills, pipelines, and other industrial equipment necessary to extract natural resources and ship them along Russia's northern waterways—and from there into Asia, Europe, or North America. Any commercial energy production or resource exploitation, however, would entail heavy machinery and chemical use, which could cause irreparable damage to the pristine landscape and its unique ecosystem. Some toxic materials could spill, making matters much worse.

There have been some experimental efforts to save the tundra. One is establishing protected areas for preserving native plant and animal species. There is also an effort to identify and remove invasive shrubs that are a risk to the lichen and other native vegetation. Other experiments involve trying to increase wildlife herds to prevent the permafrost from melting. There is some evidence that shows that when horses, caribou, and other grazing animals traverse the land, not only do they eliminate a layer of insulation by clearing the snow, but they also compress the soil, keeping the permafrost colder. Even so, it is unclear whether any of these efforts could be successful. Even if they are, it would be incredibly expensive and time-consuming to fight the effects of climate change in the region unless global efforts to remove the root cause itself are a success. The focus should be on various ways to mitigate global warming by reducing greenhouse gasses worldwide. As long as global temperatures keep rising, the tundra will keep greening. In the end, only a shift from fossil fuels to more nature-friendly power sources can help save the tundra and its natural treasures.

(1) According to the passage, what is one way that tundra is similar to a desert?

1 The animals have evolved special biological adaptations to live throughout the year in the region, as it does not get much rainfall.

2 Some of the plants that live there have root systems similar to those found in cacti and related plants that can thrive without much water.

3 It can support a surprising number of plants despite the fact that it receives very little rain or snow throughout the year.

4 The area experiences extremes of temperature, fluctuating between extreme heat in the day and freezing temperatures at night.

(2) One of the effects of climate change on the tundra is that

1 the melting of the permafrost will cause widespread flooding, which may decimate populations of mammals, including caribou and arctic foxes.

2 rising temperatures allow new plants to encroach on the tundra region and displace existing species that a number of animals depend on.

3 animals that are used to living in cold temperatures are moving out of the tundra region as it becomes increasingly warmer.

4 warmer temperatures are leading to increased numbers of parasites, which kill off many of the tundra plants and make food scarce for plant-eating animals such as caribou.

(3) Which of the following statements about Russia would the author most likely agree with?

1 Warmer temperatures will enable other countries to expand their oil extraction operations, which will reduce their dependence on Russian oil worldwide.

2 Russia may take advantage of the melting of the region to take control of northern waterways that it currently shares with Europe and North America.

3 Since the tundra region in Russia has large amounts of minerals, Russian mining could offer tough competition to mining operations in other places.

4 As the permafrost melts, Russia might start a range of industrial activities that could pollute the land and permanently spoil the tundra environment.

(4) What is one experimental solution proposed to address the greening of the tundra?

1 Animals that eat invasive plant species could be introduced into the tundra region in order to keep plant growth under control.

2 Since rising temperatures are causing some of the permafrost to melt, herd animals could be used to pack down the soil and help maintain the low temperature.

3 Considering the fragility of the tundra ecosystem, all industrial and agricultural operations in the region could be relocated to less ecologically sensitive areas.

4 The entire tundra region could be isolated from the rest of the world in order to preserve the plant and animal species unique to the area.

E 政治・経済

解答編 ▶ p.80

A Flag For A Fallen Nation

The flag of the former South Vietnam, which was officially known as the Flag of the Republic of Vietnam, has a yellow background and three horizontal red stripes running across it. It was based on the flag of the Nguyễn Dynasty that ruled Vietnam during the 19th century, though the design and symbolism changed over time. It has not been the official flag of a nation for almost fifty years, but it is still commonly used by South Vietnamese communities around the world. This is particularly true in the United States, which is home to the largest population of South Vietnamese people outside of Vietnam. At the end of the Vietnam War between communist North Vietnam and US-backed South Vietnam, there was a huge migration of people out of South Vietnam to their primary military supporter, and these immigrants brought their flag with them to the United States.

Since that time, South Vietnamese immigrants in the United States have continued to use their former flag, and many of them see the current official Vietnamese flag, a yellow star on a red background, as the symbol of an oppressive regime that forced them to flee their homeland. This has created tension between these Vietnamese immigrants and people who use the current, official Vietnamese flag as a symbol to encompass the Vietnamese people as a whole, not just those that currently live in Vietnam. Some immigrants are so incensed at the flag's use that they have petitioned the regulatory organizations that standardize emojis to add the South Vietnamese flag to the official list of emojis so that they can refer to their cultural background without using the official Vietnamese flag.

Sometimes, the aversion to the official Vietnamese flag can become especially heated. In 1999, a video store in Westminster, California, displayed not only the official Vietnamese flag but also a photo of Ho Chi Minh, the communist ruler of North Vietnam who then ruled the unified Vietnam after it subsumed South Vietnam. Westminster is home to the largest South Vietnamese population in the United States, and the reaction to the display was swift and vehement. Protests lasted for nearly two months and the picketing crowds reached into the hundreds. Eventually, protests grew violent and resulted in over fifty arrests.

This incident demonstrated a political dimension to the South Vietnamese flag that belied its status as just a symbol of Vietnamese culture. The flag began to be associated not just with Vietnamese people, but with anti-communism more broadly. While US citizens of Asian backgrounds tend to be politically liberal, Vietnamese Americans tend to vote conservatively. That might be expected from an immigrant group who left a communist country, but the issue has become less relevant over time. While conservatism is more prevalent in older Vietnamese Americans, there is a trend toward liberalism in the younger generation.

The people in this older generation are more likely to have fled their homes during the Vietnam War or were raised by parents who had. In many cases, this experience has created an intense, emotional aversion to the ideology and symbols of the current Vietnamese state. Younger generations are less likely to have a close relationship with the homeland of their parents or strong opinions about the political differences that led to the war. These distinctions between North and South are less relevant for younger Vietnamese Americans.

In this milieu, the South Vietnamese flag has become a less important symbol of a lost homeland and a culture that was uprooted and moved across the world. Instead, it has taken on a much more conservative connotation, and one that has spread beyond the Vietnamese community. On January 6th, 2021, members of the Vietnamese community waving South Vietnamese flags were among those carried by far-right insurrectionists who attempted to overturn the presidential election after Donald Trump lost his bid for a second term. Many of these protestors carried flags that represented racist, white nationalist organizations, and while a flag meant to represent an Asian immigrant community might seem out of place in such a setting, both flags were meant to symbolize a conservative, anti-communism agenda.

Commentators have also found parallels between the nostalgic desire to return to an idyllic past associated with American conservatism and the conservative wing of the Vietnamese community in the United States. Vietnamese American author Viet Thanh Nguyen wrote "[Trump's] words also resonate with many Vietnamese refugees who feel forgotten, and who dwell on—perhaps even enjoy—their resentment against those who have defeated them. So they wave their yellow flag, the symbol of their lost cause, and it is accepted by believers in other lost causes." For this reason, a flag meant to unite the Vietnamese overseas population might end up representing only a portion of the community, and a portion that is becoming less relevant to the next generation who will shape what values the community holds to be important.

(1)　Why have some members of the international Vietnamese community attempted to make the South Vietnamese flag an emoji?

1　They consider the flag emoji to promote the political ideology of communism and believe that emojis should be apolitical.

2　The South Vietnamese government is still in exile and they feel like the acknowledgment would bolster its legitimacy.

3　They want a symbol that can be used to represent their culture that is independent from the government of their homeland.

4　They believe it is unfair that other former countries have received similar recognition but theirs has been neglected due to pressure from the Vietnamese government.

(2)　One reason the 1999 incident at a video store in Westminster, California, was particularly volatile was because

1　not only did they display an official Vietnamese flag but also a portrait of a political leader associated with the fall of South Vietnam.

2　it was an example of a non-Vietnamese business owner coming in from the outside and offending the sensibilities of the majority of the Vietnamese community.

3　there were a large number of pro-communist counter-protestors who spoke up on behalf of the business owner's right to free speech.

4　the incident took place so soon after the end of the Vietnam War that the emotional wounds from it were still fresh in people's minds.

(3) What does the author of the passage imply about why South Vietnamese immigrants have different political loyalties from other Asian Americans?

1 They are more likely than other Asian Americans to have had traumatizing experiences as anti-communists when leaving their country of origin.

2 They have a high level of political involvement as a result of the events that led to them immigrating, whereas other Asian Americans are less politically engaged.

3 They take more care to educate their children about cultural traditions because they have limited ability to travel to their home nation.

4 They generally immigrated to the United States earlier than other Asian Americans and are more integrated into US culture.

(4) Which of the following statements would Viet Thanh Nguyen most likely agree with about Vietnamese Americans who participate in far-right demonstrations?

1 They are trying to portray themselves as victims of the current American government in the same way they were victimized by the North Vietnamese government.

2 They are motivated by an intense nostalgia for the past and are out of touch with the younger members of the Vietnamese community living overseas.

3 They would not have been accepted by conservatives in the past because there would have been suspicion among Americans that they were supporters of communism.

4 They have generally forgotten the set of circumstances that led to the mass migration of Vietnamese people into the United States.

Chapter 3
模擬テスト

※解答用紙は別冊の最後にあります。

模擬テスト第1回

))) 01-05 　解答編 ▶ p.86-99

Read each passage and choose the best word or phrase from among the four choices for each blank. Then, on your answer sheet, find the number of the question and mark your answer.

Why US Higher Education is Truly Higher

In 2022, it was determined that six out of the top 10 and 18 out of the top 30 universities worldwide were American. The United States produces more Nobel Prize winners and more breakthrough academic research than any other country by far. It also (*1*). According to data from 2020, there were over a million international students studying in the United States, which was approximately twice the number of foreign students studying in the United Kingdom, the second most popular destination for studying abroad.

The US approach rests on three pillars. First, US universities balance the academic focus of universities with organizational business interests, allowing universities to act more dynamically. For instance, they (*2*). This connects to the second point, which is fostering competition. By attracting the most highly skilled teachers and researchers, universities can also attract outstanding students, leading to an improvement in university rankings and reputation. Moreover, this drive to reach those outcomes through enhanced competitiveness is connected to organizational improvement within universities. Thirdly, the government has a hands-off policy regarding the curriculums and politics of universities, even though it provides a vital source of funding. This funding is counterbalanced by private donations, student fees, and support from corporations.

The effort that goes into providing high-quality higher education in the United States is clearly greater than that in many other developed countries. In some countries, higher education has been in a quagmire because it has relied too heavily on state funding. This, in turn, has allowed governments to dictate terms, often determining the type of research an institution is expected to do. In France and Germany, for example, many academics are civil servants. Because of this, some universities in such countries have been criticized for (*3*). What is more, the quality of education provided to students can fall if that funding dwindles as a result of a country's economic situation. In some places, higher education has also been accused of being too xenophobic in an age of globalism by not making enough effort to attract top teachers and students from other countries.

(1) **1** places greater emphasis on academic improvement
2 promotes the idea of universities having international branches
3 has excellent support for students majoring in science
4 attracts the largest number of foreign students

(2) **1** emphasize their traditional values
2 invest heavily in attracting the best talented staff
3 ease the tension between competitors
4 accept students of all academic levels

(3) **1** trying to gratify their governments
2 looking down on private universities
3 keeping a tight rein on their budget
4 worrying about their independence

Being Smart with Smartphones

The number of smartphone users around the world has grown rapidly in recent years as consumers embrace all of the useful features that the latest devices offer. However, (　4　). The mobile security company Zimperium conducted an analysis of hundreds of thousands of phishing sites between 2019 and 2021 and discovered that the number of fraudulent websites that specifically target mobile users increased by 50 percent. Phishing websites are pages that are designed to look like official websites, prompting users to enter personal information such as passwords and bank account details. The information they gather can then be used to conduct criminal activity. By obtaining users' information in this way, cybercriminals are able to track users, steal bank information, access microphones and cameras, and more.

In some cases, phishing attacks can have consequences that go far beyond individual smartphone users. In one infamous incident, a criminal organization carried out an attack that (　5　). A password obtained from a phishing e-mail was used to insert malicious software that compromised the computer systems of a major fuel supplier. The goal of the attackers was to extort a large sum of money from the company. In order to prevent the malicious software from spreading, the fuel supplier was forced to shut down its operations for a week, preventing the delivery of 20 billion gallons of oil. This caused prices to skyrocket around the globe, impacting businesses and consumers everywhere.

To protect employee smartphones from phishing attacks, companies can take basic measures such as using password managers to secure devices against password theft. Some companies are taking their anti-phishing strategies a step further by conducting comprehensive training programs to raise awareness and ensure that their members protect their devices. For many companies, these programs even include (　6　). Threats are first removed from phishing e-mails that have actually been used by criminals in the past. The e-mails are then sent to employees to test their reactions in realistic scenarios. In this way, companies can determine which employees are vulnerable to phishing attacks and focus on training them accordingly.

(4) **1** with increased security comes added fees
    2 people are becoming too dependent on smartphones
    3 people are becoming more knowledgeable about smartphones
    4 with increased convenience comes new risks

(5) **1** destroyed internet infrastructure
    2 caused an ecological disaster
    3 affected the world economy
    4 led to a diplomatic crisis

(6) **1** using special devices to identify at-risk employees
    2 allowing employees to be exposed to actual threats
    3 preventing employees from using personal smartphones for work
    4 creating new phishing e-mails to simulate attacks

Read each passage and choose the best answer from among the four choices for each question. Then, on your answer sheet, find the number of the question and mark your answer.

Cryptocurrency and the Environment

In cryptocurrency networks, mining refers to the process of verifying and adding transactions to a public ledger, or record, known as the blockchain. The process consumes significant amounts of computing power and energy, giving rise to concern about its environmental impact. The high energy consumption is due to the mining process requiring powerful computers to solve complex mathematical problems, which consumes large amounts of electricity. Research has shown that the network of one major cryptocurrency alone has a carbon footprint approximately equivalent to that of Hong Kong, since the energy it uses is often generated from fossil fuels such as natural gas. Moreover, the production of computers used in mining operations is also harmful to the environment. The computers required are often built with specialized chips and their manufacture consumes a large amount of energy. Mining also generates significant amounts of electronic waste as miners often replace their old hardware with newer models.

While the environmental impacts of cryptocurrency can presumably be mitigated by transitioning to the use of renewable energy sources, this has not happened. According to an article by CNN journalist Jon Sarlin, the cryptocurrency industry has been "getting even dirtier" in recent years. The article refers to China's decision in 2021 to prohibit the mining of cryptocurrency, which impacted the industry worldwide. Many had assumed that China's ban would have reduced the overall environmental impact of the cryptocurrency industry, but in reality, it had the opposite effect. Before the ban, many mining operations relied on hydropower, a renewable source of energy, generated in China. Once the ban took effect, however, those mining operations suddenly had to look to other sources of energy. Much of the hydropower previously used was replaced with natural gas produced in the United States, and between 2020 and 2021, the percentage of one major network's electricity sources that were renewable dropped by 17 percent.

Attempts are being made, however, to address the massive impact of cryptocurrency on the planet. In a break from the practices of most major networks, some cryptocurrency networks are opting to use a different framework that does not necessitate the consumption of large amounts of energy. Furthermore, in 2021, a coalition of organizations involved in the cryptocurrency industry announced the Crypto Climate Accord, an agreement to eliminate greenhouse gas emissions from the industry by 2040. It also intends to create an open-source framework to account for emissions and ensure that the environmental impact of the cryptocurrency industry is measured consistently and transparently. Supporters say the agreement will be a game-changer for the industry going forward. Some experts are less optimistic, however. Skeptics consider the 2040 target to be unfeasible. Furthermore, despite the lofty goals of the accord, nothing will change the fact that the entire mining model of many of the major networks is based on the consumption of energy, making it inherently inefficient. Others are also concerned that the accord is simply an effort to greenwash the industry by making it appear more environmentally sound than it really is.

(7) According to the passage, which of the following statements about the environmental impact of cryptocurrency mining is true?

1 Emissions are generated not only when producing the necessary computer components, but also when updating the blockchain.

2 The latest computers used for mining generate more electronic waste than older models because they require more parts to build.

3 The majority of emissions generated in cryptocurrency mining operations are caused by the use of outdated, inefficient hardware.

4 Hong Kong's mining operations are the world's largest producers of cryptocurrency-related carbon emissions.

(8) What happened as a result of China's ban on cryptocurrency?

1 To fuel their operations, many cryptocurrency networks were compelled to transition to nonrenewable power sources with greater emissions.

2 The overall value of cryptocurrencies increased, leading to the acceleration of environmentally harmful mining operations outside of China.

3 The output of cryptocurrency mining operations worldwide decreased dramatically, thereby significantly reducing the impact on the environment.

4 Chinese mining operations moved to countries where networks are able to rely on more environmentally friendly energy sources like hydropower.

(9) According to the final paragraph, which of the following statements is NOT a criticism of the Crypto Climate Accord?

1 The accord is merely an attempt to improve the public image of cryptocurrency by making it seem less harmful to the environment.

2 The agreement's target of achieving zero carbon emissions in the cryptocurrency industry by 2040 is unlikely to be achievable.

3 The goals are unachievable because, by their very nature, many of the major cryptocurrency networks rely on the wasteful use of energy.

4 The agreement's proposed system for keeping track of emissions is too lenient, allowing networks to hide their emissions.

The Protestant Reformation

When the theologian Martin Luther published his criticisms of the Catholic Church in 1517, he sparked a religious reform movement that would have a lasting impact for centuries to come. His critiques would inspire other thought leaders around Europe to challenge the authority of the Catholic Church and form their own branches of Christianity, which are collectively known as Protestantism. After years of tension, the Catholic Church and the new Protestant denominations gradually agreed upon ways to coexist. In 1555, following a prolonged period of religious warfare, one such agreement allowed monarchs in Germany to choose whether their state would follow Catholicism or the newer Protestant denomination known as Lutheranism. Known as the Peace of Augsburg, the treaty also ensured that those who wanted to convert between denominations could do so peacefully as long as they relocated to a region where the denomination they chose was the state religion. Although religious conflicts would continue in Germany long after 1555, there was now a precedent for the further expansion of religious freedom.

The effects of the Protestant Reformation extended beyond religion. Many economists believe that the religious reforms initiated by Martin Luther led to the rapid economic growth that occurred in Europe in subsequent years. One of the first people to make this connection was the sociologist, Max Weber. On a trip to Prussia, a state located in modern-day Germany and Poland, Weber noticed that people who lived in Protestant cities were wealthier than those who lived in Catholic cities. He published his findings in a 1905 book, in which he theorized that Protestantism transformed the values its followers lived by, which helped them become wealthier and more industrious. More recently, scholars such as Sascha Becker and Ludger Woessmann have analyzed data and verified that there was indeed a wealth gap between Protestant and Catholic Prussians around the time of Weber's visit. However, they attribute the cause to the Protestant Reformation's effect on literacy. The Protestants translated the Bible from Latin into languages spoken by the common people, such as German and French. In turn, large numbers of Europeans learned to read because they were encouraged to interpret the religious texts for themselves to better understand God's teachings.

In the view of some experts, the positive changes brought by the Protestant Reformation came with a cost. One historian, Brad S. Gregory, argues that, in some ways, the environmental destruction and abuse of workers' rights we see today are a consequence of the social changes brought about by the Protestant Reformation. According to Gregory, before the Protestant Reformation, Catholicism acted as a singular source of social cohesion that influenced every aspect of life and limited materialistic behaviors. When people became free to choose their church, it eroded this collective mindset bound by religion, and people began to be more concerned with bettering themselves than their community. This individualistic mindset gave rise to the attitude that people should be free to purchase and sell without regard for how their practices may affect others. In turn, this attitude incentivizes corporations to go to any lengths to meet consumer demand.

(10) According to the author of the passage, what was the significance of the 1555 agreement?

1 It served as a basis that would influence future developments in the advancement of religious liberty in Europe.

2 It resulted in a reversal of Catholic dominance, giving Protestant churches authority over regions with majority Catholic populations.

3 It was the first agreement that allowed Protestants to practice their faith freely in regions controlled by the Catholic Church.

4 It was the final deciding factor in putting an end to the widespread religiously motivated violence occurring throughout Germany.

(11) What did Max Weber think regarding the economic growth in Europe following the Protestant Reformation?

1 By learning to read the Bible, the Protestants were able to form a closer relationship with God, who blessed them with financial success.

2 The newly formed churches encouraged Protestants to relocate to Prussia, which was a major hub for economic activity in Europe.

3 By encouraging its followers to read the Bible, Protestant churches promoted literacy, which led to improved economic outcomes.

4 The Protestant Reformation brought about a major change in the way people thought, making them more hardworking and improving their financial situation.

(12) Brad S. Gregory believes that the Protestant Reformation can be linked to environmental problems today because

1   the new branches of Christianity encouraged followers to adopt a mindset that places greater value on human rights than it does on the environment.

2   it brought about a mentality in which people prioritize themselves over society as a whole, leading to unrestrained consumption and unrestricted corporate behavior.

3   the new branches of Christianity promoted a skeptical attitude toward science that has caused people to reject the latest findings on climate change.

4   it led to the weakening of a communal society in which enough goods were produced locally to satisfy demand without having to rely on mass production by large companies.

Economic Sanctions

After Iraq invaded its neighbor Kuwait in August 1990, the United Nations (UN) Security Council imposed severe trade restrictions on Iraq. With the exception of medicine, all imports and exports to and from Iraq were banned, leaving the country economically isolated. In the view of Joy Gordon, a professor of social ethics, what followed was the most devastating humanitarian crisis to occur at the hands of the UN Security Council. The sanctions accomplished the goal of bankrupting the Iraqi government, but as a result, ordinary citizens suffered. Government workers such as doctors and teachers were not paid their salaries, prompting them to quit their jobs, which left critical institutions without employees. The destruction did not stop there, however. According to some estimates, Iraq suffered the tragic deaths of upward of 500,000 children due to the widespread starvation that occurred as the population lost access to vital food imports.

Economic sanctions are one of the tools most commonly used to tackle aggression, human rights abuses, and other undesirable behavior by foreign nations. They are often considered preferable to other approaches to intervention, such as military action, because there are generally fewer costs and risks associated with them. However, their effectiveness has frequently been called into question. The American diplomat Richard Haass once described sanctions as "blunt instruments" that can have a wide-ranging impact that goes beyond the intended target. This is clearly illustrated by the unexpected consequences of the sanctions imposed on Iraq.

Joy Gordon points to a number of factors that led to the humanitarian crisis in Iraq. Just a year after they were first imposed by the UN Security Council, the economic sanctions on Iraq were supplemented by full-scale warfare in the form of Operation Desert Storm, a military offensive launched on Iraq by a coalition led by the United States. During this armed campaign, the coalition bombed and destroyed much of the nation's roads and utility facilities, compromising efforts by the Iraqi government and UN organizations to keep Iraqis fed during this tumultuous time.

In addition to the effect of the armed conflict, Gordon emphasizes the failure of the United States and its allies to include in the sanctions a framework for assisting the citizens of Iraq with deliveries of food and other provisions. This was not for lack of trying by humanitarian organizations. Throughout the period of strict sanctions, there were consistent calls from human rights agencies within the UN to make exceptions for humanitarian aid deliveries, but these calls were all too often ignored or blocked under the dual-use rationale, a term Gordon uses to describe the concern that the goods would be used to supply the Iraqi military in addition to ordinary citizens. The United States and its allies aimed to weaken the Iraqi regime to the greatest extent possible. While they may have succeeded in their goal, the lack of regard for humanitarian interests led to catastrophic results.

Sanctions do not always lead to the kind of disastrous results seen in Iraq. The series of sanctions that were imposed on South Africa by the international community starting in the 1960s is hailed by many as an example of successful intervention. During this period in South African history, known as apartheid, racial segregation was strictly enforced in the nation's public facilities and institutions. The sanctions were levied in an attempt to bring down the administration responsible for segregationist policies in South Africa. They were initially characterized by some as meaningless gestures. But as time passed, they began to earn more praise for their perceived effectiveness, and even the political activist Nelson Mandela, who led the anti-segregationist movement and was jailed by the South African regime, said that the sanctions were undeniably helpful to the movement's cause.

When examining the toppling of South Africa's regime, however, experts emphasize the importance of not downplaying the other factors involved. More recently, some of these experts have reassessed the fall of apartheid rule and concluded that the powerful political movement of Mandela and the Black majority was much more instrumental in achieving the goals that the sanctions set out to accomplish. Another crucial factor to note is the fall of the Soviet Union, which helped reassure the ruling party of South Africa that Nelson Mandela's movement would not lead to a communist revolution, resulting in Mandela's release from prison and the eventual end of apartheid.

The extent to which the sanctions on South Africa contributed to the fall of the regime may be debatable, but most political commentators consider them to have been a positive force, though perhaps one with less impact than some believe. This is in stark contrast to the sanctions on Iraq, which are almost universally viewed as a disastrous failure. One thing that does seem clear based on these two vastly different outcomes is that the way sanctions are executed and the context in which they are used are important factors to consider.

(13) One thing that illustrates Richard Haass's characterization of economic sanctions as "blunt instruments" is the fact that

1 Iraq was no longer able to import any pharmaceutical products into the country due to the severe restrictions on trade.

2 Iraq experienced a period of economic isolation, which left it unable to trade important goods with the rest of the world.

3 the institutions run by the Iraqi government were left without employees, leaving hospitals and schools without enough staff to function correctly.

4 the sanctions brought the Iraqi government to financial ruin, rendering the regime that attacked Kuwait incapable of funding itself.

(14) According to Joy Gordon, which of the following was one of the factors that led to the devastating outcomes in Iraq?

1 A military campaign launched on Iraq by the United States and its allies failed to cripple the infrastructure needed to supply the nation with food.

2 The coalition repeatedly rejected appeals by aid organizations to allow assistance in the form of humanitarian provisions for ordinary citizens.

3 The coalition's plan to maximize the damage to the Iraqi regime was implemented without considering how to rebuild the country after the conflict.

4 The UN agencies responsible for providing aid failed to realize the extent of Iraq's humanitarian crisis before it was too late.

(15) According to the passage, what do recent analyses suggest about the sanctions on South Africa's apartheid regime?

1 The effect of the sanctions may be overstated, and there is reason to believe that other factors may have been more impactful.

2 The sanctions could have had a much more damaging effect on the regime had the Soviet Union remained in power.

3 Apartheid would not have ended without the use of sanctions, which were the deciding factor that toppled the regime.

4 The sanctions were used by the international community to simply demonstrate a moral stance and were actually counterproductive.

(16) What does the author of the passage conclude about the use of sanctions?

1 Sanctions are the only way to accomplish foreign policy goals without resorting to more severe responses such as military action.

2 The impact of sanctions can lead to disastrous results, so care should be taken to ensure that they are implemented carefully.

3 Sanctions should only be applied in response to human rights abuses related to racial discrimination and not to punish countries for invasions.

4 The use of sanctions should be ended, as history has shown that sanctions always do more harm than good.

解答時間　55　分

模擬テスト第2回

))) 06-10　　解答編 ▶ p.100-115

Read each passage and choose the best word or phrase from among the four choices for each blank. Then, on your answer sheet, find the number of the question and mark your answer.

Land Acknowledgments

In the 1970s, at an arts festival in Perth, Australia, the organizers of the event adopted a longstanding Australian Aboriginal ceremony and welcomed guests by first acknowledging that the land the festival took place on was originally occupied and cultivated by Australian Aboriginal peoples. In the decade that followed, these "land acknowledgments" spread across the country and eventually to other countries where native peoples were violently evicted from their ancestral lands by European settlers, including Canada and the United States. These statements, which can occur at the start of events, meetings, or any other gatherings, recognize the fact that native peoples acted as stewards of the land and acknowledge they were (　*1*　). Though the broad history of native peoples is generally known and is often taught in schools, land acknowledgment serves to remind people today of the unfair and often brutal treatment of the original inhabitants of these countries.

This desire to avoid papering over the history of these nations has been welcomed by many native peoples and their leaders, who think of it as (　*2*　). However, many of them also feel that land acknowledgments could end up being nothing more than empty gestures if they are not coupled with concrete actions to improve the lives of native peoples. In an interview about land acknowledgments, the author Lynn Gehl, who is Algonquin Anishinaabe-kwe, a group of native peoples from Canada, said, "I find them patronizing because I know that Canada isn't meeting us on a nation-to-nation basis."

Instead, many indigenous leaders believe that land acknowledgments should be backed up by more tangible, legal changes that attempt to improve the conditions of native groups. Primarily, such measures should have the goal of (　*3*　). There are promising developments in that area, such as California's program to return state-owned land to Native American nations. Individuals can also pay back, like a professor in the United States who paid a quarter of a million dollars to a local tribe based on the wealth generated by stolen land her ancestors acquired. Such actions could make statements like land acknowledgments seem much more than just words.

(1) **1** one of many peoples who lived there
      2 forcibly evicted from the land
      3 the first to hold such events in the past
      4 often in military conflicts with each other

(2) **1** an important first step towards reconciliation
      2 an opportunity to educate nonnative groups
      3 the best that governments can do
      4 the result of cooperation over many generations

(3) **1** making all landowners pay a fair price
      2 providing financial assistance to native peoples
      3 punishing those who stole land
      4 returning land to native peoples

Humanity's Hidden Stripes

Unlike animals, such as zebras and tigers, that have striking markings on their bodies, humans generally have very uniform body coloration. However, the truth is that humans have invisible stripes all over their bodies, and ones that follow a regular arrangement. They were discovered by the German doctor Alfred Blaschko in the early 20th century, who noticed that the symptoms of many skin diseases seemed to (4). He initially assumed they would follow the direction of nerves or blood vessels or other systems in the body, but they turned out to be totally independent. These lines were named Blaschko's lines in honor of the man who discovered them.

These lines are a remnant of (5). As a fetus develops in the womb, new skin is produced, and skin cells grow rapidly during this time. Instead of just appearing piecemeal across the body, however, new skin emerges from "seams" along Blaschko's lines. As the new skin cells push up to the surface, the skin that used to be there is pushed aside. The patterns that appear are much like the shapes that appear around fault lines in tectonic plates as lava emerges and creates new land, forcing existing land out in bands. These lines are generally the same for all humans, with lines going vertically up arms and legs and forming deep V shapes on the abdomen and back.

In fact, there are some people who (6). For example, Blaschko's lines are sometimes visible on chimeras. Chimeras are people who have multiple sets of DNA in their bodies. Sometimes this condition is caused by two fertilized eggs merging before growing into an embryo, which then becomes a fetus. When a person has two sets of DNA, each set might have different instructions on how dark to make skin. The borders between these two conflicting sets of instructions will follow Blaschko's lines, leaving visible evidence of what is hidden in most humans.

(4) **1** be caused by blood disorders
   2 have different effects in humans and animals
   3 lead to other health problems
   4 follow the same pattern on all patients

(5) **1** diseases that human babies suffer from
   2 how humans have changed over time
   3 the way human babies develop
   4 humans' earliest ancestor

(6) **1** never develop Blaschko's lines
   2 exhibit Blaschko's lines without suffering from skin diseases
   3 refuse to accept Blaschko's theories
   4 have skin diseases that disprove Blaschko's claims

Read each passage and choose the best answer from among the four choices for each question. Then, on your answer sheet, find the number of the question and mark your answer.

Ethical Investments

What is the purpose of a corporation? Since at least the second half of the twentieth century, American managers have been taught to focus on shareholder value. By this criterion, a senior business leader's performance is assessed only on the change in company share prices. A CEO of a company whose stock rises from $100 to $150 per share is a "good" leader and will likely be rewarded through greater compensation. Conversely, if the stock falls from $100 to $50, the CEO will likely be fired and the entire board of directors replaced as well. Moreover, according to Milton Friedman, one of the most influential economists of the twentieth century, firms should generally avoid engaging in charity because it is not the legal or ethical purpose of a company. If a firm has surplus funds, they should either be invested into assets for future growth or returned to the shareholders in the form of dividends, not given away to society. To paraphrase Friedman, the only social responsibility of a company is to increase profits. This had become an operational standard in American boardrooms by the 1980s.

Friedman's business philosophy remains dominant in many ways, particularly among older managers and in older industries. However, this model has been losing support for some decades. Numerous activists for human rights, environmental protection, and social equality were demanding a new, progressive standard of corporate performance as early as the 1960s. Eventually, Wall Street firms and investment firms around the world responded to these demands by designing funds and business operations around environment, social, and governance (ESG) concepts. The definition of ESG varies, and there is some debate about its core components. However, "environment" generally relates to companies operating in a nature-friendly way. Therefore, companies that engage in mining, forestry, or oil drilling may have more difficulty qualifying for ESG status. "Social" relates to corporate operations and hiring practices that are helpful to marginal social groups, such as women or religious and ethnic minorities. "Governance" relates to whether companies manage their operations in a transparent and ethical way. This could include treating workers respectfully, maintaining workplace safety, and paying fair wages, as well as ensuring vendors do the same.

Many employees, investors, and managers—particularly younger ones—have been very enthusiastic about ESG companies, funds, and stocks. By 2022, ESG-based investment funds were being launched at a record pace. Analyzing stock market performance from 2004 to 2018, some experts claim that ESG funds in general performed better than or equal to conventional ones. On the other hand, there is also no shortage of skepticism regarding ESG companies. For one thing, there is no universal definition of ESG or any organization that verifies whether a company or fund is truly in compliance with ESG rules. Some believe that ESG investing is at best just a fad, and at worst outright fraud. Other investors have even launched lawsuits against ESG-based funds, since they feel the sole purpose of any money manager should be to earn money for their clients. ESG advocates still claim, though, that ESG and profit are not mutually exclusive—a well-run ESG company should be able to achieve both. Critics counter that earning any profit is difficult enough, so adding an ESG target can make profitability impossible. The argument over the ethics and usefulness of ESG does not seem likely to end anytime soon.

(7) What do we learn about Milton Friedman's theory?

1 It supports donations to charity as long as they do not become significantly higher than dividends paid to ordinary shareholders.

2 It became a strong influence on many US firms, especially in motivating senior managers to focus primarily on financial gain.

3 It had an impact on successful CEOs in past eras, but their excessive focus on efficiency was increasingly seen as too radical after the 1980s.

4 It has aided many corporate leaders in helping redefine what a socially responsible company could do to help the weak and improve public prosperity.

(8) How did Wall Street respond to the demands of activists?

1 It required all investment firms to register their staff and managers for intensive training regarding ESG guidelines.

2 It developed funds that centered on transparent businesses that ensured that employees, other stakeholders, and the environment benefitted.

3 It changed the definition of corporate social responsibility to include environmental considerations in addition to existing guidelines about discriminatory hiring practices.

4 It pushed for more lenient legislation regarding corporate transparency in an attempt to disguise the practices that the activists had been critical of.

(9) One argument given by critics of ESG is that

1 there is still no clear understanding of what ESG means and following ESG practices can cause companies to struggle to make profits.

2 people could launch lawsuits against companies for implementing ESG practices that nearly all American firms are already using.

3 people have to use their own business networks to determine which companies are genuinely eligible for ESG certification and which are not.

4 people should compare the performance of experienced charity organizations serving the public against the performance of ESG funds before investing their money.

Alphabets and How We Order Information

For thousands of years of human history, people used pictographs to represent words and sounds. The idea to represent sounds with abstract symbols came later in the development of language and is generally attributed to the Phoenicians, who lived around the Mediterranean Sea circa 1,000 BCE. This alphabet was the precursor of the Greek and Latin alphabets, which are still used today. The shapes themselves and the sounds they correspond to are still analogous to their original forms, even today. The order of these symbols in modern alphabets is similar to the original order, and like the symbols themselves, it is largely arbitrary without any particular reasoning. Still, in places where alphabets are used, this order is one of the first things children learn when introduced to written language.

This order seems like an obvious and intuitive way to organize information, such that it has become the default for ordering lists. But this default was not always the case. As recently as a few hundred years ago, information was often ordered in a hierarchical manner, with more important and fundamental information organized first. Partially, this was used to ease the process of looking up information for people who were already acquainted with a topic, but sometimes it was a matter of esteem and deference. When land censuses were made in England, instead of listing all the landowners by name, they were instead ordered by rank. The king was understandably listed first, followed by religious leaders, the nobility, and finally the common people. At the US universities Harvard and Yale, students were once listed based on how wealthy and socially prestigious their families were, since not doing this might have been insulting to the more well-heeled parents. Early European encyclopedias also followed this standard, but for all human knowledge, not just people. For this reason, God would always appear at the front of these reference books, since it would be highly disrespectful for entries for apples and bears to appear before God, even if A and B come before G.

This system waned as book printing became more widespread. Reference books were no longer just for experts who needed to corroborate information, but for everyone who wanted to learn something. A common person would not know how all the information on a topic is handled hierarchically, but they would know the letter a topic begins with, making alphabetical order the more accessible option. Some people derided this change, and when the Encyclopedia

Britannica was released in alphabetical order, English poet and philosopher Samuel Taylor Coleridge called it "a huge unconnected miscellany … in an arrangement determined by the accident of initial letters." Despite this derision, alphabetical ordering was so easy to learn that it eventually became the standard. There are of course times when there is a more logical order for listing items; most people would list family members by seniority instead of alphabetically. Even so, alphabetical order is still a reliable and easy way to organize information.

(10) According to the first paragraph, what is true about the order of the first alphabets?

1 It was based on previous writing systems which ordered symbols based on how important the words they signified were.

2 The order did not have any particular logic and was random without any value assigned to any of the letters.

3 They were changed first by the Greeks, then by the Romans after they adopted the former culture's way of writing.

4 The order was created to make things easier for common people who would be expected to learn the alphabet in schools.

(11) Why were the students at the universities mentioned in the passage originally listed in the manner that they were?

1 Because the universities wanted to show which of the families were donating more money in order to encourage other families to do the same.

2 Because the people who looked up students wanted to know the more well-known ones before the more obscure ones.

3 In order to avoid the possibility of offending people by listing their children after the children of less prominent families.

4 It was easier to list students in the order they arrived so they would not have to be constantly reordered as new students joined the university.

(12) Why does the author mention members of a family in the final paragraph?

1 To show that there are still instances in which Samuel Taylor Coleridge's opinions about how to order information are correct.

2 To provide an example of the reasons Samuel Taylor Coleridge gave for his approval of alphabetical order.

3 To illustrate another situation where things have been arbitrarily ordered and have become second nature to most people.

4 To point out that systems for ordering things have stayed largely unchanged since they were established thousands of years ago.

How do Male and Female Brains Differ?

In 1992, John Gray wrote a best-selling book entitled, *Men Are from Mars, Women Are from Venus*. Gray, a professional counselor, contended that most problems between couples stemmed from fundamental psychological differences. According to neuroscientist Nirao Shah, in most societies, men and women exhibit different behaviors in their mating and parenting behaviors and also exhibit different levels of aggression. In the animal kingdom, he claims, brains are hardwired to exhibit characteristics that propagate survival, resulting in a natural difference between the sexes. British neuroscientist Gina Rippon, however, views the discussion of male and female brain differences as overrated and full of myths. Others, however, point out demonstrable tendencies between the sexes. For example, women are more likely to develop certain mental health conditions, such as depression, while men are more likely to have certain neurodevelopmental conditions, such as autism.

Studies have also shown sex differences in brain processes that occur during certain cognitive tasks. What underlies these differences is not fully understood and questions remain about whether there are significant differences in male and female brains. On average, male brains are about 10% larger than female brains. "However, bigger doesn't mean smarter," according to Daniel Amen, MD, author of *Unleash the Power of the Female Brain*. "No differences have been found in men and women's IQs, regardless of brain size." Male and female brains exhibit greater volume in certain areas of the brain cortex, the outer layer of the brain that controls thinking and voluntary movements. Each region is responsible for processing different types of information, though not exclusively. Female brains have greater volume in the prefrontal cortex, an area thought to be responsible for processing emotion and decision-making. Males, however, have greater volume in the temporal regions, areas linked to learning.

Growth in new technologies has generated more evidence that there are also inherent differences in how men's and women's brains are wired and how they work. Ragini Verma, a researcher at the University of Pennsylvania, used a technique called diffusion tensor imaging to map neural connections in the brains of 428 males and 521 females aged between 8 and 22. The neural connections are much like a road system over which the brain's traffic travels; in other words, signals are sent and received through nerve connections. Maps of neural circuitry show that, on average, women's brains are highly connected across the left and right hemispheres, in contrast to men's brains, where there are typically more connections between the front and back regions of the brain. Verma concluded that females may have an advantage in tasks that require the left and right sides of the brain to work together, whereas males may perform better on tasks that rely mostly on one side of the brain. "Our studies are finding significant differences in the brain circuitry of men and women, even when they're doing the same thing: It's like two people driving from Philadelphia to New York who take different routes but end up at the same place," says Verma.

Brain scans using magnetic resonance imaging (MRI) show the biggest difference between the sexes is the larger amount of gray matter women have in their hippocampus, a structure that plays a role in memory, and the left caudate, which is thought to control communication skills. Verma found that in female brains, there is more wiring in regions linked to memory and social cognition. Psychologists contend this may be why women are perceived to be better listeners and better at understanding how others feel.

A better understanding of brain differences brought about by newer technologies may not only change how scientists study the brain but also lead to insight into neurological conditions and treatments for disorders that affect one sex more than the other. Researchers at Northwestern University have recently made a groundbreaking discovery: They claim drugs act differently on male and female brains due to a difference in molecular structures. Specifically, the difference occurs in the regulation of synapses in the hippocampus—the brain region involved in learning, memory, and responses to stress.

Other researchers, however, say that each person's brain is unique. A Tel Aviv study suggests that sex differences in the brain may largely depend on the culture people grow up in and what they have experienced during their lives. When the brain processes the same signals over and over again, the networks those signals travel through become stronger, much like repeated workouts strengthening muscles. So, even if male and female brains are initially similar, they may become different over time as men and women are treated differently due to the different societal expectations for them. The Tel Aviv study also showed that brains can compensate for deficiencies and adapt to injury. Research at Carnegie Mellon University supported this idea by showing that when one brain area loses functionality, a "backup" of secondary brain areas immediately activates, covering for the area that is no longer working. It is believed that the reason this is possible is that thinking and other activities are controlled by groups of brain areas working together rather than a single one working independently.

"Individuals of both sexes can have large variations in their abilities," Verma says. "For example, I have three math degrees but no sense of direction." Psychologists and sociologists mostly agree that the brains of men and women do have some differences, but how much the differences are biologically based as opposed to being caused by environmental factors is debatable. There is simply not enough evidence to conclude that anatomical differences in brains account for different behavior or cognition. Until more is known, most researchers caution against correlating behavior solely with biological differences.

(13) Which of the following pieces of evidence has led some people to believe there are differences between male and female brains?

1 Tests indicate that there is a measurable difference in the level of intelligence between men and women.

2 Observations have demonstrated that female brains process information across different brain regions whereas male brains process information within one region exclusively.

3 Fundamental problems in relationships between men and women have been found to be the result of psychological differences innate to the sexes.

4 It has been shown that certain neurological disorders are more prevalent in either males or females.

(14) According to the passage, what can be said about the differences between the brain cortex in males and females?

1 There are differences in the relative sizes of the brain cortexes, but there is little evidence that this affects the way that men and women act.

2 The regions of the brain cortex where differences in size are apparent are associated with different cognitive activities.

3 Women may not be proficient at performing tasks that require using both sides of the brain simultaneously.

4 Men have substantially more volume in the prefrontal cortex than women but less in the temporal regions that control information processing.

(15) What has diffusion tensor imaging allowed researchers to conclude about the brains of males and females?

1 Males exhibit a much smaller number of neural connections in the right hemisphere of the brain.

2 Female brains may be more interconnected than those of males with greater communication between different brain hemispheres.

3 Each person's brain is different, so no conclusions can be made about how brain traffic moves with respect to gender.

4 Medicines designed to treat brain disorders have similar effects in males and females despite some neural circuitry differences.

(16) Researchers in Tel Aviv claim that differences between male and female brains

1 are the result of the way that males and females are treated by society rather than a fundamental biological difference.

2 are caused by the fact that males and females produce different levels of certain hormones throughout their lives.

3 occur because innate factors determine a person's brain circuitry to a greater extent than environmental factors do.

4 are partly due to the fact that women tend to consume more medicine over their lives than men do, and this can affect the molecular structure of their brain cells.

Appendix
覚えておきたい
単語リスト

　本書に登場していないものも含め，覚えておくと1級リーディングで役立つであろう語彙をまとめました。できるだけたくさん覚えて試験に臨めるとよいでしょう。

政治・経済・社会・歴史

001 □□ subsidy	名 補助金，助成金 動 subsidize ～に助成金を与える
002 □□ veteran	名 退役軍人
003 □□ tack	名 針路，方針，政策
004 □□ uprising	名 反乱，暴動
005 □□ gentrification	名 (スラム街の) 高級住宅地化 動 gentrify ～を高級住宅化する
006 □□ ideology	名 イデオロギー
007 □□ pyramid	名 ピラミッド，ピラミッド状のもの
008 □□ accusation	名 非難，告訴
009 □□ senator	名 上院議員
010 □□ unity	名 一致，結束，団結，統合
011 □□ confession	名 告白
012 □□ guilt	名 罪悪感，やましさ，有罪

013 ☐☐ regime	名 政権，政体
014 ☐☐ tactic	名 戦術 形 tactical 戦術的な
015 ☐☐ Parliament	名 （英国の）議会，国会 ＊発音注意［páːrləmənt］
016 ☐☐ nationalist	名 国家主義者
017 ☐☐ sovereignty	名 主権，統治権，独立国 形 sovereign 主権を有する
018 ☐☐ dictatorship	名 独裁国家，独裁制
019 ☐☐ concession	名 利権，特権，譲歩 動 concede 〜を譲歩する
020 ☐☐ Senate	名 （the 〜）上院
021 ☐☐ surge	名 （感情などの）高まり，（価値などの）急騰
022 ☐☐ inmate	名 （病院・老人ホーム・刑務所などの）収容者
023 ☐☐ taxation	名 課税，税制
024 ☐☐ surveillance	名 監視，見張り
025 ☐☐ monarchy	名 君主制 名 monarch 君主
026 ☐☐ casualty	名 死傷者，犠牲者

027 ☐☐ consciousness	名 社会意識，考え方，意識
028 ☐☐ socialist	名 社会主義者 形 社会主義の
029 ☐☐ transaction	名 取引
030 ☐☐ interrogation	名 尋問，取り調べ
031 ☐☐ expulsion	名 追放，排除 動 expel ～を追放する
032 ☐☐ slavery	名 奴隷制度，捕らわれた状態
033 ☐☐ reparation	名 賠償，償い
034 ☐☐ rebellion	名 反乱 動 rebel 反逆する
035 ☐☐ incentive	名 報奨金，刺激
036 ☐☐ repression	名 抑圧，鎮圧
037 ☐☐ sociologist	名 社会学者
038 ☐☐ exploitation	名 搾取，（資源などの）開発
039 ☐☐ fraud	名 詐欺
040 ☐☐ laborer	名 （肉体）労働者

041 ☐☐ **excavation**	**名** 発掘 **動** excavate 〜を掘る，〜を発掘する
042 ☐☐ **address**	**動** （問題）を取り上げる，〜に取り組む
043 ☐☐ **fuel**	**動** 〜をあおる，〜に燃料を補給する
044 ☐☐ **embrace**	**動** 〜を受け入れる
045 ☐☐ **condemn**	**動** 〜を激しく非難する ＊発音注意［kəndém］
046 ☐☐ **exploit**	**動** 〜を搾取する，〜を利用する
047 ☐☐ **rebel**	**動** 反逆する　**名** 反逆者 **名** rebellion 反乱
048 ☐☐ **retain**	**動** 〜を保持する，〜を保つ
049 ☐☐ **perish**	**動** 死ぬ，滅びる
050 ☐☐ **avert**	**動** （視線・考えなど）をそらす
051 ☐☐ **wage**	**動** （戦争など）を行う
052 ☐☐ **inflict**	**動** （打撃など）を与える，〜を負わせる
053 ☐☐ **intensify**	**動** 〜を（一層）強化する，〜を強める
054 ☐☐ **prolong**	**動** 〜を長引かせる

055 ☐☐ usher	**動** ～を案内する〈to ～に〉 ＊発音注意［ʌ́ʃər］
056 ☐☐ raid	**動** ～を急襲する
057 ☐☐ despise	**動** ～を軽蔑する
058 ☐☐ denounce	**動** ～を公然と非難する
059 ☐☐ spur	**動** ～を刺激する〈to *do* ～するよう〉
060 ☐☐ undermine	**動** ～を徐々に弱める
061 ☐☐ dissent	**動** 意見を異にする〈from ～と〉 **名** 不賛成，異議
062 ☐☐ collaborate	**動** 協力する
063 ☐☐ dominant	**形** 支配的な
064 ☐☐ influential	**形** 大きな影響を及ぼす，有力な
065 ☐☐ diplomatic	**形** 外交の
066 ☐☐ conventional	**形** 従来の，因習的な
067 ☐☐ controversial	**形** 物議を醸す
068 ☐☐ sustainable	**形** 持続可能な，維持できる

069 ☐☐ conspicuous	形 人目を引く
070 ☐☐ postwar	形 戦後の
071 ☐☐ antiwar	形 反戦の
072 ☐☐ transgender	形 トランスジェンダーの
073 ☐☐ cramped	形 窮屈な
074 ☐☐ vulnerable	形 弱い，もろい ＊発音注意［vʌ́lnərəbl］
075 ☐☐ racial	形 人種の，民族の
076 ☐☐ medieval	形 中世の ＊発音注意［mìːdiíːvəl］
077 ☐☐ prosperous	形 裕福な，繁栄している 名 prosperity 繁栄
078 ☐☐ ultimately	副 最終的には
079 ☐☐ virtually	副 事実上，実質的には
080 ☐☐ consequently	副 その結果として
081 ☐☐ ironically	副 皮肉にも，皮肉なことに

司法・法律

082 ☐☐ detection	名 検出，探知
083 ☐☐ perpetrator	名 加害者，犯罪者 動 perpetrate（過失など）を犯す
084 ☐☐ depict	動 ～を描く，～を描写する 名 depiction 描写
085 ☐☐ enforce	動 （法律など）を執行する
086 ☐☐ convict	動 ～に有罪判決を下す
087 ☐☐ forensic	形 犯罪科学の，法廷の，法医学の
088 ☐☐ comprehensive	形 総合的な

言語・芸術・精神・宗教

089 ☐☐ awe	名 畏敬，畏怖
090 ☐☐ diversity	名 多様性
091 ☐☐ playwright	名 劇作家
092 ☐☐ interpretation	名 解釈
093 ☐☐ psychopathy	名 精神病質

094 ☐☐ thesis	名 論文，論題
095 ☐☐ practitioner	名 開業者，実践者
096 ☐☐ genre	名 ジャンル ＊発音注意［ʒɑ́ːnrə｜ʒɔ́n-］
097 ☐☐ conception	名 概念，考え付くこと，受胎 動 conceive（考えなど）を抱く
098 ☐☐ prohibition	名 禁止
099 ☐☐ warrior	名 戦士，武人
100 ☐☐ representation	名 代表，表現
101 ☐☐ devastation	名 破壊，荒廃
102 ☐☐ reflection	名 反映〈of 〜の〉，熟考，反射
103 ☐☐ evoke	動 〜を呼び起こす
104 ☐☐ reinforce	動 〜を補強する
105 ☐☐ postulate	動 （postulate that ... で）…と仮定する
106 ☐☐ articulate	動 （考え・感情など）をはっきり表現する
107 ☐☐ exemplify	動 〜の実例となる，〜を例証する

108 □□ correlate	動 〜を互いに関連させる〈with 〜と〉
109 □□ deploy	動 〜を配置する，（軍隊）を展開させる
110 □□ portray	動 〜を描写する 名 portrayal 描写
111 □□ envision	動 〜を心に思い描く
112 □□ foremost	形 一流の，主要な
113 □□ contemporary	形 現代の，同時代の
114 □□ indispensable	形 必要不可欠な
115 □□ toxic	形 有毒な
116 □□ cynical	形 冷笑的な，シニカルな 名 cynic 冷笑家
117 □□ consistently	副 首尾一貫して，安定して
118 □□ inherently	副 本来的に，本質的に

科学・テクノロジー・医療

| 119 □□
component | 名 構成要素，構成部品 |
| 120 □□
reductionism | 名 還元主義 |

121 ☐☐ algorithm	**名** アルゴリズム	
122 ☐☐ inheritance	**名** 遺伝，遺産	
123 ☐☐ molecule	**名** 分子	
124 ☐☐ contamination	**名** 汚染，汚すこと	
125 ☐☐ enzyme	**名** 酵素	
126 ☐☐ patent	**名** 特許（権），専売特許，特許品	
127 ☐☐ humanity	**名** ((the)-ties) 人文科学，人類，人間性	
128 ☐☐ stigma	**名** 汚点，不名誉 **動** stigmatize ～に汚名を着せる	
129 ☐☐ adoption	**名** 採用，採択，養子縁組	
130 ☐☐ toxin	**名** 毒素	
131 ☐☐ compensation	**名** 補償金，補償	
132 ☐☐ antibiotic	**名** 抗生物質	
133 ☐☐ inject	**動** ～を注射する〈into ～に〉，～を注入する	
134 ☐☐ replicate	**動** ～を複製する	

135 ☐☐ dub	動（dub O C で）O を C と呼ぶ
136 ☐☐ supplant	動 ～の地位を奪い取る
137 ☐☐ detect	動 ～を感知する，～を発見する
138 ☐☐ implement	動 ～を実行する
139 ☐☐ deepen	動 ～を深める
140 ☐☐ hinder	動 ～を妨げる
141 ☐☐ prioritize	動 ～を優先する，の優先順位を決める
142 ☐☐ multiply	動 増殖する，繁殖する
143 ☐☐ culminate	動 頂点に達する
144 ☐☐ infamous	形 悪名［悪評］の高い〈for ～で〉
145 ☐☐ lethal	形 致死の，致命的な ＊発音注意［líːθəl］
146 ☐☐ cellular	形 細胞の
147 ☐☐ formidable	形（敵などが）手ごわい，（仕事などが）大変な
148 ☐☐ stark	形 はっきりした，くっきりした

149 ☐☐ susceptible	形 感染しやすい〈to ～に〉，影響されやすい ＊発音注意［səséptəbl］
150 ☐☐ selective	形 選択の厳格な，えり好みする
151 ☐☐ cognitive	形 認知の
152 ☐☐ unintended	形 予定外の，意図しない

生物・天文・その他

153 ☐☐ larva	名 幼虫
154 ☐☐ predator	名 捕食動物，略奪者
155 ☐☐ scenario	名 シナリオ，予想事態
156 ☐☐ extinction	名 絶滅
157 ☐☐ offspring	名 (集合的に)（人・動物の）子，子孫
158 ☐☐ worm	名 虫
159 ☐☐ dilemma	名 ジレンマ，板挟み
160 ☐☐ mate	名 つがいの相手 動 交尾する
161 ☐☐ climatic	形 気候の

162 ☐☐ array	名 勢ぞろい，（軍隊などの）配列
163 ☐☐ biodiversity	名 生物多様性
164 ☐☐ consensus	名 総意，大多数の意見
165 ☐☐ discrepancy	名 不一致〈in 〜での〉
166 ☐☐ prediction	名 予測，予言
167 ☐☐ assertion	名 主張〈that …という〉，断言 形 assertive 断言的な
168 ☐☐ ascribe	動 (ascribe A to B で) A を B のせいにする
169 ☐☐ derive	動 (be derived で) 由来する〈from 〜に〉
170 ☐☐ flee	動 逃げる
171 ☐☐ hatch	動 （ひな・卵が）かえる，ふ化する
172 ☐☐ grab	動 〜を（恥も外聞もなく）手に入れる，〜をつかむ
173 ☐☐ entice	動 〜を引き寄せる
174 ☐☐ induce	動 〜を仕向ける〈to do 〜するように〉
175 ☐☐ trigger	動 〜を誘発する 名 引き金，誘因

176 □□ diminish	動 減少する，〜を減らす
177 □□ incomplete	形 不完全な，未完成の
178 □□ indigenous	形 土着の，（その土地に）固有の ＊発音注意［ɪndídʒənəs］
179 □□ distinct	形 はっきりとわかる，明瞭な
180 □□ taxonomic , -ical	形 分類学上の，分類の ＊発音注意［tæksəná(ː)mɪk(əl)］
181 □□ disastrous	形 壊滅的な，悲惨な
182 □□ collective	形 共同の，集団の
183 □□ innate	形 生来の

英検分野別ターゲット

文部科学省後援
英検®1級
リーディング
問題

［改訂版］

別冊解答

旺文社

英検分野別ターゲット

文部科学省後援
英検®1級
リーディング
問題
［改訂版］

別冊解答

旺文社

CONTENTS

Chapter 2 練習問題

Chapter 3 模擬テスト

※別冊解答のChapter番号は本冊のChapter番号に対応しています。

Chapter 2
練習問題

語句空所補充問題

内容一致選択問題

A

問題編 ▶ p.30

全訳 アメリカ合衆国のプロ野球

黒人野球選手の活躍と挫折

　アメリカでは南北戦争後に奴隷制が廃止されても，黒人と白人の差別が生活のあらゆる面に影響を及ぼし続けており，プロスポーツもその1つであった。何年にもわたって，スポーツ選手，特に黒人の野球選手は，全国の球団やファンに徐々に受け入れられながら，社会の人種差別の撤廃において重要な役割を果たした。統合された球団で最初にプレーした黒人選手は，バド・ファウラーだった。彼は1878年からさまざまな球団で白人選手とともにプレーし始め，他の黒人選手が彼の後に続くようになった。しかし1887年，人種の面でスポーツを統合するという努力は，大きな挫折を経験した。プロ野球リーグの球団オーナーの間で取り付けられた書面によらない合意により，黒人選手はそれ以降，契約を結べなくなったのだ。

人種差別なきプロ野球界へ

　それから10年たたずして，米国最高裁判所は，黒人と白人に別々の施設を提供することは合衆国憲法違反ではないという判決を下し，人種差別は国の法の深くまで染み込んだ。人種差別が続く中，黒人選手だけで構成される球団が設立され，ついに1920年，ルーブ・フォスターという元選手によって黒人全米リーグが創設された。このリーグが大観衆を動員して試合を行い，黒人選手を有名にしたことで，白人の野球ファンは黒人選手をもっと受け入れるようになった。統合に向けた大きな一歩となったのは，第二次世界大戦後，それまで白人しかいなかったブルックリン・ドジャースのマネージャーが黒人野球選手のジャッキー・ロビンソンを球団に加入させた時だった。これによってお膳立てが整い，黒人選手がその後の数年間，同じような球団に加入した。プロ野球における人種差別が完全に終わるまでにはさらに何年もかかるのだが，ジャッキー・ロビンソンの契約は，アメリカにおける公民権向上の大潮流を象徴する重要な出来事であった。

(1) 解答　**2**

解説　空所文前の2文では，黒人が白人と同じチームで活躍し始めたと述べている。しかしながら（however），人種の面でスポーツを統合するという努力がどうなったかを考えると，空所文後にある黒人選手が契約を結べなくなったという事実から，**2**「大きな挫折を経験した」と言える。**1**は，第2段落第1文に憲法に関する話が出てくるが，人種面で統合しようという努力が憲法違反であることを示唆する記述は本文にない。**3**「国民の支持を受けた」，**4**「公認を得た」では，空所文前と対照的な内容にならないので不適切。

(2) 解答　**4**

解説　空所文の冒頭にある This は直前の文の内容を指す。つまり，白人のみだったブルックリン・ドジャースに黒人選手が加入したことが，その後の同じような球団への加入にどうつながるのかを考えると，「（これによって）黒人選手が（同じような球団に加入する）準備が整った」となる**4**が正解。**1**「白人選手のモチベーション低下につながった」は，空所文の後の「人種差別が終わるまでさらに何年もかかった」という内容に合わない。**2**「黒人選手（の同様のチームへの加入）を違法にした」も空所前後の内容に合わない。ジャッキー・ロビンソンは黒人選手が白人の球団に入った例なので，**3**の「白人コーチやマネージャー（の加入）を促した」も不適切。

語句

□ abolition「撤廃」　　　　　　　　□ segregation「人種差別，隔離」
□ desegregation「人種差別の撤廃」　□ follow in *one*'s footsteps「〜の例にならう」
□ engrain「〜に深く染み込む」
□ culminate in 〜「（最終的に）〜となる，〜で頂点に達する」
□ earn fame「有名になる」　　　　　□ deem「〜を…だと思う」
□ unconstitutional「違憲の」　　　　□ setback「妨げ，逆行，挫折」
□ set the stage「お膳立てをする，準備が整う」

B

問題編 ▶ p.31

全訳 正しい方法？

文化による正しい子育ての違い

　親にとっての普遍的な不安源は，自分たちが「正しく」子育てをしているかどうかである。しかし，世界中で実際に行われていることを観察すると，社会がよい子育てとは何かに関して期待することは，文化に大いに左右されることが明らかである。例を挙げると，スカンジナビア諸国では，新鮮な空気の重要性を非常に重視するため，屋外に置かれたベビーカーで赤ん坊が寝ることがよくある。こういった行動は他の文化では法によって罰せられるかもしれない。現にあるデンマーク人夫妻は，レストランの店内で食事中に子どもを外に放置したとして，ニューヨークで逮捕された。睡眠の習慣も，文化によって異なる子育ての側面の1つである。アメリカの子どもたちは幼いころから一人で寝るのが普通で，1歳の誕生日を迎える前にそうしていることが多い。多くのアジア諸国では，小学校に通う年齢の子どもたちが引き続き親と一緒に寝ることが珍しくないため，こうしたことはとんでもないことだろう。

文化的規範の負の側面

　受け入れられる行動に関する社会の期待は，最終的に人々に悪影響を及ぼしかねない。作家のメラニー・ハムレットは，文化的規範は時として賢明な意思決定の障害物になると言う。その一例が，子どもが成人後に親と住むことを選ぶという考えに付随する不名誉である。親との同居はアメリカでは大変なタブーとなっているので，人々は両親と同居という恥に直面しなければならないくらいなら，いっそ高い家賃を払おうと苦労し，スペースが狭くなることの不便さを受け入れようとするのだ。これは経済的にはほとんど道理にかなっていない。というのも，実家に長くいれば若者は将来のために倹約してお金を貯められるからだ。

(1) 解答　**4**

解説　空所には，世界中の慣習を観察した結果，何に関する社会の期待が文化次第なのかが入る。空所文の前では「『正しく』子育てしているかどうかは親の普遍的な不安源だ」と述べており，これに対比を表す接続副詞 However で始まる空所文が続く。空所文の後ろでは複数の国の事例を比べながら，子育てに対する考え方が国によって異なることを具体的に説明している。以上を踏まえ，空所に **4** を入れると「よい子育てとは何かに関して社会の期待は文化に左右される」となり，前後の内容と自然につながる。選択肢の good parenting は第1段落第1文の raising their children "correctly" の言い換えになっている。**1** の「子どもを教育する最善の方法」，**2** の「母親と父親の役割の違い」，**3** の「どのような種類のしつけが受け入れられるか」については，本文は「教育」や「父母の役割」，「しつけ」について限定的に述べているのではないので誤り。

(2) 解答　**3**

解説　本文では，「時として文化的規範は（　　）である」と述べた後，One example of this で始まる次文以下で，その説明をしている。具体的には「親との同居についてアメリカではタブーとされるが，これは実家にいたほうが節約でき，将来のためにお金を貯められるのだから，道理にかなっていない」と述べている。つまり，文化的規範が **3**「賢明な意思決定の障害物」となっている例を述べていることになるので，**3** が正解。「文化的規範」が **1**「国家間の紛争の原因」や **4**「経済成長の妨げ」になる可能性もあるが，空所の後の内容にそぐわない。**2**「不十分な意思疎通の結果」は「文化的規範」とは関係のない内容。

語句

☐ societal「社会的な」
☐ be unheard of「前例がない，とんでもない」
☐ stigma「不名誉，恥辱」
☐ hindrance「障害物」
☐ unattended「付き添いのない」
☐ norm「（通例複数形で）規範」
☐ economize「倹約する，節約する」

C 問題編 ▶ p.32

全訳 2008年金融危機

金融危機の発生と救済策

　2008年，アメリカ合衆国は，世界中の国々に影響を及ぼした金融危機によって景気後退に陥った。この危機は，金融機関が慣習的に行っていた無責任な住宅ローン融資の結果であり，そのせいで生じた住宅価格バブルは最後にははじけ，金融機関の多くは立ち行かなくなり，株式市場は暴落した。アメリカ議会はこれに対応し，一連の景気回復を促進する措置をとった。2008年10月，倒産の危機にある企業への支援として，7,000億ドルを支出する法案が可決された。翌年の2月には，国家財政の健全化に役立てることを目的とした景気刺激策が議会を通過した。アメリカ合衆国は徐々に景気後退からはい上がり，公的には2009年6月に不況は終わったものの，その経済の大部分が回復するのはずっと後のことだった。

救済をめぐる賛否

　政府による金融危機への対応は，大手金融機関が生き残るのに役立ち，それによって市場は安定したが，この状況への対応の仕方に多くの人々は不満を覚えていた。銀行の救済を目的とした税金の使い方は，批評家たちの賛同を得られなかった。そもそも銀行の不注意な商慣行が経済恐慌をもたらしたのだ。批評家たちは，こうした金融機関は倒産させておけばよかったのだと主張した。また多くの人々は，政府の措置は銀行の反倫理的行為に対して実質的に報酬を与えるものであったと理解した。銀行救済をした論理的根拠をより支持する人もいた。彼らの考えでは，この救済がなければ，アメリカ合衆国はさらに深刻な不況に突き進み，結果として社会にとってははるかに深刻な事態が生じていたかもしれないのだ。

（1）解答　**2**

解説　空所にはアメリカ議会がとった措置が入る。第1段落の流れを確認すると，第1，2文は金融危機が起きたことを述べており，空所文はそれに対応して議会が措置をとったという内容。第4文では支援の規模を具体的な金額を示して説明している。この流れに合う**2**「景気回復を促進する」が正解。**1**「関与していた組織を罰する」，**3**「その誤りを隠ぺいする」，**4**「政府による支出を減らす」はいずれも空所文の後の内容につながらない。

（2）解答　**3**

解説　第2段落の流れを確認すると，前半では政府が講じた支援策に対する不満の声を紹介している。一方，空所の後にある段落最終文では支援策に賛成する立場の意見を紹介しており，空所文も Others で始まっているので賛成意見を取り上げていると推測できる。正解は**3**。**1**は「救済の論理的根拠に気づいていないままだった」，**2**は「それを無視することにした」という内容になるが，最終文を読むと賛成派は支援策がなければもっとひどい状況になっていたという意見であり，支援策の根拠を認識していたと考えられる。**4**「（論理的根拠）の悪影響を受けた」は，具体的な影響の話がないので不適切。

語句
□ mortgage lending「住宅ローンの融資」　□ implement「～を実施する」
□ stimulus package「景気刺激策」　□ stabilize「～を安定させる」
□ bail out ～「（財政的に）～を救済する」　□ unethical「非倫理的な」
□ rationale「論理的根拠」　□ bailout「（財政的な）援助」
□ plunge into ～「～に陥る」

D

問題編 ▶ p.33

全訳 ススキ

バイオ燃料で注目されるススキ

　気候変動がもたらす問題が年々さらに切迫するにつれ，化石燃料の燃焼が環境に及ぼす影響を減らす手段として，世界中の社会がバイオ燃料に期待し始めている。バイオ燃料への切り替えは温室効果ガスの排出を減らす効果的な手段であることが示されており，石炭やガスとは異なり，バイオ燃料は持続可能な資源から製造することができる。バイオ燃料の生産においては，バイオマスはエネルギーに変換されるものなので，バイオマスを多く含む作物が理想的である。そのようなバイオ燃料源の1つがススキ（miscanthus）であり，一般的にはsilvergrassとして知られる植物である。研究によると，従来からバイオ燃料の製造に使われている作物の1つにスイッチグラスがあるが，ススキはその2倍を超えるバイオマスを作ることができる。このため，ススキはバイオ燃料として利用できる可能性が高い。

ススキの特性

　ススキは，収穫量が多いことに加え，数々の有用な生物学的特性を有することがわかっている。例えば，ススキは栄養を与える必要がない作物である。栄養素をリサイクルする素晴らしい能力があるので，成長するのに多量の肥料を必要としない。さらに，ススキは害虫や疫病に対する耐性があるため，栽培の際に多量の殺虫剤を使用する必要がない。ススキのもう1つの利点は，さまざまな気候条件に耐えることができるため，世界各地で栽培できることである。凍るような温度にさらされても枯れないことすらわかっている。しかし，注意すべきは，ススキが商業生産規模で栽培されてもこうした特性を示し続けることを実証するため，さらなる研究が必要な点である。

(1) 解答　1

解説　空所にはススキに関する説明が入るが，空所文は For this reason で始まっているので，その前の内容が理由，空所は結論だとわかる。前文はバイオ燃料の生産によく使われるスイッチグラスと比べ，ススキからはその2倍を超える量のバイオマスを作ることができるという内容。つまり，バイオ燃料生産用の作物としてかなりの可能性を有していると言えるので，**1** が正解。**2**「スイッチグラスほどバイオ燃料には向いていない」，**3**「効果的にエネルギーに変換できない」，**4**「スイッチグラスよりも収穫が容易である」はいずれも空所前の内容から導かれる結論として不適切。

(2) 解答　3

解説　空所文は For example で始まっているので，ここから前文で述べられた「ススキは数々の有用な生物学的特性を持つ」という内容の例示が始まるとわかる。空所文の次の文を読むと，ススキには栄養素をリサイクルする素晴らしい能力があり，多量の肥料を必要としないという具体的な説明がある。栄養を与える必要はないということなので，**3** が正解。**1**「産業規模で農業を行うのに理想的である」は最終文の「商業生産規模での栽培についてはさらなる研究が必要」という内容に合わない。**2**「大変な維持管理が必要となる」ことは有用な生物学的特性とは言えない。凍るような温度にさらされても枯れないという説明はあるが，最もよく成長するとは述べていないので，**4**「寒い環境で最もよく成長する」は不適切。

語句

- □ miscanthus「ススキ」
- □ look to ～「～に頼る」
- □ fossil fuel「化石燃料」
- □ sustainable「持続可能な」
- □ convert「～を変える」
- □ switchgrass「スイッチグラス」
- □ fertilizer「肥料」
- □ pesticide「殺虫剤」
- □ climatic condition「気候条件」
- □ potential「可能性」
- □ pressing「差し迫る」
- □ biofuel「バイオ燃料」
- □ demonstrate「～を証明する」
- □ biomass「バイオマス」
- □ silvergrass「ススキ」
- □ property「特性」
- □ resilient「耐性がある，回復力がある」
- □ tolerance「耐性，耐久力」
- □ verify「～を実証する」

E

問題編 ▶ p.34

全訳 反響定位と自律走行車

エジプトルーセットオオコウモリの反響定位能力

　自律して動く自動車やドローンはすでに私たちの周りの通りや空で利用されつつあるものの，それらを動かすのに役立つシステムはまだ開発途上の技術である。エンジニアたちは十分な安全性と使いやすさを提供するため，革新的な解決法を探し求めている。この目標に向かって科学者たちが研究しているのが，エジプトルーセットオオコウモリの反響定位能力であり，それは自動車が周囲の環境や自動車同士でよりよく反応する方法に，思いがけないモデルを提供するかもしれない。反響定位は，音を出し，その音がどのように戻ってくるかによって物体の場所を判断するという一部の動物が持つ能力であり，これにより動物は暗やみでも動いて狩りをすることができる。大半のコウモリは反響定位のために高音を使うが，エジプトルーセットオオコウモリはクリック音を使い，さらに光がいくらかある時に利用できる高度に発達した視力も備えている。これにより彼らは，知覚モードを切り替えることができる。このコウモリは，環境に応じて視力を使ったり，反響定位を使ったり，あるいはその両方を使ったりすることができるのだ。

ルーセットオオコウモリの研究と応用

　カリフォルニア大学バークレー校で生物工学と神経科学を教えるマイケル・ヤーツェフ助教授は，ニューロバット・ラボと称される自身の実験室で実施している研究が，自律走行車がより効率的に走行するだけでなく，交通状況によりよく反応するのにも役立つだろうと考えている。ヤーツェフは，ルーセットオオコウモリの集団行動，すなわち彼らが高速で移動しながらどのようにコミュニケーションを取り衝突を避けているのかを研究することで得られる結果は，自律走行車が他の自動車のスピード，進路，近さにすぐに反応するのに役立つだろうと思っている。これは，現在の自律走行車に使用されている最も一般的なシステムとは別のアプローチである。現在のシステムは，多数の車を1つのユニットとして走行させるというより，個々の車両を別々に走行させるのに役立つものである。彼は，このコウモリが使用している可聴周波数が手がかりとなり，自律走行車はどうすればルーセットオオコウモリと同じぐらい楽々とコミュニケーションを取って走行することができるのかという問題を解き明かせるのではないかと考えている。

(1) 解答　**2**

解説　まず空所文の This と them がそれぞれ何を指すか確認する。前文に they (= Egyptian fruit bats) also have highly developed vision とあるので，This はエジプトルーセットオオコウモリが高度な視力を持つこと，them は エジプトルーセットオオコウモリのことだとわかる。よって空所には，エジプトルーセットオオコウモリが高度な視力を持つことでできることが入る。空所の後を確認すると，エジプトルーセットオオコウモリは「視力，反響定位，あるいはその両方を使える」とある。この内容を sensory modes「知覚モード」を使って言い表している**2**が正解。エジプトルーセットオオコウモリが他のコウモリよりも速く飛べるという記述はないので**1**は不適切。**3**の「完全な暗やみでも見える」は，空所文前の「光がいくらかある時に使える視力を持つ」という内容に矛盾する。認知する物体との距離については本文に説明がないので，**4**「何キロも離れたところから食べ物の位置を突き止める」も不適切。

(2) 解答　**1**

解説　空所にはマイケル・ヤーツェフの研究が自律走行車のより効率的な走行以外にどういう点で役立つかが入る。次の文に the findings could help とあるのでその後を注意して読むと，「自律走行車が他の自動車のスピード，進路，近さにすぐに反応するのに役立つ」とある。「他の自動車のスピード，進路，近さ」を traffic conditions「交通状況」で言い換えている**1**が正解。**2**は，本文には特に車を運転する人間に対する反応を説明している部分はないので不適切。**3**の「メンテナンス」や**4**の「一番よいルート」も本文に説明がない。

語句
□ echolocation「反響定位」　□ autonomous「自律型の」
□ adequate「十分な」　□ Egyptian fruit bat「エジプトルーセットオオコウモリ」
□ high-pitched「高音の」　□ bioengineering「生物工学」
□ neuroscience「神経科学」　□ dub「～を…と称する」
□ collective「集団的な」　□ collision「衝突」
□ proximity「近いこと」　□ sound frequency「可聴周波数」

問題編 ▶ p.36

全訳 森林火災

意図的に森林を燃やす

森林火災は地域の環境やコミュニティに大きなダメージを与える可能性がある。住宅やインフラを破壊するだけでなく，空気の質を悪くし公衆衛生の問題につながることもある。さらに，森林火災は野生生物の生息地を破壊し，命を奪う可能性もある。しかしながら，森林の火事には意図的に起こすものもある。森林のある地域に不健康な有機物が蓄積されているのがわかると，専門家は特別な対策を講じる決定をすることがある。こうした火事の計画は，管理下での焼却や規定された火入れとして知られており，政府機関によって承認されると訓練を受けた専門家によって実施される。

火入れの有益性

責任を持って計画・管理された火入れは古くて腐敗した植物を取り除くので，他の植物が育つためのスペースを作ることができる。新たにできたスペースは，若い植物に日光をよりたくさん浴びさせて成長する機会を与える。火入れはまた，地域在来の植物や動物を脅かす外来生物の蔓延と戦うために利用できる。さらに，規定された火入れは土壌の質を改善する。古い植生が分解すると，土壌の栄養分が補充されるが，これが自然に起こるには長い年月がかかる。しかし，規定された火入れで燃やされた植物の灰はかなり短時間で同様の効果を発揮する。規定された火入れは人間にとっても有益だ。枯木などの燃えやすい物質を森林地帯から意図的に取り除くことで，そうしないと発生する可能性がある制御不能な山火事から人々を守ることができる。

火入れの問題点

しかし，規定された火入れの結果がすべて有益と考えられているわけではないことにも注意しておくことが重要だ。これらの火入れは，人や動物を傷つけたり殺したりする可能性があり，発生する煙は近隣の大気の質に影響を与え，それは地域住民の健康に影響を与える可能性がある。さらに規定された火入れは最近ではより危険になってきた。気候変動は干ばつなどの極端な気候状況をもたらしている。その結果，森林はより乾燥し，植物はかなり可燃性が高くなっているため，規定された火入れを管理するのは非常に困難な状況となっている。このことがまれに，火入れの専門家が気象状況を見誤り，火入れの制御を失うという災害につながることがある。

(1) 解答 **3**

解説 第1段落第1〜3文で森林火災の及ぼす悪い影響について述べた後，空所文は
Howeverで始まっており，対照的な内容が続くと考えられる。悪影響を及ぼす
森林火災とは異なる，どういうものがあるかを考える。空所文の後では「専門家
が行う管理下での焼却や規定された火入れ」について説明しているので，空所に
は**3**「意図的に起こされる」を入れると自然な流れになる。**1**「専門家によって
消火される」は逆の内容。**2**「より消火しやすい」と**4**「地方自治体から無視さ
れる」も流れに合わない。

(2) 解答 **3**

解説 第2段落は規定された火入れの有益性から始まり，can also ...（第3文），In
addition, ...（第4文）と続くので，空所には火入れの有益性の1つが入る。続く
第5，6文に，火入れでできた灰から，植物が分解されて土壌に栄養分を与える
のと同じ効果がずっと短時間で得られるとあり，空所には**3**が入るとわかる。**1**
「外来種を繁栄させる」は空所前の内容からも利点とは考えにくい。古い植物を
燃やすのだから，**2**「古い植物を長生きさせる」は逆の内容。本文には，森林を
燃やして得られる灰が土壌に養分を与えるとはあるが，**4**「有害な灰」について
は説明がない。

(3) 解答 **1**

解説 第3段落は規定された火入れの問題点から始まっており，Furthermore で始ま
る第3文の中の空所にも問題点の1つが入る。後ろの第4〜6文に「気候変動の
結果，森林が乾燥して規定された火入れの管理が困難となり，災害につながるよ
うになった」とあるので，**1**が正解。**2**「速く鎮火しすぎる」，**3**「もはや専門家
が実施しない」，**4**「水不足をもたらす」はいずれも後ろの説明に合わない。

語句
□ habitat「生息地」
□ decaying flora「腐敗した植物」
□ thrive「育つ」
□ replenish「〜を補給する，補充する」
□ flammable「燃えやすい，可燃性の」
□ combustible「燃えやすい」
□ prescribed「指示された」
□ vegetation「植物，植生」
□ decompose「分解する，腐敗する」
□ deliberate「意図的な」
□ potential「可能性，潜在力」

Chapter 2 語句空所補充問題［350語］解答・解説

15

B 問題編 ▶ p.38

全訳 ピノキオ

ピノキオの原作

映画化やアニメ化されたさまざまな作品を通して，世界中の子どもたちはうそをつくと鼻が伸びることで有名な，意識を持つ木製人形であるピノキオの物語に触れてきた。しかし，カルロ・コッローディというイタリアの著者が19世紀に書いた小説の原作についてはあまり知られていないかもしれない。原作を読んだ生徒は，その物語が多くの改作されたものよりも暗くて複雑であるとわかり，驚くことがよくある。1940年にリリースされた有名なディズニー版は，正直さを教訓とした単純なストーリーであったが，コッローディの小説は19世紀後半のイタリアの歴史的背景において重要だった，複雑に絡み合うテーマを掘り下げている。これらの概念は，例えばキツネとネコがピノキオを木に吊るして彼の金貨を盗もうとするエピソードなど，しばしばぞっとするシーンを通して探求されている。

教育に対するメッセージ

『ピノキオの冒険』は，独自の文化や方言を持つ小さな州の集まりがイタリアという1つの統一国家へと統合してわずか20年後に書かれた。この時代，学校は子どもたちにとって読み方を学び，新しいイタリア国家のアイデンティティに親しむための重要な場所だった。コッローディは彼の小説の中で，教育の重要性を強調している。ピノキオが娯楽のために学校をずる休みすると，彼は罰としてロバに変身させられる。イタリア語の原語では「ロバ」という言葉には，生活のために重労働をしなければならない人という別の意味がある。このようにして，コッローディは勉強をおろそかにする若者は困難な人生が待っているというメッセージを伝えている。

ピノキオと社会風刺

コッローディはまた，他の社会的・政治的問題に対する彼の見解を，ピノキオの物語を使って表現した。あるエピソードでは，ピノキオは以前彼を吊るした2人の無法者に騙されて金貨を渡してしまうのだが，彼が裁判所にその苦情を訴えると，判事は詐欺師の罪を裁くことなく，騙されやすいということでピノキオを牢屋に送るのだ。このストーリーは，司法制度への批判と解釈できる。コッローディがこの小説を書いた時，彼は統一されたばかりのイタリアの体制が腐敗した状態であることに幻滅していた。この風刺的なエピソードは，政府機関の不能さをあざ笑うために自分の著作を使用するというコッローディの傾向に合致している。

（1）解答　**1**

解説　空所には，ピノキオの原作の物語がコッローディ版の他の改作の多くと比べてど

うなのかを表す語句が入る。空所文の後でディズニー版と対比して「コッローディの小説は複雑に絡み合うテーマを掘り下げている」と説明していることや，その後の morbid scenes「ぞっとするシーン」の例からも，この内容に合うのは **1**。教訓について，どちらが多くを取り扱っているかの言及はないので，**2** の「より多くの道徳的教訓を扱っている」は誤り。**3**「より歴史的で事実に沿っている」，**4**「笑ってしまうような機会がより多い」も本文の内容と異なる。

(2) 解答　**2**

解説　空所にはコッローディがその小説で強調したことが入る。空所文の前には「学校は子どもたちにとって重要な場所だった」とあり，また空所の後でも小説中の学校のエピソードを挙げ，若者に勉強が大切であるというメッセージを伝えているとあるので，コッローディは「教育の重要性」を強調したと判断できる。正解は **2**。**1**「肉体労働の価値」については空所後に「罰として重労働をしなければならないロバにされる」と説明されており，むしろ逆。**3**「イタリア統一のマイナス面」，**4**「児童虐待の問題」についてはそれぞれ連想させる話が出てくるが，いずれも強調したいことではない。

(3) 解答　**4**

解説　空所には前文で述べられているエピソードの解釈が入る。そのエピソードの内容は，詐欺被害にあったピノキオが裁判所に訴えると，逆に騙されやすいという理由で牢屋に入れられるというもの。空所後の「コッローディはイタリアの体制が腐敗していることに幻滅していた」，「自分の著作を使って政府機関の不能さをあざ笑うコッローディの傾向」という記述から，このエピソードは「司法制度への批判」のために書かれたと判断できる。つまり，詐欺被害にあったほうに罰を与える裁判所を皮肉った物語ということなので，正解は **4**。

語句

- □ honesty「誠実さ」
- □ intricate「複雑な」
- □ episode「エピソード」
- □ convey「～を伝える」
- □ bandit「盗賊，無法者」
- □ swindler「詐欺師」
- □ corrupt「腐敗した」
- □ incompetency「不能」
- □ lenient「寛大な，甘い」
- □ delve into ～「～を彫り下げる」
- □ morbid「ぞっとさせる，恐ろしい」
- □ play truant「ずる休みする」
- □ be deceived into ～ing「騙されて～する」
- □ grievance「苦情」
- □ plotline「ストーリー」
- □ satirical「風刺的な」
- □ complex「複雑な」
- □ fraud「詐欺」
- □ gullible「騙されやすい」
- □ disillusioned「幻滅した」
- □ mock「～をあざ笑う」
- □ abuse「虐待」

C 問題編 ▶ p.40

全訳 子どもとメディアにおける暴力

メディア内の暴力の子どもへの影響

　テレビ放送が始まった当初から，心配する親や心理学者は，メディアで描写される暴力が子どもの行動に影響を与えるかどうかという問題についてずっと熟考している。近年では，議論の焦点が変わってきている。テレビゲームの到来が新しい心配の種を親たちに与えている。多くのゲームで，子どもたちは単なる傍観者というより，画面上で起こる暴力の積極的な参加者となっている。親たちは，テレビや映画に加え，この新しい形態のメディアが子どもの行動に影響を与えるかもしれないと心配している。このテーマに関して多くの研究が行われているが，結果はいろいろだ。

因果関係を示す研究

　1980年代に始まった多くの研究は，幼少期に暴力的なメディアを消費した人は，大人になってから好ましくない行動を起こす傾向があるかもしれないと示しているようだ。例えば，ある研究では，8歳の時に暴力的なテレビ番組を見た子どもは大人になって罪に問われる可能性が高いことを示した。今世紀に入ってから行われたテレビゲームの暴力に関する研究で同様の結果が認められた。2010年，ある研究レビューは，暴力的なテレビゲームは，他人の気持ちを理解する能力を低下させるだけでなく，攻撃的な思考や行動のリスクを増大させることを示唆した。このような研究は，政府がメディアを規制するよう運動している利益団体の要請の根拠となっている。

最近の研究の方向

　しかし，このような研究は決定的なものとは程遠く，メディアでの暴力が子どもたちの暴力的行動に連動しているという考え方は多少物議をかもしている。因果関係を示す研究は，他の要因を考慮していないとして批判されている。懐疑的な人たちは，サンプルデータ中の子どもたちの精神衛生や家庭生活など，暴力的なメディアとは無関係の変数を考慮することが重要であると述べている。例えば，不安定な家庭で育った子どもは暴力的なテレビゲームに引かれ，後年，より暴力的な行動を示す可能性を考慮しなければならない。より最近の研究では，メディアでの暴力は必ず子どもにとって有害であると一概に言うことを避けている。代わりに，メディアを消費する影響は個人によって大きく変わると示唆している。

(1) 解答　1

解説　テレビの暴力が子どもの行動に影響を与えるかどうかの議論が続いてきた，という内容の後，空所は「近年では」どうなったかを述べる部分。続く第3文以降で，今までのテレビや映画に加え，新しい形態であるテレビゲームの影響に関する研究が行われているとある。議論の対象物が変わってきたということなので，空所には**1**を入れるとこの流れに合う。**2**「親への影響」は本文に言及がない。**3**「復活した」，**4**「対立しなくなった」はこの流れに合わない。

(2) 解答　4

解説　第2段落では暴力的なメディアが子どもに与える影響の研究について述べていて，第1，2文は1980年代のテレビ番組対象のもの，空所のある第3文以降では2000年以降のテレビゲーム対象のものについて説明している。どちらの研究結果も，暴力的なメディアは子どもにあまりよくない影響を与えているということを示唆しているので，空所には**4**が入る。**1**「メディアの検閲の却下」は，空所前後でメディアが子どもに悪影響を及ぼすことを示唆する研究について述べられているのと合わない。**2**「これらの結果は疑問視された」や**3**「関連性は見つけられなかった」は空所後の内容に合わない。

(3) 解答　2

解説　空所には因果関係を示す研究が批判されている理由が入る。同じ段落の第3文に「サンプルデータ中の子どもたちの精神衛生や家庭生活など，暴力的なメディアとは無関係の変数を考慮するのが重要である」とあることから，variables「変数」をfactors「要因」で言い換えている**2**が正解。**1**「不安定な家庭の子どものみを研究している」，**3**「不十分な数のサンプルを使用している」，**4**「攻撃的思考や行動を無視している」は研究の批判根拠として挙げられていないので誤り。

語句

□ ponder「～を熟考する」　　□ portray「～を描写する」
□ advent「到来」　　□ be predisposed to ～「～の傾向がある」
□ advocacy「擁護」　　□ controversial「物議をかもす」
□ skeptic「懐疑論者」　　□ variable「変数」
□ blanket「一律の」　　□ revive「～を復活させる」
□ divisive「不和を生じさせる」　□ censorship「検閲」
□ insufficient「不十分な」

D 問題編 ▶ p.42

全訳 著作権とオペラ

イタリアにおける著作権保護の始まり

　著作権法は，他人による作品の無断使用でクリエーターの収入が奪われることがないよう保証しており，それによって彼らに経済的な安心を与えている。したがって，理屈の上ではそのような法律は芸術の創造を促すはずである。この主張はよく議論になるのだが，スタンフォード大学の経済学者たちは，1770年から1990年の間にイタリアで作られたオペラを研究することでその証拠を発見したと主張している。1796年のフランスによる侵攻後，イタリアの一部地域には著作権法が課され，作曲家が自分たちの作品に対して独占的な権利を有することを可能にした。それへの反応として，これらの地域の作曲家たちはさらに多くのオペラを作曲し始めた。以前は，最初にその曲を書いた時に報酬が支払われるだけで，その後の上演に対する報酬はなかった。しかしながら，継続的な収入への期待が刺激となって，彼らは生産性を大きく向上させる気になったようである。

著作権保護と作品の質

　研究者たちは著作権のルールがオペラの質に影響を及ぼしたかどうかも調べた。イタリアのオペラは特にそのような分析に向いていた。研究者たちが調べていた期間に作られたオペラの豊富な記録があったためだ。これらの記録のおかげで，研究者たちは有名な上演の記録，録音・録画されたオペラの現在の売り上げ，そしてオペラが今日もまだ上演されているかどうかといったデータを利用し，オペラの現在の人気と継続的な人気の両方について図表化することができた。研究者たちは，著作権法が施行されている地域では，恒久的な人気を持つオペラがより多く作曲される傾向にあるという明確な証拠を見つけた。彼らは，作曲家に自分たちの作品の上演料を継続して受け取るという知識があったことにより，優れた作品の制作のためにさらに努力するようになったのではないかと推測している。

著作権保護期間の延長の効果

　最後に研究者たちは著作権保護期間の延長についても調べた。もともと作曲家たちは上演料を生涯にわたってもらう資格があり，その死後10年間は相続人に支払われることになっていた。これはのちに40年に延長された。しかし，延長されると，新しいオペラの制作が実際には減少し始めた。これが示唆していることは，著作権保護の期間をもっと長くしたところで作曲家はそれによって動機づけられないだろうということである。この発見は現代の世界に特に関連があると言う人もいる。近年，多くの国々では，芸術作品に対する著作権保護期間がクリエーターの死後70年まで延長された。しかしながら，研究結果に基づけば，このような変更が芸術的な制作を減らしかねないのである。

（1）解答　**4**

> **解説**　空所文前に「イタリアの一部地域で著作権法が施行されたことで，作曲家が作品に対して独占的な権利を有することになった」とあり，空所は，それに反応して作曲家がどのような行動をとったのかを述べた部分。空所文の後ろでは「以前は違ったが，著作権獲得によって得た継続的収入が刺激になり，作曲家が生産性を上げた」とより詳細な説明しているので，空所に入るのは「生産性を上げた」と同じことを指す**4**だとわかる。**1**と**3**は空所後の内容に合わない。**2**の「オペラの種類」については本文に説明がない。

（2）解答　**3**

> **解説**　空所には，研究者らが著作権法について調べたことが入る。それを踏まえて後ろを読むと，研究者たちが現在の人気と継続的人気を図表化し，著作権法が施行されている地域では恒久的な人気を持つオペラがより多く作曲される傾向を見つけたことや，上演料の知識を持った作曲家が優れた作品制作のためにさらに努力したのだという研究者たちの考察が述べられている。よって，調べたのは「（著作権が）オペラの質に影響したか」だと言えるので，**3**が正解。

（3）解答　**3**

> **解説**　第3段落では，著作権保護期間の延長の影響について説明している。空所は前に述べられたことが示唆している内容を述べた部分にある。その前の第3〜4文に，保護期間が40年に延長されると作曲されるオペラの数は減り始めたとあり，期間の延長が必ずしも作品数の増加と結びつかないということがわかる。これを，would not be motivated「動機づけられない」と言い換えた**3**が正解。その他の選択肢は「期間延長によるオペラの数の減少」との因果関係が認められず，不適切。

語句

□ assertion「断言，主張」　　　　　　　□ claim to have *done*「〜したと主張する」
□ retain「〜を保持する」　　　　　　　　□ exclusive「排他的な，独占的な」
□ composition「作曲」　　　　　　　　　□ compensation「報酬，補償」
□ subsequent「そのあとの」　　　　　　□ incentive「刺激，動機」
□ utilize「〜を利用する」　　　　　　　□ notable「注目に値する」
□ entitle 〜 to ...「〜に…の資格を与える」　□ royalty「著作権使用料，上演料」
□ heir「相続人」

E 問題編 ▶ p.44

全訳 日本美術と印象派

日本の美意識を取り入れた印象派

　1850年代半ばに日本が開国すると，日本の美術品や工芸品はヨーロッパで急速に人気を博し始めた。このことがジャポニスムとして知られる芸術現象を生み，フランスや西洋諸国のあちこちの芸術家たちが木版画に見られる日本の美意識から強いインスピレーションを得た作品を制作した。この影響は，19世紀後半に西ヨーロッパで発展した印象派として知られる美術運動の中で特に顕著だった。この運動の著名な画家たちは日本美術の技法や題材を借用した。その結果として，日本的なタッチを特徴とした多くの印象派の傑作があるのだ。

日本の遠近法の採用

　印象派美術の特徴の1つは，独特の遠近法の使用だ。日本美術の独特な角度とシンメトリーの欠如に触発された印象派美術は，以前のヨーロッパの美術では一般的でなかった視点が特徴だった。多くの作品が上からや斜めから見た風景を描いている。例えば，カミーユ・ピサロの1897年の作品『冬の朝のモンマルトル大通り』は，見晴らしのよい高い地点から眺めた景色を特徴としていて，鑑賞する人は，通りで起こっているすべての活動を見ることができる。そこには，二代目歌川国貞の1865年の作品『日本橋』と顕著な類似点が見られる。この作品では，橋の上の人々を同じような視点から見て描いている。ピサロの伝統的なヨーロッパの筆使いと油彩が日本式の遠近法と融合し，印象派特有の興味深いダイナミクスを生み出している。

題材の共通性

　印象派の画家たちは，彼らが描く題材の点でも日本人画家の影響を受けた。例えば，印象派の絵は日常の家庭生活の瞬間を描くことが多い。エドガー・ドガの1886年の『浴盤』という絵画は半世紀以上前の歌川国貞による木版画『当世花競・菊』に似ている。どちらも日常的なものに囲まれて女性が沐浴するシンプルな光景が描かれている。印象派は，ヒロイズムや歴史的瞬間の劇的な光景の描写をほとんどやめ，代わりにシンプルさと美のはかない瞬間に重きを置くようになった。彼らは，写実主義者の緻密な正確さや，先行した新古典主義の理想的人物像を否定し，光や雰囲気を重視した身近な瞬間をスケッチのように描写することを好んだ。

（1）**解答**　**1**

　解説　空所には印象派の著名な画家に関する記述が入る。第1段落の空所文前までの流れを確認すると，19世紀に日本の美術が西欧で人気となり，特に当時の印象派が日本美術の影響を多く受けたという内容。空所後は「その結果として，日本的

なタッチを特徴とした多くの印象派の傑作がある」というものなので，空所には印象派の画家たちが行ったこととして**1**が入る。第2段落で日本の遠近法という技法と第3段落で日本の題材を取り入れたことが述べられていることも参考になる。**2**「西洋的な筆使いをやめた」，**3**「日本人画家の作品を批判した」，**4**「自分たちの木版画運動を展開した」については本文に言及がない。

(2) 解答 **2**

解説 空所には日本美術の影響を受けた印象派の特徴の1つが入る。空所後の第2段落第2文以降の内容は，印象派の画家ピサロの絵と日本の二代目歌川国貞の作品を例に挙げ，その視点が類似していて，それは日本の遠近法に触発された結果だというもの。段落最後まで，伝統的なヨーロッパ美術と日本の遠近法が融合した印象派の特徴について述べている。したがって正解は**2**。**1**「油彩の使用」は印象派に特有のものではない。**3**「シンメトリックな構図」は，空所文の次の文の「日本美術の独特な角度とシンメトリーの欠如」に矛盾する。**4**「橋などの構造物の描写」は，二代目歌川国貞の絵に橋が描かれているだけで，それが印象派の特徴とは言えない。

(3) 解答 **4**

解説 空所には，印象派の画家が何をよく描いたかが入る。第3段落では印象派が日本美術に影響を受けた題材について述べている。第4文の「日常的なものに囲まれたシンプルな光景」，第5文の「シンプルさと美のはかない瞬間」，第6文の「身近な瞬間」などから，印象派の絵が多く題材とするものは，**4**とわかる。**1**「勇敢な行為と回復力」と**2**「当時の重要な出来事」については印象派が否定したもの。**3**「ロマンチックな手法で描かれた人の体」は本文に言及がない。

語句

□ impressionism「印象派」
□ aesthetic「美意識，美学」
□ notable「顕著な」
□ masterpiece「傑作」
□ depict「〜を描く」
□ parallel「類似点」
□ fusion「融合」
□ depiction「描写，表現，描き方」
□ Neo-Classicist「新古典主義者」
□ composition「構図」
□ inspiration「インスピレーション」
□ woodblock print「木版画」
□ prominent「著名な」
□ symmetry「シンメトリー，対称性」
□ vantage「見晴らしのよい地点」
□ perspective「遠近法，視点」
□ portray「〜を描く」
□ transient「つかの間の，はかない」
□ precede「〜に先行する」
□ resilience「回復力」

F

問題編 ▶ p.46

全訳 北方の争い

紛争の地, フィンランド

　人々は, 現在フィンランドとして知られるスカンジナビア半島にある地域で約9,000年間暮らしてきた。この地域が重要である理由は, その森林, 豊富な鉱物, 農地だけではない。地理的な位置がこの地域を通商に理想的な場所にしていることも理由である。フィンランドはバルト海とフィンランド湾に港を持ち, ロシア第2の都市であるサンクトペテルブルグへの主要航路となっている。この地域が国際的に重要になったのは12世紀, スウェーデンとロシアの紛争地域になった時であった。当初, スウェーデンは軍事衝突に繰り返し勝利していた。ところが1809年, 帝政ロシアはついにスウェーデンからフィンランドを奪い取ることに成功し, 何世紀も追い求めてきた, 戦略上の地理的優位を手に入れたのである。

フィンランドにおけるロシア化政策

　しかしながら, ロシア人によるフィンランド人の支配は容易ではなかった。スウェーデン人はフィンランドを何世紀もの間統治し, 文化やルター派の信仰, 民主主義を域内で広めていたのだ。こうした遺産は, 帝政ロシアで支配的なロシア正教会やツァーリの絶対的権力と相いれるものではなかった。フィンランド人には, その文化の独自性を理由にもともと自治権が認められていたのだが, その後, 歴代のツァーリはフィンランド人を同化しようとした。この文化的転換は非常に限られた成功しか収めなかった。フィンランド人は文化的にも政治的にも, ロシアよりもスウェーデンにずっと近いままだったのだ。

フィンランドの独立と発展

　帝政ロシアが1917年に倒れたことで, フィンランドは独立を手に入れたが, 帝政ロシアを引き継いだソビエト連邦は第二次世界大戦中, フィンランドを取り戻そうとした。何年にも及ぶ激しい戦いの後, ソ連と西側諸国の冷戦期にフィンランドは領土上の譲歩と厳格な中立状態でいることについて同意した。それにもかかわらず, フィンランドは次に資本主義を取り入れ, ハイテク経済を発展させたが, 一方のソ連経済は共産主義のもとでもがいていた。1991年, ついにソ連が崩壊すると, フィンランドは西側諸国とより緊密に連携し始めた。フィンランドは他の欧州諸国やアメリカ合衆国と文化, 経済, 軍事面での協力を一段と進めることを望み, 2022年には北大西洋条約機構に加盟申請した。このことがロシアを大いにいら立たせ, 今日に至るまでフィンランドは, 今なお争いの地なのである。

(1) **解答** **4**

　解説 第1段落は前半でフィンランドの地理的な特徴について, 後半では12世紀からの歴史について説明している。空所前は「フィンランドは12世紀にスウェーデ

ンとロシアの紛争地域となり，最初のうちはスウェーデンが（　）」，空所の後は
「帝政ロシアがついにフィンランドを手にした」という内容。つまり，最初のう
ちはスウェーデンが優勢だったと考えられるので，「軍事衝突に繰り返し勝利し
た」という**4**が正解。

(2) 解答　**3**

解説　空所には帝政ロシアで支配的だったとされるツァーリによる同化政策の影響が入
る。第2段落ではロシアによるフィンランド支配について説明しており，第1～
3文では，フィンランドには長く同国を支配してきたスウェーデンの影響が色濃
く残っており，帝政ロシアの宗教や絶対的権力とは相いれなかったと述べている。
第4文にはそれでもロシアのツァーリは同化政策を進めようとしたとあるが，最
終文には「フィンランド人は文化的にも政治的にもスウェーデンにずっと近いま
まだった」とある。つまり，同化政策はうまくいかなかったと考えられるので，
3「（文化的転換は）非常に限定的な成功だった」が正解。

(3) 解答　**4**

解説　空所前には帝政ロシア崩壊後，フィンランドが独立してからもその地をめぐって
紛争が続いたこと，ソ連と西側諸国の冷戦期に領土譲歩や中立状態に同意しても
資本主義を取り入れたフィンランドと，共産主義のもとでもがくソ連について述
べられている。さらに空所後の文では，フィンランドが西側諸国と文化，経済，
軍事面での一層の協力を望んだと説明していることから，**4**「（西側諸国）とよ
り緊密に連携する」が正解。

語句

□ rivalry「競争，対立」　　　□ geographical「地理的な」　　□ ideally「理想的に」
□ contention「争い」　　　　□ initially「最初のうちは」　　□ strategic「戦略上の」
□ govern「～を統治する」　　□ disseminate「～を広める」
□ Lutheran「ルター派の」　　□ legacy「遺産，受け継いだもの」
□ contradict「～に矛盾する」□ predominantly「主に，優勢に」
□ Russian Orthodox「ロシア正教会の」
□ Tsar「ツァーリ，ロシア皇帝」□ autonomy「自治，自治権」　□ assimilate「～を同化する」
□ conversion「転換」　　　　□ territorial「領土の，領空の」□ concession「譲歩」
□ neutrality「中立状態」　　　□ capitalism「資本主義」　　　□ communism「共産主義」
□ firmly「しっかりと」　　　　□ confrontation「対立，衝突」□ complaint「不平」

G 問題編 ▶ p.48

全訳 達人の卵

達人と視覚化

心理学者は，並外れた技能の持ち主がどうやってその技能を身につけたのか長い間研究を重ね，生来の能力がその鍵なのか，あるいは厳しい訓練が鍵なのかを見極めようとしてきた。チェスのプレイヤーを研究した結果，チェスの達人は指すことができるさまざまな手について，細部まで複雑に描いたメンタルマップを作ること，そしてこれは持って生まれた才能よりも訓練に依存していることが裏付けられた。実は，一般的な記憶力テストにおけるチェスのグランドマスターの得点は，平均的な人の得点を上回ってはいない。しかし，難しい指し手と向き合う場合，経験の浅いプレイヤーは最善手の計算に30分もかけた上でそれでも誤った選択をするかもしれないが，グランドマスターは詳細に分析することなく最強の一手を即座に視覚化できるのである。他の達人たちも可能性のある結果を視覚化するこの能力を持っていると考えられている。

視覚化を可能にするもの

それにしても，そのような視覚化は何に由来するのか。フロリダ州立大学のK・アンダース・エリクソンは，内科医は情報を長期記憶に保持し，ずっと後で診断のためにそれを思い出すことができると指摘している。長期記憶が，高度な技能の重要な鍵であると思われる。さらに研究者たちは，これらの複雑な記憶構造を構築するには多大な努力が必要であることを発見した。カーネギー・メロン大学のハーバート・サイモンは，どんな分野でも達人になるには10年の猛烈な勉強が必要であるという仮説モデルを考案した。神童たちは，早い時期から数年間，徹底した勉強をたくさん詰め込むようにすることで，各分野で巨匠となるのだ。

努力と競争

エリクソンの仮説によると，欠かせないのは「かなりの努力を要する勉強」であり，これには自己の能力レベル，つまりコンフォートゾーンをちょうど超える問題に取り組むことが含まれる。これにより，チェスやゴルフをする人たちの大半が何百，あるいは何千時間もゲームをしても決して平均を上回るほど上達しないのに対し，まじめな生徒は比較的短い時間枠の中でより高い水準まで上達できる理由を説明できる。ほとんどの初心者が最初にすぐ上達する理由は，熟練を要する仕事は何でも，最初にかなり努力して勉強する必要があるからだ。しかし，仲間内でのんきに競い合っているだけだと，競争しようという気力が失われてしまう。こうした人々は仲間の先を行こうとする努力をあまりしなくなるが，もっと真剣に競争している人たちは，より困難な状況に自らの身を置き，自分が次のレベルに進むのに役立たせるのだ。

(1) 解答　**1**

解説　空所にはチェスのグランドマスターがしないことが入る。空所文では経験の浅いプレイヤーとグランドマスターを対比しており，経験の浅いプレイヤーについては，難しい指し手になると最善手の計算に時間をかけた上で誤った選択をする可能性がある，と述べている。グランドマスターはそれとは対照的な行動をすると考えられるので，**1**を選んで「詳細に分析することなく，最強の一手を即座に視覚化できる」とすると自然な流れになる。

(2) 解答　**4**

解説　空所には視覚化に関する研究でわかったことが入る。第2段落はチェスの達人が見せるような，素晴らしい視覚化の背景にあるものを探っている部分で，その1つ目として第2，3文で長期記憶を挙げている。Furthermore で始まる空所文については，続く文がその裏付けとなる研究結果の説明になっており，intense study「猛烈な勉強」や intensive study「徹底した勉強」があって達人になるとわかる。したがって，空所には**4**「多大な努力が必要である」が入る。

(3) 解答　**3**

解説　第3段落は自分の能力レベルを超える問題に取り組むような effortful study が欠かせないという仮説について説明している。この仮説により長い時間をかけてもある程度までしかいかない人々と短時間でも高レベルに達するまじめな生徒の違いを説明できると述べている。「初心者が伸びるのは何事も最初は effortful study を必要とするからだ」という内容の後の空所文は逆接の But で始まり，空所に入るのは仲間内だけで競う casual competitors はどうなるかということ。空所後を見ると「仲間の先を行く努力をしなくなる」とすでに答えが書かれているので，どう努力しなくなるかを説明した**3**「競争しようという気力を失う」が入る。

語句
□ innate「生来の」　　　　　　□ intricately「複雑に」　　　　□ potential「可能性のある」
□ diagnosis「診断」（複数形は diagnoses）　　　　　　□ intricate「複雑な」
□ postulate「～と仮定する」　□ prodigy「天才」
□ comfort zone「コンフォートゾーン」（不安や無理のない快適な空間）
□ crucial「決定的な，重大な」　□ comparatively「比較的に」　□ peer「仲間」
□ cognitive「認識の，認知の」　□ analytical「分析の」

問題編 ▶ p.50

全訳 人新世の年代

人間の時代

　ジュラ紀など，地球の歴史の区分を表すのに使用される有名な用語を確立させるのは，岩層の研究を行う層序学者と呼ばれる科学者である。新たな千年紀が始まるまで，現在の地球は完新世の年代にあるということで一般的に意見が一致していた。完新世の年代が始まったのは約1万1,000年前，氷河期が終わってからである。しかし現在，完新世の年代はすでに終わったのだと主張している人々がいる。ここ数十年で，人間の活動は地球の気候に途方もない影響を及ぼしており，人間が作り出した化学物質はやがて今形成されている岩の層にはっきりと表れるだろう。この結果，相当な数の地質学専門家が，完新世の年代は，人新世と言われることが多い年代，つまり「人間の時代」に移行したのだと今では断言している。

人新世はいつ始まったのか

　人新世の年代が広く受け入れられるのを阻んでいる主要な問題は，それがいつ始まったのか不明確なことである。一部の人々は，1800年代の産業革命がその始まりだと主張している。そのころに地球の大気に含まれるメタンと二酸化炭素の量が人間の活動によって著しく増えたことが理由だ。しかし一方で，人新世の年代の始まりを示すものとして，20世紀中ごろの核兵器の使用を用いるべきだと主張する者もいる。この意見を提唱する人々によれば，放射性プルトニウムは自然界では非常にまれな存在だが，核爆発がそれを世界中に広めたため，このことは我々の時代の岩の層にはっきりと表れ，地球の歴史における新時代の始まりの明確な証拠となるだろうと言う。

人新世に見える人間のごう慢さ

　人新世の年代という概念を支持する人々の間でも意見の不一致はある。頻繁に議論されるトピックの1つは名前が適切かどうかであり，それには人間のごう慢さが反映されていると主張する人もいる。例を挙げると，尊敬される出版物である『サイエンティフィック・アメリカン』の社説は，「地質年代の名前を自分たちにちなんで付けることは，自分自身の偉大さに対するある種の畏敬の念を示唆している」と主張した。さらに一部の批評家は，この非常に人間中心的な視点こそが，自分自身のニーズを地球上の他の何よりも優先させることで，私たちが自ら生み出した環境危機へとつながったのだと述べている。

（1）解答　**4**

解説　空所を含む文は But で始まっているので，その前後の内容は対照的になるはず。前文までは現在は the Holocene Epoch「完新世の年代」であると述べている。But の文の後では人間の活動に言及し，第1段落最終文には「完新世の年代は人

新世の年代，つまり人間の時代に移行した」と説明している。つまり，完新世の年代は終わっていると言えるので，**4**が正解。**1**「ずっと早くに始まった」と**2**「ジュラ紀に属するはずだ」は「人間の時代に移行した」という内容に合わない。人間活動の影響の大きさが「人新世」という考えにつながっているので，**3**「人新世と何も変わらない」も不適切。

(2) 解答 **2**

解説 　空所には人新世という考えが広く受け入れられない理由が入ることを踏まえ，次の文以降を読むと，まず1800年代の産業革命に触れ，次に20世紀中ごろの核兵器の使用に言及している。これらは同段落第3文の mark the dawn of the Anthropocene Epoch からもわかるように，人新世の年代が始まった時期に関する異なる意見なので，**2**が正解。**1**「人々はそれについて教わったことがない」，**3**「科学者がその議論を拒否している」，**4**「人間によって引き起こされたのではないかもしれない」はいずれも空所後の内容に合わない。

(3) 解答 **3**

解説 　第3段落では，人新世という考えを受け入れている人々の間でも意見の相違があることについて述べている。その一例が名前であり，空所には名前に関する主張が入る。空所の後を読むと，人間にちなんで地質年代に名前をつけるのは，人間が自分を敬っていることを示す行為で，環境危機にもつながった非常に人間中心的な視点である，と批判的に述べている。この内容をまとめている**3**が正解。**1**「誤解をはらんでいる」，**2**「正式には認められていなかった」，**4**「科学的な伝統に従うべきである」は，空所文の後の内容に合わない。

語句

□ Anthropocene「人新世」
□ stratigrapher「層序学者」
□ Holocene「完新世」
□ tremendous「途方もない」
□ segment「部分」
□ assert「～と強く主張する」
□ widespread「広く行きわたった」
□ advocate「提唱者，支持者」
□ plutonium「プルトニウム」
□ awe「畏怖」

□ epoch「時代，（地質学の）世」
□ consensus「一致，コンセンサス」
□ commence「始まる」
□ evident「はっきり表れて」
□ geologic「地質学の」
□ transition「移行する」
□ acceptance「受け入れ」
□ detonation「爆発」
□ claim「～と主張する」
□ misleading「誤解を招く」

□ methane「メタン」
□ radioactive「放射性の」
□ editorial「社説，論説」

A

問題編 ▶ p.52

全訳 ケインズ経済学：経済への実践的アプローチ

1920 年代までの古典派経済学と世界大恐慌

　1920 年代まで，資本主義社会における経済学の支配的学派は，『レッセフェール（自由放任主義）』経済学としても知られる古典派経済学だった。「なすに任せよ」というフランス語に基づいたこの学派は，政府は自らの商取引への干渉を制限すべきだと考えていた。規制されていない市場は効率的で，需要が生まれれば反応し，脅かされれば慣習を調整すると考えられていた。民間企業は利己的であるため自主規制することが許されるべきだという考え方は極めて普通のこととなり，経済学の共通理解にとってなくてはならなかった。この理論は，世界大恐慌の期間に厳しく試されることになった。大恐慌が始まったのは 1929 年で，米国の株式市場暴落が 10 年間続く世界的な経済危機へと滝のように落ち込んだ後に起きた。景気循環は経済の自然な側面と考えられていたが，世界大恐慌はあまりに厳しく，あまりに長く続いたため，従来の常識は通じなかった。この難題に踏み込んだのが，イギリス人経済学者のジョン・メイナード・ケインズだった。ケインズは，古典派経済学の傍観主義的なアプローチは，世界大恐慌で求められることに合っていないと主張した。その問題への古典派の解決策は，企業は大量失業がもたらした豊富な労働供給を利用し，商品の生産を再開するだろうというものだった。だが，この状況を利用できる企業はなさそうだった。ケインズは，この時期には政府が生産に責任を負うべきだと主張した。個々の企業より政府のほうが短期的な損失に耐える能力があるからだ。

ケインズ経済学の出現

　米国大統領フランクリン・ルーズベルトを始めとする世界中の指導者たちは，ケインズの助言に従って政府が資金を提供する大規模な建設・製造プロジェクトを創出した。ただし，抵抗がなかったわけではない。というのもそれは，建設計画や工場設立といった試みはすでにある需要に応える場合に限って実施されるべきだという従来の常識と真っ向から対立するものだったからだ。そうではなく，政府のプロジェクトが供給を作り出し，それに需要がついてくることを期待した。このアイデアには利点があることがわかり，こうしたケインズ主義政策のおかげで多くの国が世界大恐慌から這い出すことができた。この好転がケインズの理論の正しさを裏付けたように思われ，ケインズ経済学は世界中で採用された。これが続いたのは 1970 年代までで，その時多くの国がインフレと景気停滞が同時に起こる，時に「スタグフレーション」と呼ばれるものに見舞われた。この事態が生じると，政府支出を増加しても問題の緩和にはほとんど役立たず，そのせいで広く古典派経済学への回帰が促進された。しかし 2008 年の不況が再度ケインズ主義政策の復活へとつながり，危機の際は彼の理論が最も妥当であることを示したのである。

（1）解答　**4**

設問の訳　世界大恐慌は経済学の共通理解をどのように変えたか。

選択肢の訳　**1** 企業は経済問題に関して，提案された政府の指導に従うことが多くなり，国々はこうした提案を法文化することに頼らなくてよくなった。

2 景気循環は経営状態がよくない企業を排除するもので，市場が収益の悪い企業ばかりになるのを防ぐには起こるままにすべきだ，との考えを強固なものにした。

3「自由放任主義」の慣行に従うことは，潜在的な労働者が利用可能なあらゆる機会を追求できるので，高い失業率に対処する最善策だということを裏付けた。

4 企業は自分たちにとって最善のことをする傾向があり，それゆえに最も有効な解決策を探し求める傾向があるのだという前提に疑いが持たれた。

解説　第1段落で世界大恐慌が起きるまでの経済学の共通理解について述べている。その時支配的だった古典派経済学は，政府による規制のない，需要や危機におのずと反応する市場の機能を重視するもので（第3文），不況になれば企業は失業により豊富にある労働者を利用して生産を再開する（第9文）という考えだった。しかし，この企業任せの考えは世界大恐慌では通じなかったので，正解は**4**。

（2）解答　**1**

設問の訳　この文章の筆者は，ケインズ経済学を取り入れることについて何と言っているか。

選択肢の訳　**1** 需要と供給の性質ならびに経済問題に対して政府が取るべき方策に関して長年信じられてきた考え方と逆行するものだったので，抵抗にあった。

2 1970年代までは古典派経済学が一般的だったが，スタグフレーションが大きな問題になったため，ケインズ経済学が広く採用されるようになった。

3 ケインズ経済学が幅広く受け入れられたことで，それは2008年の景気後退の危機が起きるまで，古典派経済学とほぼ同じくらい確立したものになった。

4 インフラ開発や建設工事といった，政府により適していると思われるプロジェクトに資金を出すことだけに使われた。

解説　ケインズ経済学については第2段落に，政府主導で建設・製造プロジェクトを進め（第1文），需要の創出を期待する（第3文）ものであったが，これは従来の常識と真っ向から対立していた（第2文）とある。**1**が正解。

語句
□ hands-on「実践的な」　□ dominant「優勢な，支配的な」　□ school「学派」
□ capitalist「資本主義の」　□ *laissez-faire*「自由放任主義（の）」　□ cascade「滝のように落ちる」
□ cycles of boom-and-bust「景気循環」　□ defy「〜を覆す」　□ conventional「従来の」
□ conundrum「解決困難な状況，難問」　□ take up the mantle of 〜「〜を引き受ける」
□ fly in the face of 〜「〜に真っ向から反抗する」　　□ stagnation「不況，低迷」
□ alleviate「〜を緩和する」　　　　　　□ run counter to 〜「〜に逆行する」

B

問題編 ▶ p.54

全訳 記憶の想起

記憶とは

　記憶は人の心に画像のように保存されると考える人たちがいる。ある出来事や話を思い出すには，脳の特定部位にアクセスして，記憶を引き出す。もしこれが事実なら，人の記憶は完ぺきなはずである。記憶を呼び起こすためにすべきことは，心の画像を見ることだけだからだ。しかしながら，研究者たちによると，プロセスはそのようには働かない。それどころか，私たちの記憶はもっと複雑なのだ。脳は記憶を多くの部分に分けてから，我々が経験する音，情景，におい，味覚などを異なる領域に保存する。脳は求めに応じて記憶全体を再構築するのである。

記憶における脳の働き

　脳には内部の塊の外側に１枚の層がある。この外側の層は皮質と呼ばれ，厚さはわずか２，３ミリだが，そこには約700億個の脳細胞がある。これらの細胞は灰色で，全体で「灰白質」を形成し，情報の断片を蓄積している。灰白質の細胞同士は互いに情報のやり取りをする必要があり，ここで「白質」という脳内部の部位の登場となる。それぞれの脳細胞からは，軸索と呼ばれる長い腕が外側に伸びていて，ちょうど電話が電線を伝って情報を送信するように，軸索を通って細胞から情報が送られる。脳細胞には樹状突起と呼ばれる腕もあり，これらは情報を受け取るための経路である。軸索と樹状突起は，脳の外側にある灰白質から脳の内部にある白質へと伸びている。軸索と樹状突起は互いに情報をやり取りするために，脳細胞たちを結合，分離，再結合することができる。１本の軸索と１本の樹状突起が１つのシナプスで接触し，そこである細胞の軸索が別の細胞の樹状突起へ情報を伝える。軸索と樹状突起は，腕のように細胞から伸びているのに対し，シナプスは人が手をつないでいるようなものである。細胞同士がこのように結合すると，人々はある記憶全体を思い出す。個々の記憶に用いられるのは脳細胞の一部だけで，異なる細胞が異なる記憶を呼び起こすために結合する必要がある。細胞同士がうまく結合しているかどうかが記憶の強さを左右する。シナプス，つまり結合の数が多ければ記憶も強いが，シナプスが少数しかないと記憶は弱くなる。

（1）解答　**3**

設問の訳　この文章の筆者によると，人々の記憶が完ぺきではない理由は，

選択肢の訳　**1** 脳が保存されている心の画像を思い出す時，正確な記憶の再生を妨げるエラーが生じるからである。

2 脳はすべての感覚に関する情報の受け取りに失敗することがあり，それが記憶の完全な画像の創造を妨げるからである。

3 記憶はさまざまな区画に分けて入れられ，必要な時は脳が改めて構成する必要があるからである。

4 脳はあまりにも膨大な量の情報を保存しなければならないので，記憶を回復している最中に異なる出来事の構成部分がごちゃ混ぜになることがあるからである。

解説 脳における記憶の仕組みについては第1段落に説明がある。第2〜4文に「脳の特定部位にアクセスするだけなら人の記憶は完ぺきなはずだが，プロセスはそのようには働かない」とあり，その理由として段落の後半で記憶の複雑さ，つまり別々の領域に分けて保存され，記憶を思い出す時に全体を再構築しているからだと述べている。この内容に合う**3**が正解。**1**の「心の画像」を見ることは，実際の記憶を思い出すこととは違うので，不適切。**2**と**4**については本文に言及がない。

（2）解答　**4**

設問の訳 軸索と樹状突起について正しいことの1つは何か。

選択肢の訳 **1** それらは，記憶をはっきりとして正確なものにしておくため，白質と灰白質の間にバリアを形成している。

2 それらは脳細胞が情報を詰め込みすぎるのを防ぐために互いの接続を断つことがあり，それが人の記憶喪失の原因となりかねない。

3 それらは記憶を回復するたびに弱くなり，それが時間がたつにつれて記憶を呼び起こすのが難しくなる理由である。

4 それらは異なる脳細胞間の通信路を形成しており，人々が記憶を再現できるようにこの経路を通って保存された情報は伝えられていく。

解説 axon「軸索」とdendrite「樹状突起」については第2段落に説明がある。軸索は伸ばした腕のようなもので，情報がそれを通っていく（第5文）。樹状突起も腕のようなものだが，こちらは情報を受け取る役割をしている（第6文）。軸索と樹状突起はシナプスで結合することで情報を伝え，記憶を呼び起こしていく（第9〜11）。以上の内容に一致する**4**が正解。**1**は第7文に「軸索と樹状突起は灰白質から白質へと伸びている」とあるだけで，バリアを形成しているという記述はない。**2**の「情報の詰め込みすぎ」「記憶喪失の原因」や，**3**のような，時間の経過とともに記憶の機能が衰えるという記述はない。

語句

□ retrieve「〜を取り戻す，〜を回復する」　□ complex「複雑な」
□ cortex「皮質」　□ axon「軸索」
□ wire「電線」　□ dendrite「樹状突起」
□ synapse「シナプス」　□ component「構成部分」

C

問題編 ▶ p.56

全訳 幸せになる準備

幸せのレベルを決めるのは何か

いつも幸せである，という印象を与える人たちがいる。それにより，幸せのレベルは遺伝子によって決定されている，という考えの信びょう性が高まる。この意見によれば，幸福な大人は生まれつき前向きな性格だったか，容姿に恵まれている，運動能力が並外れている，あるいは非常に聡明であるといった，成功した人生を送るのに役立つ特性を備えて生まれたのだという。しかし心理学者たちは，我々の幸せのレベルは遺伝子や運とはほとんど無関係であり，自分たちの暮らしに満足することは学び得る技能であって，泳いだり自転車に乗ったりすることと同様であると考えている。ハーバード大学は幸せになる方法に関する講座の提供すらしており，800名を上回る学生が履修登録し，同大学で一番すし詰めの教室になっている。

幸せのセットポイントの上げ方

心理学者たちはこのことをいつも信じていたわけではなかった。10年前まで，ほとんどの心理学者は，長期的に見ると幸せのレベルは一定に保たれる傾向があり，とてもよい出来事や悪い出来事を経験した後でも「セットポイント（設定されている点）」に戻るのだと考えていた。ところが，イリノイ大学の研究者たちは，時間がたつうちにこのセットポイントが変わる場合もあり，そのセットポイントをより高い幸せのレベルまで押し上げるために我々にできることがあるということを発見した。これができるようになる1つの方法は，自分が持っているものをもっとありがたく思い，より大きな家や新しい車といった物質的なものからや，イメージチェンジや美容整形で自分自身を「高め」ようとすることによって，常に満足を得ようとしないようにすることである。物質的なものは短期的な喜びをもたらしてくれるかもしれないが，持っているものが多くなるほど効果が薄れる傾向があるのだ。

(1) 解答　**4**

設問の訳 この文章によると，幸せのレベルは，

選択肢の訳 **1** 幸せな親の子どもは自分自身も幸せを感じたと報告したように，遺伝的にあらかじめ決められているのかもしれない。

2 水泳やサイクリングといった有酸素運動を十分に行う人々が最も高いことがわかった。

3 教育水準と相互に関連しており，ハーバード大学といった名高い大学の卒業生が最高のレベルの幸せを経験する。

4 教わることができる，喜びを感じるテクニックを身につけているかどうかに大

いに左右される。

解説 本文は全体にわたって幸せのレベルを決めるのは遺伝子か習得かについて書かれているので，選択肢を1つずつ検討する必要がある。**4**が，第1段落第3文の「自分たちの暮らしに満足することは学び得る技能であり，泳いだり自転車に乗ったりすることと同様」と一致する。**1**は，第1段落第3文に「幸せのレベルは遺伝や運とはほとんど無関係」とある。**2**の水泳やサイクリングについては第1段落第3文に記述があるが，教えてもらって身につける技能の例として挙げているだけである。

(2) 解答　**3**

設問の訳 次のうち，イリノイ大学での研究で異議を唱えられた，かつて広く受け入れられていた考えを最もよく説明しているものはどれか。

選択肢の訳 **1** もっとたくさん欲しがることなく，自分の人生をそのまま大事にする方法を身につけることによって，長い目で見れば人々は幸せの基本レベルを上げることができる。
2 人々は富や物質的なものを蓄積することで一般的に幸せのレベルを上げることができ，より多くのものを得るほど恩恵も増える。
3 個々の人々にとって全体的な幸せのレベルは一般的に変わらないままであり，重大な出来事があると一時的に変動するだけである。
4 見た目を劇的に変えると自信が増すので，それによって人が長期的な幸せを高めることは可能である。

解説 イリノイ大学については第2段落第3文に記述がある。Howeverで始まる文なので，その前の内容はこの文とは対照的なはず。前文を確認すると，長期的に見ると幸せのレベルは一定に保たれており，よい出来事や悪い出来事が原因で変化があっても，その後は「セットポイント」に戻る，とある。この考えにイリノイ大学の研究は異議を唱えることになったのだから，正解は**3**。

語句
□ lend credence to ～「～に信ぴょう性を与える」
□ prowess「並外れた能力」
□ makeover「イメージチェンジ」
□ genetically「遺伝的に」
□ be correlated with ～「～と相互に関係がある」
□ alumni「卒業生，同窓生」（alumnusの複数形）
□ cardiovascular exercise「有酸素運動」
□ baseline「基本的な」　□ amass「～を蓄積する」

□ attribute「特性」
□ appreciative「ありがたく思って」
□ cosmetic surgery「美容整形」
□ predetermined「あらかじめ決められた」
□ prestigious「名声のある」
□ cherish「～を大事にする」
□ fluctuate「変動する」

D

問題編 ▶ p.58

全訳 ウイルス学，がん，そして架空の生き物

インフルエンザと子宮頸がんの類似性

　がんの治療は大いに進歩したが，治療のための最善の戦略は予防である。一部の人々は遺伝的に特定のがんにかかりやすい傾向があるが，喫煙を避ける，より健康的な食事を取る，日光に当たるのを制限するといったライフスタイルを選択することで，がんの多くは患う可能性を下げることができる。さらに，ウイルスが引き起こすという点でユニークなタイプのがんが1つある。子宮頸がんは，女性の生殖器官を冒すもので，ヒトパピローマウイルス（HPV）によって引き起こされることが知られている。HPVとはインフルエンザの原因となるウイルスのように，人から人に感染し得る。インフルエンザと比べて似ているもう1つの点は，子宮頸がんはワクチンによって予防可能だということである。

角を持つウサギとウイルス性がん

　このがんを引き起こすウイルスが初めて発見された経緯と，ワクチンがどのように開発されたかに関する話は，100年近く前にさかのぼるものであり，世界の遠く離れた場所にいる類似した架空の生き物と予期せぬつながりを持っている。1930年代，アメリカ人科学者としてプリンストン大学に勤務していたリチャード・ショープは，角を持っているように見える変わったウサギについて知らされた。同じころ，西部開拓時代のアメリカ人たちは，ジャッカロープという架空の生き物を作り出した。それはウサギのような見た目だが，シカのような枝角を持っていた。この生き物は狡猾で危険であり，部外者を騙すことを意図した物語の主役であった。実は同様の生き物がアラブの神話やドイツの民話にずっと以前から登場しており，その結果生み出された仮説は，こうした生き物は，かつて正体不明だったなんらかの種に基づいているに違いないというものだった。ショープのもとに運ばれてきたウサギは当初，こうした仮説の信ぴょう性を高めていたようだが，その生き物を検査することにより，人々が角だと信じていたものは実はウサギの頭にできたがん性腫瘍であることにショープはすぐ気づいた。ショープはこれらの腫瘍をとり，ペースト状に潰してから溶液に入れて希釈した。それからこの溶液を取り出し，ウイルスしか通れないほどの細かいフィルターにかけた。彼が溶液を健康なウサギに注射するとやはり腫瘍ができたことから，ショープはがんはウイルスによるものだとの結論を下した。この知識のおかげで他の科学者は，人間が持つ同様の腫瘍とウイルスを関連付けられるようになり，ウイルスはワクチンで予防できることから，この発見がこの珍しい予防措置の開発に拍車をかけたのだ。

（1）解答　**2**

設問の訳　第1段落によると，子宮頸がんについて正しいものはどれか。

1 それに対処する以前の方法は予防に焦点を合わせていたが，最近の発見のおかげでその治療がより現実的な選択肢となった。

2 他のタイプのがんと違い，その原因と予防にはインフルエンザのような感染症との類似点がある。

3 子どもの時にある種の刺激を受けた結果できるものであり，症状はかなり晩年まで顕在化しない。

4 罹患するリスクを減らす最も効果的な方法は，喫煙のようなリスクの高い行為を避けることであることが，研究によってわかっている。

解説 第1段落における子宮頸がんに関する記述を整理すると，女性の生殖器官にできること，感染性のHPVが原因であること以外に，インフルエンザのようにウイルスが引き起こすユニークながんであること，インフルエンザ同様にワクチンによって予防できることが述べられている。これらの内容に一致するのは**2**。

（2）解答 **3**

設問の訳 この文章の筆者は，架空の生き物について暗に何と言っているか。

選択肢の訳 **1** 病気にかかっている動物によって感染したり具合が悪くなったりするかもしれないため，そうした動物に近づかないよう人々に警告するために生み出された可能性が高い。

2 遠い地で広範囲で見られる例から，人間が移動したり他国の人々と世界中で交易したりする際にいかにして物語を自分たちと一緒に持ち込むかがわかる。

3 ジャッカロープが実在の動物に基づいている可能性はあるものの，それは見た目を損なわせるような病気にさらされた動物であった。

4 こうした雑種の動物は，変形を生じさせる病原媒介生物を人間が故意に動物に注射した結果であった。

解説 架空の生き物の記述は第2段落にある。前半部分から，角のようなものを持つウサギが見つかり，リチャード・ショープという科学者のもとに持ち込まれたこと，アメリカでは西部開拓時代にシカのような角を持つウサギの話が作り出されたこと，こうしたことが，架空の生き物は正体不明の生物を基にしていたとする説につながったことがわかる。また後半にはショープが調べた結果が述べられており，人々が角だと思ったものは実は腫瘍であったとある。これらの内容をまとめている**3**が正解。

語句

☐ virology「ウイルス学」 ☐ mythical「架空の」 ☐ predisposition「傾向」
☐ cervical cancer「子宮頸がん」 ☐ reproductive「生殖の」 ☐ mythology「神話」
☐ tumor「腫瘍」 ☐ dilute「〜を希釈する」 ☐ solution「溶液，溶剤」
☐ spur「〜に拍車をかける」 ☐ stimuli「刺激」 ☐ far-flung「遠く離れた」
☐ disfiguring「外観を損なうような」 ☐ vector「媒介生物」 ☐ deformation「変形，奇形」

E

問題編 ▶ p.60

全訳 ロサンゼルスを作った建物

ロサンゼルスの住宅事情とディンバット

1940年代から1960年代にかけ，ロサンゼルスは，300万を超す人々が雇用や教育の機会，良好な気候を求めてこの地域に集まってくるという人口爆発を経験した。この新たな住民の流入は第二次世界大戦の帰還兵や豊富な雇用を生み出した製造業の好況に助長されたもので，安価な住宅に対する巨大な需要を作り出した。これに対する従来の解決策は，わずかな土地に何百人もの人々が居住可能な多層階のマンションを建設することであった。しかし，ロサンゼルスは交通手段を自動車に依存したアメリカで最初の都市の1つであり，駐車場に大きなスペースを要するという複雑な問題を付加的に生み出した。その解決策が「ディンバット」だった。これは1階部分がガレージで，住人はその上階に居住するという，2～3階建ての箱型の建物である。土地は貴重であり，新しい住民は経済的余裕がなかったため，多くのディンバットは至近距離に建てられ，デザインへの配慮はほとんどなかった。

ディンバットの欠点

ディンバットは都市の住宅不足解消に一役買ったが，安価で建てられたことや美観よりも機能性に焦点を当てたことは，結果的にお世辞にもいいとは言えない評判につながり，だんだんと姿を消していく結果になった。多くの住民から目障りと見なされ，建築評論家からは痛烈な批評を浴びた。歴史家のレナード・ピットは「ディンバットはロサンゼルスのアパート建築の最悪の典型だ」と述べている。明るい色で塗装したり，紋章やフランス風の装飾など華麗な飾りを施したりして，これらの美的欠点をカバーしようとする建築業者もいた。また「シダートロピック」や「ピンクフラミンゴ」のような奇抜な名前を付けてイメージの改善を図るディンバットも多くあった。しかしながら，このような表面的な改善は，ディンバットの評判改善にはほとんど効果がなかったうえ，はるかに不安な問題もあった――建築物の構造的整合性だ。ロサンゼルスでは地震が頻繁に発生するが，ディンバットはその設計上，特に地震による被害を受けやすい。改修をし，補強工事される建物もあるが，多くは近代的なアパートに取って代わられている。残存しているディンバットはこの都市の過去を思い出させる興味深いものであり，郷愁をかきたてられる住民もいるのだが，その時代は終わりを迎えているようだ。

（1）解答　**2**

設問の訳　この文章で言及されている建物は，なぜ1940年代から1960年代にかけてロサンゼルスで一般的になったのか。

選択肢の訳　**1** それらは小ぶりであり，またロサンゼルスでは広大な土地が製造業のために使

用されていたため，新しい住居用のスペースが限られていた。

2 その期間中にロサンゼルスに移住してきた膨大な数の人々の住宅需要を満たす，経済的かつ実用的な方法を提供した。

3 それ以前にロサンゼルスで一般的だったアパートには駐車場スペースがほとんどなく，すべてが取り壊されなくてはならなかった。

4 多くの男性が戦争で戦わなければならなかった結果，ロサンゼルスには資格を有する建築家がほとんどおらず，市は建築の知識を持たない人でも建てられる建物が必要だった。

> **解説** ディンバットが一般的になった経緯として第1段落第2文に多くの新住民流入による安価な住宅の需要拡大，第4文には車社会のロサンゼルスでは駐車場に大きなスペースが必要だったことが述べられている。これらの内容に一致するのは**2**。

(2) 解答　**4**

> **設問の訳** この文章によると，その建物の多くがもはや現存しない理由の1つは，

> **選択肢の訳** **1** 修繕に必要な材料はフランスから輸入しなくてはならなかったので，多くの所有者にとってそうすることはあまりに高くついた。

2 その外観を改善する試みにもかかわらず，多くの住民は市の悪い印象を与えるとしてその破壊を求めて運動した。

3 ロサンゼルスの歴史の一部としてそれらを保護しようとする住民の試みは失敗し，多くは開発業者に買い取られ，近代的なアパートに転換された。

4 設計によりそれらは魅力的に見えないだけでなく，ロサンゼルスにおいて十分に安全な住宅として必要な構造的強度を欠いていた。

> **解説** 第2段落ではディンバットの主な欠点が2つ述べられており，1つ目の欠点は，第1，2文に，美観には焦点が当てられず，お世辞にもよくない評判となり，姿を消した。住民や評論家の不評を買った，と述べられている。2つ目は第6，7文に「設計上，地震の被害を受けやすくロサンゼルスでは重大な問題になる」とある。これらの内容をまとめている**4**が正解。

語句

□ flock「集まる，群がる」　　□ influx「流入」　　□ fuel「〜を助長する，あおる」
□ multi-story「多層階の」　　□ at a premium「貴重で」　　□ proximity「隣接」
□ aesthetics「美観，美意識」　　□ demise「消滅」　　□ eyesore「目障り」
□ scathing「痛烈な」　　□ typify「〜の典型となる」　　□ shortcoming「欠点」
□ flourish「飾り」　　□ ornament「装飾」　　□ fanciful「奇抜な，想像力に富む」
□ cosmetic「表面的な，外見上の」　　□ integrity「完全性，整合性」
□ by virtue of 〜「〜のせいで」　　□ be numbered「数が限られる」

問題編 ▶ p.62

全訳 水中のミステリー

キューバ沖で発見されたなぞの石造物

　現代世界は古代文明に魅了されている。研究者たちによってよく理解され，物的証拠や信びょう性のある推論で裏付けられている調査結果もあれば，なぞのままのものもある。2001年5月，カナダの研究チームがキューバの西海岸沖で沈没した財宝の探索をしていた時，海底をマッピングするソナー装置が海面下約650メートルの海底に理解しにくい一連の石の構造物を発見した。構造物は都市開発にも似た，左右対称に編成された石で構成されているようだった。石はまるで，都市の廃墟のように見える幾何学的なパターンで配置されていた。「ここにあるものはなぞだ」と，マッピング調査を請け負った会社，アドバンスト・デジタル・コミュニケーションズのポール・ヴァインツヴァイクは語った。「自然界がこのような対称物を作ることはできないはず。これは自然ではないのだが，それが何なのかはわからない」。タブロイド紙の多くは，すぐにこの発見を，古代ギリシャの哲学者であるプラトンの著作に描かれている神話上の都市アトランティスと称した。ヴァインツヴァイクはそのようなナンセンスを一蹴したが，まだ疑問もあり，彼にはもっと知りたいという強い思いがあった。

海洋地質学者の見解

　ヴァインツヴァイクと深海研究家チームはより詳しい観察のためにその地域に引き返した。水中視覚ロボットを用いると，以前ソナーで撮影したものより解像度と鮮明度の高い，構造物の高解像度画像を取得することができた。新しい写真には，ピラミッドに似た構造物もあれば，巨大な滑らかな石でできた円形の構造物も映っていた。ピラミッドは幅が約8フィート，高さが約10フィートと報告されていた。独特な形状で互いに積み重ねられている石もあれば，構造物から距離を置いて無造作に配置されているようなものもあった。現場から採取された断片は海洋地質学者のマヌエル・イトゥラルデに送られたが，彼はそのような壮大な石造物がこのような深海に沈むには5万年以上かかるだろうと結論付けた。「地質学的観点からこのようなサンプルを説明することは非常に難しい」とイトゥラルデは言った。「このような複雑な構造物を作り上げることは，当時の文化の能力を超えていた」と彼は付け加えた。

決着のつかない水中都市論争

　うわさされている水中の都に関する説がいくつか提示されてきた。地元の研究者の一部は，海に流された古代マヤの都市の名残だと信じている。ギリシャのチームはこの考えを否定し，水中の構造物は鮮新世（540万〜240万年前）の化石の特徴で，その後海流により姿を現したと主張している。この失われた水中都市論争をあおったのが，1986年の日本の与那国島沖での発見であるが，それは，最大5階の高さの大きなクラスターで形成された先史時代

の水中岩石層で，完全に人工的な構造物であると考えられている。日本の琉球大学の海洋地質学者である木村政昭は，現場は5,000年前の都市の遺跡だと推測しているが，他の多くの研究者たちは異なる説明をしている。木村は決定的な答えを得る最善の方法はもっと多くを学ぶことだと言っているが，キューバでの研究は現在停止しているため，その石の構造物がどのようにそこに形成されたのかは不確実なままである。

（1）解答　**3**

設問の訳　キューバで発見された石の構造物に対するポール・ヴァインツヴァイクの最初の反応はどのようなものだったか。

選択肢の訳　**1** 彼は，彼のチームが発見したその構造物がプラトンの著作の中に記載されている神話上の都市アトランティスの証拠であると信じた。
2 構造物の発見は興味深いが，財宝を見つけるという彼のミッションには重要ではないと考えていた。
3 彼はタブロイド紙のアトランティスの発見という話をナンセンスと一蹴したが，その構造物が何なのか知りたかった。
4 彼はその構造物に興味をそそられ，彼らの発見は，彼のチームが探索している沈没した財宝に関する疑問を解決するのに役立つと感じた。

解説　第1段落に，マッピング調査中のポール・ヴァインツヴァイクが一連の石の構造物を発見したことが述べられている。最後の2文に，彼はタブロイド紙がこの発見をアトランティスと称したのはナンセンスだとしたが，もっと知りたいと強く思った，とあることから，**3**が正解。**1**はこの部分に矛盾する。**2**と**4**については本文に記述がない。

（2）解答　**1**

設問の訳　ある海洋地質学者は，その構造物の画像を見て石造物の断片を調べたあと，どのような結論に達したか。

選択肢の訳　**1** 当時の文化の能力と構造物が発見された深さまでたどり着くのに要したであろう時間を考慮すると，それらは地質学的に説明がつかなかった。
2 5万年前の文化は壮大な構造物を作る能力があったので，それらは都市の遺跡の可能性があるが，石が発見された深さがその考え方を支持しなかった。
3 再撮影された画像が高解像度だったおかげで，構造物の壮大な石造物は当時盛んだった文化によって作られたものではないことが明らかになった。
4 歴史を通じてその地域にあった文化の中には複雑な構造物を建設する技術を有する文化もあったとわかっているので，その構造物は都市のものであった可能

性がある。

解説 第2段落第6文に，構造物の断片が海洋地質学者に送られ，石造物が沈むには5万年以上かかるだろうと結論付けたとある。また，同段落最終文に「このような複雑な構造物を作り上げるのは，当時の文化の能力を超えていた」とあり，この2点から，**1**が正解。**3**は画像によって当時盛んだった文化によって作られた構造物ではないことが明らかになったわけではないので誤り。

(3) 解答 **3**

設問の訳 日本の与那国島沖の岩石層がキューバ付近のそれと似ているところは，

選択肢の訳 **1** 古代に書かれた古代都市の名残と確認されており，財宝を探していた地元のダイバーによって発見されたことだ。
2 時間の経過とともに海流によって姿を現した鮮新世の化石の特徴であると考えられていることだ。
3 一部の人はそれが古代都市の遺跡である可能性があると指摘しているが，その起源は研究者によってまだ決定的に証明されていないことだ。
4 構造物がマヤ文明に見られる技術に似たものを使って作られたと，石の配列の仕方が物語っていることだ。

解説 第3段落前半に，キューバで発見された石造物について，古代マヤの都市の名残説，また鮮新世の化石説など，説はさまざまであると述べられている。与那国島沖の発見に関しては，第5文に，5,000年前の都市の遺跡だとの推測がある一方で，異なる説明をしている研究者もいるとする。また最終文に，キューバの構造物がどのように形成されたのかは不確実なまま，とあることから，両者ともに都市遺跡の可能性はあるが決定的な結論は出ていないということがわかる。したがって，**3**が正解。

語句
- □ underwater「水中の」
- □ plausible「説得力のある，信ぴょう性のある」
- □ perplexing「(頭を)混乱させる，ややこしい」
- □ organize「～を編成する，整える」
- □ tabloid「タブロイド紙」
- □ resolution「解像度」
- □ purported「～とのうわさの，～と言われている」
- □ contend「強く主張する」
- □ prehistoric「先史時代の」
- □ definitive「決定的な，明確な」
- □ corroborated「裏付けられた，確認された」
- □ sonar「ソナー，音波探査」
- □ symmetrically「左右対称に」
- □ geometric「幾何学的な」
- □ dub「～を…と称する」
- □ dismiss「～を却下する」
- □ fragment「断片，破片」
- □ magnificent「壮大な」
- □ remnant「名残」
- □ Pliocene「鮮新世」
- □ uncover「～をあらわにする」
- □ submerge「～を水中に沈める」
- □ standstill「停止，休止」
- □ intrigue「～の興味を引く」

全訳 イエメン内戦

イエメン内戦の激化

イエメンは世界最貧国の1つだ。アラビア半島の南西の端に位置し，北の国境はサウジアラビアとオマーンに接している。西には紅海，南にはアラビア海がある。イエメンは10年以上の間，フーシ反政府勢力（北イエメンの貧しい山岳地帯にあるサアダ県出身の，武装したイスラム民兵・部族）と，イエメンの国際的に認められた政府を支持する勢力との間で血みどろの抗争を続けてきた。イエメンはそこまでは激しくない内戦に何十年間も悩まされてきたが，現在の紛争は2015年3月に激化した。サウジ率いる連合勢力が，首都サナアを掌握したフーシ反政府勢力に対して，イエメン政府の代わりに武力干渉したのだ。さらに状況を複雑にしているのが国連からの報告であり，そこにはアルカイダとISILといったテロリストグループが，内戦とそれが引き起こした混乱に乗じてイエメン国内各地の地盤を得ようとしており，さらなる大混乱を引き起こしていると述べてある。

イエメン内戦の原因

中東における他の対立と同様，この紛争の原因の一部はシーア派とスンニ派の敵対にある。シーア派とスンニ派はイスラム教の2つの分派であり，この2グループは，西暦632年に預言者ムハンマドが亡くなった後に起きた彼の後継者に関する論争をめぐって緊張関係にある。イエメンは1962年まで1,000年間，シーア派のイマーム，つまりイスラム教徒コミュニティの指導者たちによって支配されていた。スンニ派支持の政府は多くの北部イエメンの人々が差別的であると見なすような政策を制定した。フーシ派はシーア派信仰復興論者運動として設立された。イランのシーア派主導政府は，フーシ派に精神的援助しかしていないと主張しているが，サウジ政府はこれに異議を唱え，武器や訓練，戦略が提供されていると主張している。しかし反政府勢力はイエメンのイスラム地域の奪還を要求したわけではない——彼らの要求は主として経済的・政治的な性質のものだった。フーシ派がサウジの空襲に対抗してサウジアラビアとアブダビにミサイルとドローン攻撃を始めたことで，紛争はさらに広範な戦闘に突入する恐れがある。米国はサウジ連合に加盟しているアラブ首長国連邦に部隊を駐屯させており，その情報をサウジと共有している。

イエメン国民への内戦の影響

国連によると，対立の始まりから2022年までにイエメンでは15万を超える人々が死亡し，推定22万7,000人が戦闘を原因とする飢饉と医療施設の欠如のために亡くなっている。国連は，1,300万のイエメン国民が「過去100年で世界が見た最悪の飢饉」になりかねない飢餓の危険性にさらされていると警告する。イエメンは現在，競合する派閥に支配される地域に分裂している。和平に向けた努力は続いている。中東ニュースネットワークのアルジャジーラはサウジとイラン当局者は和平交渉を進んで受け入れると報じている。あるイエメン人

ジャーナリストは「イエメン人は解決策について意見が一致していない。私にとっては，起きるかもしれないイエメンの分裂のほうがまだましだ。今の形では，現在の状況と緊張のせいで，国中の国民にとって生活は耐えられないものになってしまった」と述べた。

（1）**解答**　**1**

設問の訳　この文章によれば，イエメンの現在の内戦について何が言えるか。

選択肢の訳　**1** 近隣国とテロリストグループが干渉しているせいで，過去のものよりもさらに激しい紛争となっている。

2 北部にある首都サナアは，反政府勢力よりむしろ国際的に認められた政府を支持する勢力によって支配されている。

3 イエメンとサウジアラビアの国境をめぐって，イエメン北部のフーシ反政府勢力によって争いが起きている。

4 アルカイダと ISIL はサウジアラビア政府の代わりに動き，イエメンにさらなる問題を引き起こしている。

解説　第1段落後半の現在のイエメン内戦に関する記述を整理すると，首都サナアを支配していたのはフーシ反政府勢力であること，イエメン政府の代わりにサウジ率いる連合勢力が武力干渉したこと，アルカイダや ISIL などのテロリストグループが内戦に乗じて足場を築こうとして混乱を引き起こし，さらに大荒れの事態になっていることなどがわかる。これらの内容に一致するのは **1**。

（2）**解答**　**4**

設問の訳　第2段落によると，フーシ派についてこの文章の筆者が述べていることは何か。

選択肢の訳　**1** イエメン内の紛争は，国の北部のフーシ派の差別的政策に基づいており，それは反政府勢力には不利である。

2 サウジ政府とイラン政府は，フーシ派にイエメンを完全に掌握してほしいと願っている。

3 イランのシーア派主導政府は，フーシ派を政権の座に加えるためにサウジ政府と連合して働いている。

4 フーシ派の和平条件は，シーア派を基盤とした支配権を握ることよりも，商慣行や政治に集中している。

解説　本文には複数の国とイスラム教の分派が登場するので，関係を整理しておきたい。イエメンの内戦は，イスラム教の分派であるシーア派とスンニ派の対立に起因している。イエメンの反政府勢力であるフーシ派は，シーア派が政権を握るイランの援助を受けている。そのフーシ派と対立しているイエメン政府はスンニ派であ

り，イエメン政府に代わって武力干渉したサウジアラビアもスンニ派であると推測できる。以上のことを踏まえて各選択肢を検討していくとわかりやすいだろう。**1**のイエメン内の紛争については，北部のフーシ派の差別的政策に基づいているのではなく，むしろスンニ派政府の政策が北部イエメンの人々にとっては差別的であることが原因なので，誤り。**2**については，サウジもイランも，フーシ派によるイエメンの完全掌握を望んでいるという記述はないし，サウジはフーシ派とは対立する立場である。また，サウジとイランは対立関係にあるので，イランとサウジが連合しているという**3**も誤り。**4**は，第2段落第7文に「反政府勢力の要求は主として経済的・政治的な性質のものだった」とあるので，これが正解。

設問の訳　あるイエメン人ジャーナリストは考えられる紛争解決策について何と言ったか。

選択肢の訳　**1** イエメン人はサウジとイラン両方の影響からの独立を勝ち取り，イエメンが自立した国になることを願って団結している。
2 サウジアラビアとイランの協力があるので，内戦の平和的解決が何百万人もの飢餓につながりかねない飢饉を避ける最良の方法である。
3 イエメン国民にとって生活は耐えられないものになったので，地域の主導者たちは和平交渉を率先して行い，外部の影響は無視しなければならない。
4 イエメンの人々は現在の状況に対する最善の解決法に関して意見が分かれており，今もそのために苦しんでいるので，国を分けることが最善の選択肢かもしれない。

解説　イエメン人ジャーナリストの言葉は第3段落の最後にある。その内容は，解決策についてはイエメン人の意見が一致することはなく，耐えがたい生活が続くより，分裂したほうがましだというもの。この内容に一致する**4**が正解。

語句
□ rebel「反乱軍，反政府勢力」　　□ militia「民兵」　　　　□ intensify「激化する」
□ coalition「連合」　　　　　　　□ intervene「介入する，調停する」
□ foothold「足がかり，地盤」　　□ havoc「大混乱，大惨事」□ stem「起因する」
□ hostility「敵対心，敵意」　　　□ Shia「（イスラム教）シーア派」
□ Sunni「（イスラム教）スンニ派」□ branch「分派」　　　　□ center「集まる」
□ prophet「預言者」　　　　　　　□ imam「（イスラム教シーア派の）イマーム」
□ pro-「～支持の」　　　　　　　□ revivalist「信仰復興論者」
□ contend「～を強く主張する」　　□ intel「情報」（intelligence の略）
□ famine「飢饉」　　　　　　　　□ faction「派閥」
□ the lesser of two evils「ましなほう」　　□ intervention「介入，干渉」
□ in conjunction with ～「～と協力して」　□ autonomous「自立した」

C

問題編 ▶ p.68

全訳 バイオテクノロジーと食品

遺伝子組み換え生物の出現

何世紀にもわたり，人類は選択育種や交雑育種のような手法を使ってより望ましい物理的特徴を持つ動植物を作り出してきている。現存する，さまざまな色や味の多くのトウモロコシの品種は，農家がこのやり方で自然を操作してきた一例だ。しかし，1973年，科学者たちは，1つの細菌から別の細菌にDNAを挿入することを可能にする遺伝子工学的手法を開発し，多くの農家たちが動植物の品種改良をする方法に革命への道を開いた。遺伝子組み換え生物（GMO）とは，通常は遺伝子工学を用いて，ゲノムに1つ以上の変化が加えられた，植物，動物，微生物のことである。要するに，バイオテクノロジーの発展が，以前よりかなり短時間で生物の特性を変化させることを可能にしたのだ。GMOから作られた食品に反対する人々にとっての主要な論点は，変化した生物は自然界には自然に発生はしないということだ。

GM食品に対する賛否

遺伝子組み換え（GM）食品の倫理と安全性については，継続的な議論が行われている。アメリカではGM食品は広く栽培され，消費され，一般的に安全と考えられている。支持者たちは，GM食品の利点として，より高い収穫量や栄養価があること，大量の水，農薬，肥料を必要としないで栽培できること，改善された味と見た目，より長い保存期間などを指摘している。GM食品は環境にもよい可能性があるという主張さえある。アメリカ政府は，すべての食品と添加物を検査して，どのようにGMOが栽培されるかについての厳しい規則と規制を設定する連邦政府機関の協調的な枠組みを採用している。一方，ヨーロッパはGM食品の議論に対し非常に異なった見方をしている。ヨーロッパにはさまざまな国から遺伝子組み換え食品が輸入されているが，コンプライアンスルール，手順，検査はより厳格だ。GM作物は，栽培はされているがアメリカよりずっと規模が小さい。実際，多くのヨーロッパ連合（EU）の国々で，その生産は完全に禁止されている。それは，GM食品の長期的な安全性や潜在的な健康被害に対する懸念のためだ。害虫耐性のある作物を栽培することによる野生動植物種に及ぼす害を含む環境への悪影響，生命倫理への配慮，そして，GMOから食品が作られている時に消費者にそれを知らせるラベル付けの必要性などを，ヨーロッパの人たちは彼らの抵抗の理由としてしばしば挙げている。

遺伝子編集食品の参入とこれから

GM食品の論争が続くにつれ，アメリカはGM製品を含む食品のラベル付けを支持するヨーロッパの立場に近づき，製造業者や特定の小売業者に対し2022年から規制を課している。環大西洋貿易投資パートナーシップ協定に関するアメリカとEU間の交渉はGM食品方針においてより密接な合意をもたらす可能性がある。この議論をさらに面白くさせそうなの

が，遺伝子編集と呼ばれる新技術が争点となりそうなことだ。遺伝子編集は根本的にGMOとは異なる。遺伝子編集された作物とは，全く新しい遺伝子を挿入するのではなく，ゲノム内にすでに存在する既存の遺伝子を変更することで作られる。このプロセスは遺伝子を切断し新しいものを接合する，生物学的な検索置換機能のように機能する。現在，一部の影響力の大きい環境保護団体が，バイオテクノロジーによって作られた食品はどれも自然界によい影響を与えないと主張し，潜在的かつ未知の損害を生態系に与えるので，GM食品と同様に遺伝子編集した食品の受け入れにも反対している。しかしながら，気候変動と干ばつで農業がますます困難になっているため，EUはそのような技術に対しての厳しい姿勢の見直しを余儀なくされるかもしれない。

(1) 解答 **4**

設問の訳 遺伝子組み換え生物に関して筆者の言っていることの1つは何か。

選択肢の訳 **1** それらを作るのに必要な時間は，交雑育種のような従来の手法を用いて動植物の特徴を変えるのに必要な時間より長い。

2 それらは改良された交雑育種の手法を用いて作られており，現在の人々が享受する作物や家畜の多様さと高品質を獲得した。

3 自然界にあるものと同じ特徴を持ちながら，より速く繁殖できる生物を作るために，それらは細菌の遺伝子を動植物に挿入することによって作られる。

4 それらに反対する主な理由は，そのゲノムが遺伝子工学を利用して改変されているため，それらは自然ではないということだ。

解説 遺伝子組み換え生物がどういうものであるかは，第1段落に述べられている。1つの細菌から別の細菌にDNAを挿入したことから発展してきたもので（第3文），ゲノムに1つ以上の変化が加えられたものであり（第4文），反対派の意見としては，変化した生物は自然界では自然に発生しない（最終文）とある。これらの内容に合う**4**が正解。

(2) 解答 **2**

設問の訳 この文章によると，GM食品に関してのアメリカの立場を最もよく要約しているのはどれか。

選択肢の訳 **1** GM食品のほとんどは高い栄養価があり，安価に生産できるので，アメリカ国民に人気がある。

2 GM食品は広く栽培され，アメリカ政府によって徹底的に検査されているため，食用にも安全と考えられている。

3 長期的な安全性と，そのような食品が環境に与える潜在的な影響に関して懸念がある。

4 GM食品の輸入は，原産国における包括的な検査手順を経ることを条件に，許

可されている。

解説 GM食品に関するアメリカの立場については第2段落前半で述べられており，第2文に「広く栽培され，消費され，一般的に安全と考えられている」，第5文には「政府はすべての食品と添加物を検査し，栽培に関する厳しい規則を設定する枠組みを採用している」とあるので，これらの内容に一致する**2**が正解。**1**は，アメリカ人に人気があるかどうかは本文に言及がなく，**3**の内容は第9〜10文にある通り，ヨーロッパの人の考え方なので，どちらも誤り。**4**の輸入条件については言及がない。

(3) 解答　**4**

設問の訳 この文章によると，次の文のうち遺伝子編集について正しいものはどれか。

選択肢の訳 **1** GM食品のように，遺伝子編集では異なる生物を組み入れないため，一部の環境保護団体ではその技術を受け入れる可能性がある。

2 遺伝子編集技術による食品はアメリカ連邦政府機関が課す安全基準の対象となっていないため，環境保護団体はそれらを拒否するだろう。

3 いくつかの著名な環境保護団体は生産された生物が自然に悪影響を与えないと検査結果が示しても，遺伝子編集の使用を支持しないと正式に述べた。

4 遺伝子編集の自然への影響はよいとは考えにくいため，一部の環境保護団体はGM食品に加えて遺伝子編集の導入にも反対している。

解説 遺伝子編集については第3段落に述べられている。**1**は「一部の環境保護団体ではその技術を受け入れる可能性がある」が第7文の「その受け入れに反対している」に矛盾する。**2**は遺伝子編集が連邦政府機関が課す安全基準の対象になっているかどうか本文には言及がないので誤り。**3**の「著名な環境保護団体」については第7文で現在「遺伝子編集食品にも反対している」と述べているだけで，今後たとえ検査で安全だとわかっても支持しないと正式に述べた，とは書かれていない。**4**が第7文の内容と合うので正解。

語句
- □ selective「選択の」
- □ crossbreeding「交雑育種」
- □ trait「特性，特徴」
- □ manipulate「〜を操作する」
- □ genetically「遺伝子学的に」
- □ microbe「微生物」
- □ genome「ゲノム」
- □ contention「主張」
- □ ethics「倫理」
- □ proponent「支持者，推進者」
- □ pesticide「農薬」
- □ contend「〜を強く主張する」
- □ federal agency「連邦政府機関」
- □ additive「添加物」
- □ rigorous「厳格な」
- □ outright「徹底的な，完全な」
- □ bioethical「生命倫理の」
- □ retailer「小売業者」
- □ contentious「論争好きな，議論のある」
- □ fundamentally「根本的に」
- □ influential「影響力の大きい」
- □ benign「無害の」
- □ acceptance「受け入れ」
- □ conventional「従来の」
- □ thoroughly「徹底的に」
- □ comprehensive「包括的な」

全訳 アメリカの上流階級？

アメリカ経済の変化

　アメリカ合衆国の歴史が始まったのは1776年で，地球上で所得格差が最も小さく，社会的流動性は最も高かった。王族や明確な上流階級がなく，大半のアメリカ人は努力を通じて少なくとも適度な富を得ることができた。19世紀から20世紀初頭にかけて国が工業化した際には，企業のトップが時には自発的に，時には労働組合の圧力を受けて，高い賃金を支払うことが多かった。それにもかかわらず，1980年代後半にはすでにこのモデルは崩壊し始めていた。アメリカの重工業が自動化と海外へのアウトソーシングへの依存度を高めるにつれ，未熟練な労働者はほとんど必要とされなくなった。これにより，一般的なアメリカ人は高給で安定した仕事を見つけるのが一層困難になった。実際，相対的な平均賃金は1970年代から横ばいで推移し，「終身雇用」という考えは，多くの企業が人員削減を可能な限り積極的に推し進めたため，なくなってしまった。

経済格差の拡大と社会的流動性の低下

　しかし，多くのアメリカ人がこの時期にもがいていた一方，社会の最上層の人々は，貿易，サービス，そしてテクノロジーに基づいた経済への変容からかなりの利益を得ていた。作家でコンサルタントのマシュー・スチュワートはその研究の中で，地位を上昇させていたアメリカの上流階級は，非常に高額な賃金，ボーナス，そして投資からの収入を得てきたことに言及した。2021年，人口の9.9パーセントがアメリカの富の約60パーセントを所有し，下位の90パーセントと上位0.1パーセントがどちらも富の20パーセントを所有していた。この9.9パーセントが最も興味深いかもしれない。この上位9.9パーセントを構成するエリート集団は，安定した家族と生活パターンを維持することで支えられていた。つまり，この集団は離婚率が低く，薬物乱用や貧しい食事といった問題もあまり見られない。ある意味で，このエリート集団はお金，教育，文化の点で，残りのアメリカ社会と切り離されているコミュニティとなったのだ。そうこうしているうちに，アメリカ合衆国は社会的流動性で世界27位に転落した。これはアメリカのリーダーや一般住民の心配の種である。

現在の経済モデルへの賛否

　アメリカの現在の経済モデルを支持する人たちは，新しい上流階級に加わることは今まで以上に実力本位で多様になっていることに言及する。例えば，アメリカ人の百万長者の約80パーセントは自力で成功している。彼らの中にはインドや中国，ナイジェリア，キューバ，さらには世界の最貧国の1つであるハイチといった場所からの移民もいる。実際，アメリカ最大級の企業の創立者の半数近くは，移民の第1または第2世代で，ノーベル賞受賞者の約40パーセントもそうなのである。トロント大学教授のリチャード・フロリダは，少なくともこの9.9パーセントの集団の一部は「クリエイティブ・クラス」で，さまざまな分野

で革新をもたらし，価値を創造していることが特徴だと述べた。それでも，現在の状況は持続可能なほど強固ではないと主張する人もいる。彼らの指摘によれば，所得格差が大きな国では，社会流動性，犯罪行為，そして不十分な公衆衛生が悪化する傾向がある。さらに，ジョージ・メイソン大学のタイラー・コーウェン教授は，アメリカの現在の社会・経済構造を変えるのはほぼ不可能であり，その理由はそれが強力な世界的傾向の結果だからであると指摘する。アメリカ人はただこの社会的取り決め「に慣れる」必要があると彼は言う。ただし，彼に同意するアメリカ人はほとんどいない。「国の方向性に満足して」いるアメリカ人の割合は，2022年はたった13パーセントだったのだ。

(1) 解答　1

設問の訳　次のうち，20世紀の終わりに一般的なアメリカ人が仕事を見つけにくくなった理由を最もよく説明しているものはどれか。

選択肢の訳　**1** アメリカ企業が海外の労働力と，労働者に取って代わる先進テクノロジーに頼り始めた時，アメリカでは製造業の仕事が減り始めた。

2 急速な工業化の時期の後，企業が取り入れている新テクノロジーを操作するのに必要な技能を持った，十分な数の労働者がいなかった。

3 多くのアメリカの重工企業が海外企業との激しい競争のせいで倒産したため，失業がまん延する事態となった。

4 すでにいる従業員の権利を守るため，労働組合が多くの産業で新たな仕事が生まれるのを防ぐ活動をし始めた。

解説　20世紀の終わりにアメリカで仕事が見つけにくくなった状況については，第1段落第4文に「1980年代後半に（だれもが高い賃金をもらっていた）このモデルは崩壊し始めた」とあるので，その後を注意して読むと，自動化とアウトソーシングで未熟練な労働者は必要とされなくなり，高給で安定した仕事を見つけるのは困難になった，とある。automation と outsourcing overseas をそれぞれ advanced technology と foreign labor で言い換えている **1** が正解。

(2) 解答　3

設問の訳　第2段落によると，アメリカの現代社会について正しいのはどれか。

選択肢の訳　**1** お金にたきつけられた政府の汚職により，裕福なアメリカ人は低収入のアメリカ人と比べてはるかに高い水準の法的保護を受けている。

2 わずかな割合のアメリカ人は，他の人たちよりもはるかに高い認知能力を示していることが証明され，彼らが経済的に成功する可能性を高めた。

3 極端な富の不均衡のせいで，わずかな割合のアメリカ人は他の人たちよりも著

しく水準が高い生活と健康を享受している。

4 アメリカ社会における異なる経済階級の区別がとても曖昧になったので，今では大半の人々を分類するのは困難である。

解説 第2段落ではアメリカ社会の the top tier of society「最上層の人々」について説明している。経済が貿易，サービス，テクノロジーに基づくものへと変わる中で利益を得ており（第1文），上位9.9％がアメリカ全体の約60％の富を占め（第3文），離婚率が低く，薬物乱用や貧しい食事といった問題もない（第5文）とある。第5文の内容に一致する**3**が正解。

（3） **解答** **3**

設問の訳 現在のアメリカ経済モデルを支持する主張の1つは，…というものである。

選択肢の訳 **1** 所得格差にもかかわらず国はとても裕福なので，アメリカ人の大多数は生きているうちにいつか百万長者になるだろう

2 低所得世帯に生まれた人たちでも，他の先進諸国の低所得世帯出身者と比べれば，より高い社会的安定と治安を今なお享受している

3 経済的なチャンスがほとんどない国で生まれた人々も含め，生い立ちに関係なく，創造力のある人はそのおかげで経済的成功を成し遂げることができる

4 アメリカ政府は世界の他のどの政府よりも，革新的なアイデアを生み出している人々に対して経済的な援助をしている

解説 現在のアメリカの経済モデルを支持する意見は第3段落前半にある。それによると，上流階級に加わる人たちは実力本位で多様化しており（第1文），成功者の中には移民も多く，それには最貧国であるハイチからの移民も含まれる（第3文）。ある大学教授によれば，上位9.9パーセントの集団の一部は「クリエイティブ・クラス」であり，革新と価値の創造をもたらしている（第5文）。以上の内容に合うのは**3**。

語句

☐ industrialize「工業化する」　　☐ wage「賃金」　　　　　　☐ cease「終わる」
☐ aggressively「積極的に」　　　☐ transformation「変容」　　☐ clique「派閥」
☐ substance abuse「薬物の乱用」　☐ diverse「多様な」　　　　☐ founder「創設者」
☐ sustainable「持続可能な」　　　☐ criminality「犯罪行為」　　☐ widespread「広まった」
☐ corruption「汚職」　　　　　　☐ cognitive「認知の」　　　　☐ blurred「ぼやけた」

E

問題編 ▶ p.74

全訳 大学入学におけるアファーマティブ・アクション

アファーマティブ・アクションとは何か

米国のある有名な公立大学はその綱領の中で，「大学学部事務局は，学業に優れ，課外活動で成果を上げた多種多様な志願者を募集し，受け入れ，入学を促す」と宣言している。入学者選考に関しては，多くの学校が似通った言葉を使っている。入学者選考過程では，大学の募集目標達成を促進するため，時に人種的マイノリティーや女性といった特定のグループに優遇措置を与えるという異論の多い手段が用いられる。この手段はアファーマティブ・アクション（積極的格差是正措置）と呼ばれ，長年論争の種となっている。差別に取り組み，多様性を促進するために必要だと論ずる者もいれば，不公平であり，能力主義の原則を弱体化すると主張する者もいる。

アファーマティブ・アクションの利点

アファーマティブ・アクションの提唱者は，この措置は歴史的差別と，マイノリティーグループや女性がこれまで直面していた教育の機会の少なさに対処するのに役立つと言う。そうした人々は伝統的に高等教育において過小評価されてきており，アファーマティブ・アクションは条件を平等にし，そのような学生にも等しいチャンスを保証する助けになる。提唱されているもう1つの利点は，アファーマティブ・アクションが大学のキャンパスの多様性を高めるということだ。新しい視点を持ち込み，創造的思考を促進することで，すべての学生たちに利益をもたらす多文化の学習環境を提供できるという点である。

アファーマティブ・アクションが生む不公平

一方，対象となるグループに属さない学生にとってアファーマティブ・アクションは不公平である，と反対者は異論を唱える。学問的資格ではなく，人種や性別に基づいて特定の学生を選ぶことで，能力主義の原則を弱体化させると彼らは考える。批評家たちも，アファーマティブ・アクションは，低い基準を定めることで助けようと意図した当の学生たちを傷つけることすらあるかもしれない，と主張する。彼らにはライバルたちと同じほどの能力はないという認識を作り出してしまうからだ。同様に，より能力の劣る学生たちを選んだので自分や他の者が落とされたのだと感じている学生たちの間で反感を生じさせる可能性がある。最後に，そのせいで対象となる学生たちも努力する気がなくなるかもしれない。自分たちの能力とは関係なく，入学選考過程で優位になると知っているためだ。

アファーマティブ・アクション関連の訴訟

米国最高裁判所における大学入学者選考に関する最近の訴訟で，最終的な結論は出ていないものの，ある指標を提供している。公立大学への入学を拒否された白人生徒が訴えた2016年の訴訟において，原告は人種の考慮が彼女の憲法上の権利を侵害したと主張した。さらに，2019年の訴訟では，こちらもまた出願に人種を考慮するハーバード大学の入学者

選考方針の合憲性に対し，アジア人の学生グループが異議を申し立てた。対象とされるマイノリティーグループの中から資格の劣る候補者を優遇することで，自分たちが公正を欠く不利な立場に置かれたと主張したのだ。どちらの訴訟においても，米国最高裁判所は合否判定の1つの要素として人種を考慮することの合憲性を支持したが，学校側が合否判定においてどれほど人種に重きを置いてよいのか，あるいは公立と私立大学が同じ基準に縛られるかどうかについては，はっきりしないままである。大学入学者選考におけるアファーマティブ・アクションの問題に関するルールは曖昧なままなので，最高裁判所は今後も同じような訴訟を扱うことになりそうだ。

(1) 解答　**1**

設問の訳　大学入学者選考方針におけるアファーマティブ・アクション（以下AA）の支持者の指摘によれば，

選択肢の訳　**1** より幅広い背景の学生がいることで，全員にとって刺激的な学習環境が作り出されるので，対象となるグループの域を超えてメリットがある。

2 マイノリティーや女性は過去に優先的な措置を受けたことがあったので，これは入学選考の慣例における過去の失敗を償う1つの方法だ。

3 大学が好成績を得た学生を募集しようと努めるので，より多くのマイノリティーや女性が将来，大学に出願することにつながるだろう。

4 たとえ大学が綱領において多様性を目標としても，入学者選考方針において対象グループを有利にする義務はない。

解説　AAへの賛成意見については第2段落に述べられている。支持者の指摘する利点は，第2文で高等教育において過小評価されてきた人々にも，条件を平等にして等しいチャンスを保証するということ，さらに第3文で大学のキャンパスの多様性を高め，すべての学生に利益をもたらす多文化の学習環境を提供できるということが紹介されている。後者の内容に一致する**1**が正解。

(2) 解答　**2**

設問の訳　大学入学者選考方針におけるAAの利用に反対して，主張されていることの1つは何か。

選択肢の訳　**1** AA方針のもとで大学入学を許可された学生たちは，しばしば他の出願者よりも劣るため，授業についていくのに苦労する。

2 対象グループの学生たちが能力的に劣ると見なされ，ゆえに他の学生たちから不快に思われるかもしれないため，彼らを意図せず傷つけかねない。

3 大学に民族集団の数が増えることは，勉学から学生の気をそらす可能性のある

人種間の緊張の高まりにつながりかねない。

4 異なる人種背景を持つ出願者の扱いを変えることで，大学はマイノリティーグループに対する社会の差別を単に強化している。

解説 AAに対する反対意見については，第3段落に説明がある。第3，4文には，優遇された学生たちにはライバルほどの能力はないという認識が生じること，優遇された学生たちに対する反感が生じかねないことについての記述があり，**2** がその内容に一致する。

(3) 解答 **3**

設問の訳 最終段落に基づいて，大学入学者選考におけるAAについて言えることは何か。

選択肢の訳 **1** 米国最高裁判所は，大学入学者選考におけるAAは憲法上合憲であるが，公立大学では避けるべきだと最終的に判断した。

2 いくつかの米国最高裁判所訴訟では，AAを大学入学者選考に限って用いるのは違憲だが，他の基準と合わせて使ってもよいと結論付けた。

3 大学入学者選考方針において，AAが使える程度に関してははっきりしないままなので，米国最高裁判所にはさらに訴訟が持ち込まれるだろう。

4 米国の大学入学者選考方針におけるAAの使用は，米国最高裁判所が認める判断をした結果，増えそうだ。

解説 最終段落ではAA関連の訴訟について述べている。最後の2文の「最高裁判所は人種を考慮することの合憲性を支持したが，学校はどれくらい人種を重視してよいのか，公立と私立が同じ基準でもよいのかについてははっきりせず，今後も同様の裁判が起こるだろう」という内容に一致する **3** が正解。

語句
- □ affirmative「積極的な」
- □ admissions「入学者選考」
- □ extracurricular「課外の」
- □ endeavor「努力」
- □ with regard to ～「～に関しては」
- □ contentious「異論の多い」
- □ preferential「優遇の」
- □ term「～と呼ぶ」
- □ meritocracy「能力主義」
- □ proponent「提案者」
- □ underrepresented「過少評価された」
- □ level「～を等しくする」
- □ perspective「見解，視点」
- □ undermine「～をむしばむ，～を弱体化させる」
- □ antipathy「反感」
- □ parameter「指標，要因」
- □ plaintiff「原告，提訴人」
- □ constitutionality「合憲性」
- □ uphold「～を支持する」
- □ obligated「義務がある」
- □ inadvertently「何の気なしに」
- □ resent「不快に思う」
- □ reinforce「増強する」
- □ criteria「基準」（criterion の複数形）

全訳 自律型致死兵器システム

核兵器より危険な LAWS

人工知能（AI）が放つ殺人ドローン，ロボット戦車，ミサイルはSFのもののように思えるかもしれないが，どれも多くの人々が思っている以上に現実に近い。政府は現在，自律型致死兵器システム（LAWS）の開発に何十億も投じており，そのようなAIに基づいたあるシステムが2022年にトルコで使用されたと伝えられている。専門家によれば，そのような兵器は人間の存続にとって核兵器よりも大きなリスクとなる可能性がある。今までは，核攻撃をすれば相手から大規模な報復がきっとあると考えることで，それが敵への核攻撃を検討しているすべての国にとって効果的な抑止力となってきた。そうしてしまうと，双方ともに必ず破滅する結果になるからである。しかしながら LAWS は，ある国に戦術的な優位性を与えられるかもしれない。例えば，相手国の核ミサイル基地や潜水艦を稼働不能にし得る最初の攻撃を放つ能力を与えることによってである。さらに，万一ある国がこの能力を手に入れたり，あるいはそうする可能性が高いと認識されたりするだけでも，全面的な核戦争へとつながる相手側の先制攻撃を招きかねない。LAWS はそれが作動できるスピードが原因で，すでに緊張状態にある事態が急速にエスカレートするリスクを大いに高めている。

予測できないAIの行動

別の懸念は，LAWSを制御するAIシステムである。多くの人々がAIシステムはSF映画で描写されているようなものに似た，人間のような知能を持っていると想像する一方，現在のシステムは非常に具体的で，目標を特定するといった具体的な作業をするためにシミュレーションで訓練されてきた。このような方法で訓練されたAIシステムは，自らの経験に基づいて反応の仕方を自習することができ，人間がその性能を監視したりテストしたりできるのだが，こうしたシステムが判断を下すために実際に使用している基準は，必ずしも明確ではないかもしれない。LAWSは状況が刻一刻と変わる非常に複雑な環境で作動することになるので，AIが遭遇するさまざまな状況にどう反応するかを予測するのは不可能である。このことが，LAWSが一般市民やすでに降伏している軍人を殺すといった恐ろしい行動を突然始めるかもしれないという不安を生んできた。

楽観論と反論

一方で，LAWSは残虐な軍事行為をなくす可能性があると主張する専門家もいる。LAWS を制御するアルゴリズムに倫理的な制約が加えられているかもしれないためだ。ジョージア工科大学のロナルド・アーキンによれば，LAWS は「テクノロジーを通じて，人が人に行う残酷な行為を減らす」かもしれない，ということだ。支持者は，LAWS が軍隊による一般市民への攻撃を防ぐため，紛争地区の上空をパトロールする姿を思い描いてすらいる。しかし，多くの専門家はこのような楽観的な態度をとってはいない。ドローンの専門

家で欧州外交評議会のシニア政策フェローでもあるウルリケ・フランケによると, LAWS が互いに反応することで手に負えない状況に陥り, 偶発的な軍事衝突を引き起こす恐れがあると言う。さらに, 万一闇市場にドローンが出回ったら, 簡単に悪い人間の手に渡ってしまい, テロリストが政府を不安定にしたり, 独裁政権が地域全体を不安定にしたりしかねない。今日まで, 国際的な条約を通じた LAWS を規制する努力はうまくいっておらず, LAWS がもたらす危険性は広く認識されていない。しかし, LAWS は切迫した問題であり, それが世界規模の大惨事を引き起こす前に対処しなければならない。

(1) 解答 **4**

設問の訳 自律型致死兵器システム（LAWS）は核兵器に関する状況にどのように影響しかねないか。

選択肢の訳 **1** 国にもっと多くの核ミサイルや潜水艦を作らせ, それがLAWSに対する最も効果的な武器になるだろう。

2 戦争をしている両陣営ともにLAWSを利用することができれば, LAWSによって核戦争の脅威を終わらせることができる見込みがある。

3 LAWSは敵の攻撃の抑止力としてはるかに効果的なので, 国はもはや核兵器の備蓄が必要だとは考えない。

4 ある国がもしその核兵器が敵国のLAWSによって破壊されかねないとわかったら, その敵国に対して核兵器を使った行動を最初に起こすかもしれない。

解説 LAWSと核兵器については第1段落に説明がある。第3文にLAWSには核兵器を上回るリスクがあり, その理由として, 敵国の核攻撃を不可能にするため先制攻撃を仕掛けるかもしれないこと（第5文）, LAWSの脅威に対抗しようとする敵国の先制攻撃を引き起こし, 全面的な核戦争に発展するかもしれないこと（第6文）を挙げている。第6文の内容に一致する **4** が正解。

(2) 解答 **2**

設問の訳 LAWSを制御する人工知能（AI）システムは,

選択肢の訳 **1** 現在使われているものよりもはるかに現実的なシミュレーションを使って訓練する必要がある。

2 人間では特定し難い理由に基づいて判断するため, それがおそらく予測できない結果につながるだろう。

3 いずれ自己認識する能力を持つようになったら, おそらくずっと効果的かつ危険になるだろう。

4 罪のない人たちを傷つける可能性が平均的な人間の兵士よりもはるかに高いこ

とがシミュレーションによって示されている。

解説 LAWSを制御するAIについては，第2段落冒頭から懸念点の説明が始まる。AIは事態への反応の仕方について自らの経験に基づいて自分で学習するため，その判断基準が明確ではなく（第3文），さらにLAWSは刻一刻と情勢が変わる中で運用されるので，AIが事態にどう反応するかは予測できない（第4文）と述べている。つまり，人間はAIが何をどう判断し，どう行動するかわからないということなので，**2**が正解。

(3) 解答 **3**

設問の訳 ロナルド・アーキンのような支持者はLAWSに関してどのようなことを信じているか。

選択肢の訳
1 全体としては有害だろうが，それに使用されているテクノロジーには人間に利益をもたらす用途がある。
2 その使用は国際条約によって制限されているので，人間にとって現実的な脅威となるほどの危険水準をもたらす可能性は低い。
3 道徳的な価値観を反映した判断をするようにプログラムすることができ，戦争の恐怖をある程度なくす一助にさえなるかもしれない。
4 とても素晴らしい軍事的な利点を与えてくれるので，国はそれを開発しないと大きなリスクを負っていることになる。

解説 LAWS支持者の意見は最終段落第1～3文にある。アルゴリズムに倫理的な制約が加えられているかもしれず，人による残酷行為を減らすかもしれないという意見があること，さらに一般市民のためにLAWSが紛争地区上空をパトロールする姿を想像する人もいることがわかる。これらの内容をまとめた**3**が正解。

語句
☐ lethal「致命的な」
☐ autonomous「自律の」
☐ tank「戦車，タンク」
☐ humanity「人類」
☐ certainty「確信，確実なこと」
☐ retaliation「報復」
☐ deterrent「抑止力」
☐ tactical「戦術上の」
☐ superiority「優位性」
☐ render「～を…にする」
☐ inoperative「作動しない」
☐ provoke「～を引き起こす」
☐ preemptive「先制の」
☐ enhance「～を増す，高める」
☐ depict「～を描く」
☐ atrocity「残虐」
☐ ethical「倫理的な」
☐ constraint「制約」
☐ algorithm「アルゴリズム」
☐ inhumanity「非人道的な行為」
☐ envision「～を心に描く」
☐ spiral out of control「手に負えない状況に陥る」
☐ destabilize「～を不安定にする」
☐ dictatorship「独裁政権」
☐ widespread「普及した」
☐ catastrophe「破滅，大惨事」
☐ stockpile「～を備蓄する」
☐ pose「～を引き起こす」

問題編 ▶ p.80

G

全訳 抗うつ薬の議論

被験者の問題

　毎年，世界中で何百万もの人々が抗うつ薬を処方されている。この薬は，数々の自殺を予防し，深刻なうつ状態にある人々が社会で活躍できるようにしてきたが，一部の研究者は，このような強力な薬の有効性と安全性を確かめるために用いられている調査研究に関して，不穏な疑問を呈してきた。新しい抗うつ薬の候補は厳しい臨床試験に合格しなければならず，臨床試験では薬物が人間の被験者に投与される。人間の被験者に関する適格性を定めたガイドラインには，患者の安全ならびに科学的に有効な結果の確保のために欠かすことができないと思われてきた基準が数多くある。そのため，高齢者，他の病気を患っている患者，あるいは他の薬を処方されている人たちは除外される可能性がある。ところが一部の研究者によると，除外されている人たちこそ治験後の薬を与えられる可能性が最も高い患者なのだ。さらに，治験の期間はたった数週間にすぎない傾向があるが，抗うつ薬は何年間も処方されることが多い。

臨床試験のスケールの問題

　大半の臨床試験では，被験者が薬物投与の前と後にうつの度合いを説明する。頻繁に利用されるあるスケールは17の質問で構成され，最高得点は52ポイントとなっており，患者のうつのつらさを総合的に測定するために設計されている。薬物が患者の全体スコアを大きく減少させれば，それは効果があると考えられる。しかし，典型的な質問事項の1つが睡眠の質に関する複数の問いで，これらが最高52ポイントのうち6ポイントを占めている。加えて多くの場合，「フィジェッティング」として知られる，落ち着きのない手足の動きに関する4ポイントの質問がある。イギリスの臨床ガイドラインは，薬によってスコアが3ポイント以上上下がることと規定している。しかし，個人の精神状態にいささかの影響も与えることなく，睡眠パターンを変えたり，フィジェッティングを減らしたりする可能性がある薬物はたくさんあることが指摘されてきた。

臨床試験の対照群の問題

　臨床試験で生じ得るさらなる難点は，治験中の薬物が原因ではなく，脳が治療を受けているという事実に反応することが原因で，被験者の状態が改善することがあるようだということである。「プラシーボ効果」として知られるこの種の反応は，うつ病の場合は特に広く見られると考えられている。可能な説明としては，「ブラインドブレイキング」と呼ばれるものに関連している。治験中，「対照群」として知られる1つの被験者グループは，抗うつ薬を含まない錠剤をもらったり，別の形の治療を受けたりする。その目的は，対照群の被験者の反応を，効力のある薬をもらう被験者の反応と比べられるからだ。しかしながら，体重の増加といった抗うつ薬によく伴う副作用の有無のせいで，被験者が自分がどちらのグループ

に属しているのか推論することがあり得るのだ。こうしたことが起こると，実際に薬を与えられている被験者は治療の効果を誇張する傾向があり，それが研究の妥当性をひどく損なうことになる。近年，抗うつ薬とその検査に利用される治験をめぐる議論は，医薬業界をますます不安にしており，多くの医療従事者は，一部の臨床試験の実施方法には調整が必要だと考えている。

(1) 解答　**3**

設問の訳　この文章の筆者は第1段落で抗うつ薬の治験について何を示唆しているか。

選択肢の訳　**1** 治験での検査が高齢者や他の健康状態に悩んでいる被験者にとって安全であることを保証するため，より多くの努力がなされてきた。
2 被験者が治験に参加した理由が潜在的に被験者が報告する結果に影響を及ぼす可能性がある。
3 治験が行われる状況と治験に参加する被験者のタイプは，実社会での薬の使われ方を正確には反映していないかもしれない。
4 医師が薬物の治験結果を誤解した結果，抗うつ薬が適切ではない期間の分，処方されることがある。

解説　第1段落では第1文と第2文前半で抗うつ薬の概要を述べた後，第2文後半以降，抗うつ薬の有効性・安全性の研究のあり方を疑問視する見解について説明している。その内容は，臨床試験の被験者と実際に投与される患者が違うこと，臨床試験の期間が短すぎること。これらの内容に合うのは**3**である。

(2) 解答　**2**

設問の訳　抗うつ薬の効果を評価するのに用いられるスケールについて示唆されていることは何か。

選択肢の訳　**1** スケールで使われるスコアの幅は，より正確な測定を考慮するために大いに広げるべきだ。
2 薬が人がうつ病にかかる根本的原因を実際には治療しないとしても，スケールが薬の承認につながるかもしれない。
3 睡眠関連の問題はフィジェッティングよりもうつ病の指標として優れているので，もっと多くのポイントが睡眠関連の問題に割り当てられるべきだ。
4 患者がうつ病の程度を自ら評価するように求められるので，そのスコアは誤解を招く可能性が高い。

解説　抗うつ薬の効果を評価するためのスケールについては第2段落に説明がある。説明がやや込み入っているので情報を整理しながら正確に把握したい。よく用いら

れるスケールは最大52ポイントで（第2文），投与前と投与後のスケールを比べ（第1文），例えばイギリスでは3ポイント以上の低下が見られれば薬は効果があると見なされる（第6文）。睡眠関連の質問に6ポイント割り当てられており（第4文），さらにフィジェッティングに関する4ポイントの質問が出ることも多い（第5文）。しかし，多くの薬には精神状態に影響を及ぼすことなくこれらの症状を改善する効果がある（最終文），とある。つまり，スケール自体のせいで実際の精神状態への効果とは関係なく薬が承認される可能性があるとわかるので，正解は**2**。

(3) 解答　**3**

設問の訳 この文章の筆者はなぜ「ブラインドブレイキング」に言及しているのか。

選択肢の訳 **1** 患者の中には人体の試験で抗うつ薬を服用している時に副作用が出てしまう人がいることを説明するため。
2 プラシーボ効果を排除する効果的な方法があることを示し，そのような方法が臨床試験の標準になるべきだと主張するため。
3 人々が効果のある薬を飲んでいると推測する時，そのことが研究結果によくない影響を及ぼしかねないと説明するため。
4 抗うつ薬の臨床試験を行う時に対照群を用意することの必要性を説明するため。

解説 blind-breaking が出てくるのは最終段落。第1，2文で「被験者の状態がプラシーボ効果によって改善することがある」と述べた後，その説明として第3文で blind-breaking に言及している。その意味を探るために第4文以降を読むと，対照群と実際に薬をもらうグループを使った治験において，薬の副作用の有無から被験者が自分がどちらのグループなのかがわかってしまい，薬を与えられている人たちは効果を大げさに言う傾向がある，と説明している。これがつまり blind（隠されている）状態の breaking（打破）だと推測できる。その結果，研究の妥当性はひどく損なわれるのだから，正解は**3**。

語句
□ antidepressant「抗うつ薬」　□ prescribe「～を処方する」　□ rigorous「厳格な」
□ administer「（薬）を投与する」　□ eligibility「適格」　□ criteria「基準」
□ deem「～を…と思う」　□ valid「有効な」　□ duration「持続期間」
□ severity「つらさ，ひどさ」　□ questionnaire「質問事項」
□ fidgeting「フィジェッティング，そわそわすること，貧乏ゆすり」
□ stipulate「～と規定する」　□ a host of ～「たくさんの～」
□ placebo「プラシーボ，偽薬」　□ prevalent「一般に行われている，多い」　□ pill「錠剤」
□ deduce「～を推論する」　□ undermine「～を傷つける」　□ validity「妥当性」
□ misinterpret「～を誤解する」　□ misleading「紛らわしい」

全訳 シロアリと気候変動

シロアリの生態

　シロアリは前期ジュラ紀の時代，約1億9,500万年前にゴキブリから進化したと推定されていて，大体3,000種ほどある昆虫のグループだ。彼らはコロニーで共同生活をし，女王アリなどの生殖個体をサポートするためにさまざまな役割を果たす生殖不能の働きアリがいる。彼らは，木材の中の化合物であるセルロースを分解することができる数少ない生物の1つだ。枯木や植物を分解することで，シロアリは土壌の通気をよくし，重要な生態学的機能を果たしている。シロアリは害虫と考えられることが多いが，重大な被害の原因となっているのは現存の3,000種以上のうち185もいない。木を食べる種は，植物や木の硬い繊維の分解を可能にしてくれる共生微生物との相互依存関係と組み合わされた，特別な適応を持つ。しかし，シロアリの活動が増加すれば，環境へ深刻な影響を与える可能性がある。

シロアリと気温・湿度の関係

　気候変動によってシロアリの活動が増すかもしれないという懸念がある。これを評価するため，国際的な研究者グループが世界133カ所で研究を行った。腐敗の進度を測定するために，マツの木でできたブロックが最長4年間，観察された。木材は通常，シロアリ，微生物，菌類が共同で活動することで分解する。これらの生物は共生的もしくは協力的な関係にある。研究者らは，より高温で乾燥した地域では，シロアリの活動が菌類や微生物の活動よりも増加することを発見した。微生物も菌類もより乾燥した気候では繁殖しないが，シロアリは繁殖し，菌類と自由生活性微生物による腐敗も温度の上昇とともに増加することが研究でわかったが，これはシロアリによる腐敗よりもはるかに少ないものだった。腐敗の過程にかかわるすべての生物は，木材を分解すると CO_2 を放出するため，全体的な腐敗の進度が上がるにつれて CO_2 排出量は増加し，さらなる地球温暖化を進める原因となるが，この研究はさらに，地球の気温が上昇して気候が乾燥するにつれ，環境被害をさらに大きくする形で腐敗の過程における生物同士のバランスが変化することを示している。シロアリはメタン（CO_2 よりも有害な温室効果ガス）も出すため，腐敗の過程でシロアリが引き受ける役割が大きくなり始めると，作られるメタンの量も増えるのだ。

シロアリと気候変動の悪循環

　ロンドン自然史博物館のポール・エグルトン博士によれば，「乾燥や半乾燥状態で元気になる行動適応をシロアリは確かに持っている」。現在わかっていないことは，木材への最も旺盛な食欲を持つシロアリが地球の気温の上昇に伴ってどのくらい北上，あるいは南下するかということだ。マストス，いわゆる北方オオシロアリは，並外れて繁殖力が強く，すでにその生息範囲をオーストラリアで南方に広げているが，それは来るべき事態の前兆かもしれない。オーストラリアの研究者アレックス・チーズマン博士は，「気候がより高温で乾燥し

てくるにつれ，シロアリは自由生活性微生物よりはるかに優れて機能し，彼らが行う木材腐敗の割合は増加する」と述べている。微生物とは異なり，シロアリは木材を分解する時に炭素をメタンに変換することができる。チーズマンはまた，メタンはCO_2よりも大きな温暖化係数を有していると指摘している。一部の研究者たちは，木材を食べるシロアリは，際限のない悪循環に入り，温室効果ガス排出と気候変動にますます貢献してしまうと恐れている。

（1）解答　**2**

設問の訳　この文章によると，木材を食べるシロアリについて言えることは何か。

選択肢の訳　**1** 生殖能力のない働きアリたちはセルロースを分解することができないため，木材を常食とするためにはコロニー内の他のシロアリに頼らなければならない。
2 生来の特性に加えて，他の生物との相互依存関係を持っており，それが木材を分解するのを助けてくれる。
3 うまく組織化された社会で生活するための仕事と能力の配分が，進化の上で他の昆虫より優位にしている。
4 気候変動に伴いより多くのセルロースを消費することで過活動になるかもしれず，それは結果的に環境に深刻な影響を与えるだろう。

解説　第1段落第6文に木材を食べるシロアリの種に関する説明があり，「植物や木の硬い繊維の分解を可能にしてくれる共生微生物との相互依存関係と組み合わされた特別な適応を持つ」と述べている。この内容を言い換えている**2**が正解。生来の特性については第3文に説明がある。

（2）解答　**1**

設問の訳　より気温が高く乾燥した気候において，シロアリ，微生物，菌類の活動に起こることを最もよく表している記述は次のうちのどれか。

選択肢の訳　**1** シロアリは微生物や菌類と比較してそのような条件で繁殖し，その結果，より多くのメタンが大気中に放出されることで環境被害が大きくなりかねない。
2 そのような状況下では，朽ちた木材のセルロースを分解する微生物や菌類の能力が低下するので，それがシロアリの活動に悪影響を与える。
3 木材腐敗過程における，シロアリ，微生物，菌類の相互依存バランスは状況に関係なく一貫している。
4 そのような状況下では，自由生活性微生物と菌類はシロアリより活発になり，木材をより速く分解し，大気に放出するCO_2とメタンの量を減らす。

解説　第2段落で，シロアリ，微生物，菌類と気温・湿度との関係を述べている。気温が高く乾燥している状況では，シロアリが微生物や菌類より活発になり，メタン

ガスを生成するシロアリが木材の分解をより多く担うことになるため，温室効果ガスが多く放出されるという内容。これに一致するのは**1**。

設問の訳　アレックス・チーズマン博士は，木材を食べるシロアリについてどのような懸念を持っているか。

選択肢の訳　**1** 並外れた繁殖能力と旺盛な食欲を備えたシロアリが，より気温が高く乾燥した地域に勢いよく広がっている。

2 気候変動の進行の1つの兆候は，南半球におけるシロアリの範囲拡大である。

3 地球の気温の上昇はそれらのシロアリの活動を活発にするので，気候変動にさらなる影響を与える可能性がある。

4 気温が高く乾燥した気候に適応能力があるシロアリが，環境にもたらす温室効果ガスの割合により大きく貢献するだろう。

解説　第3段落の後半にアレックス・チーズマン博士のシロアリに対する懸念が述べられている。その懸念として，第4文から最終文までに，気温が高くなるとシロアリが活発化すること，活発化によって木材を分解する量が増えること，分解時にCO_2より温暖化係数の高いメタンを排出することが挙げられている。その結果，また温暖化が進むという悪循環になっていると最終文でまとめられている。この内容に一致するのは**3**。

語句
- □ termite「シロアリ」
- □ reproductive「生殖の」
- □ compound「化合物」
- □ symbiotic「共生の」
- □ fungi「菌類」（fungusの複数形）
- □ thrive「育つ，成長する」
- □ methane「メタンガス」
- □ voracious「食欲旺盛な，貪欲な」
- □ expand「〜を広げる」
- □ innate「先天的な，持って生まれた」
- □ evolve「進化する」
- □ degrade「〜を分解する」
- □ aerate「〜を通気する」
- □ microbe「微生物」
- □ free-living「自由生活の」
- □ arid「乾燥の」
- □ precursor「前兆」
- □ sterile「生殖不能な」
- □ cellulose「セルロース」
- □ interdependent「相互依存の」
- □ decay「腐敗，腐朽」
- □ collaborative「協力の」
- □ balance「バランス，均衡」
- □ semi-arid「半乾燥の」
- □ appetite「食欲」
- □ potential「係数，可能性」
- □ irrelevant「無関係な」

A

問題編 ▶ p.86

全訳 ビッグ・ファイブ・パーソナリティ特性

星占いからMBTIへ

　物事を分類したいという欲求は極めて人間的な特性で，この傾向は人間（の分類）にも及ぶ。十二宮の星座から血液型に至るまで，人を分類してその性格や将来に対する洞察を得るための無数の試みが行われてきた。数千年間，このような体系は非科学的であったし，人の行動の観察と分析よりむしろ民間の知恵に基づいていたが，その後に開発された性格タイプで人を分類する体系は，少なくともうわべはそれを裏付ける科学的根拠を提供しようとしてきた。マイヤーズ＝ブリッグス・タイプ指標（MBTI）は，おそらく現在使用されている最も有名な体系であり，現在と将来の従業員を評価するために企業がよく利用している。それでもMBTIは，科学的な精密調査を概して通過できておらず，心理学の研究者には真剣に受け止められていないのが通例である。

FFSの登場

　性格のような漠然として主観的なものを科学的に研究しようという試みですら愚行のように思われるかもしれないが，科学界ではるかに重んじられている地位を得た体系がある。ビッグ・ファイブ・パーソナリティ特性は，ファイブ・ファクター・システム（FFS）とよく呼ばれるもので，人の性格を分類し，その分類に基づいて結論を出すより精密な体系である。この体系では，ある特性についてその人がある範囲のどの側に一致する傾向があるかを判断するために質問調査を用いる。この体系を作り出したのは多くの独立した研究者たちで，彼らはいくつかの特性はお互いに正の相関関係にあると気づいたのだ。すなわち，人がある特性を強く示した時，他の特性もほぼ同様に強く示した。数十年という期間を経て，これらの特性は5つの包括的な特性へと統合された。

FFSの分類法

　FFSで使用される因子は，開放性，誠実性，外向性，協調性，神経症的傾向である。これらの分類を組み合わせるとOCEAN（海）という頭字語ができるが，CANOE（カヌー）が使用されることもある。4特性のMBTIのような他のよく知られた性格の体系とは異なり，FFSはそれぞれの特性について二者択一の選択肢の1つを人に割り当てるものではない。人は，MBTIが主張するような完全に外向的か内向的かのどちらかなのではなく，2つの考えられる両極端間の範囲のどこかにいるのだ。FFSでは0から100までのスケールが使用されることが多く，これによって個人をある特性の平均スコアと比較することが可能である。

スコアごとの傾向を見抜くFFS

　人は自分の累積スコアを使って自分自身を説明することはできるが，FFSの主な用途は，ある特定のカテゴリーのスコアが高いあるいは低い人に関連する傾向について洞察を得ることだ。一例としては，誠実性のスコアが低い人は寿命が比較的短い傾向があるという事実が

ある。誠実性は，人がどのくらい自制心があるかを示すもので，そのスコアが低い人は自発的で衝動的な傾向がある。より衝動的な人は危険な行動をとる可能性が高くなるため，誠実性のスコアの低さと短命の相関関係は把握しやすい。

<u>スコアごとの傾向の一例</u>

　しかしながら，誠実性スコアが高いことは常に有益というわけではない。神経症的傾向のスコアも同様に高い場合は，強迫神経症的行動と関連付けて考えることができるからだ。実際，すべての特性を否定的な結果と関連付けることができる。協調性のような特性でさえ，人の信頼性や協力性の度合いを測るものだが，否定的な結果になる可能性があるのだ。協調性のスコアが高い人は平和的な結束を重要視する傾向があるので，対立を放置して自分が損をする可能性がある。研究によれば，協調性の高い人は同輩より稼ぎが少ない傾向にある。彼らは自分の給料を主張することで他人を動揺させたくないため，給与の決定において見過ごされる傾向がある。このことは，何世代にもわたって家族の経済的な安定性にも長期の影響を与える可能性がある。FFSの特性はある程度遺伝的であることが示されているからだ。FFSのこの側面は，親が特定の心理状態にあった人々の治療方法について洞察を提供してくれる。

<u>FFS反対論者</u>

　もちろん，FFSを悪く言う人はいる。最も明白なものとして，人間の考えられ得るすべての性格特性をたった5つに要約することができるという考えは，一部の人にあまりにも大まかすぎるという印象を与えてきた。一部の改革派は，少なくとも6番目の特性として謙虚さ／正直さを適用すべきだと提案している。この特性によって人がどれほど自分の利益を他人より優先する可能性があるか測定できると彼らは信じている。

<u>対象者の偏っているFFS</u>

　他にも，FFSはそれが称するほど普遍性はなく，主に西側の工業国の人々に関連しているものだと示唆する人もいる。これは心理学モデルに反対して非常によく使われる非難であり，これらのモデルがどのようなタイプの人々に偏っているかを示す言葉が存在する。WEIRD（奇妙な）だ。これはWestern（西洋の），Educated（教育のある），Industrialized（工業化された），Rich（裕福な），Democratic（民主主義の）を表し，これらの体系を多くの場合開発する人々だけでなく，結論にたどり着くために研究対象となった人々も描写している。工業化の進んでいない，より貧しい国で行われたFFSの研究では，いわゆるWEIRD諸国で行われた研究より低い相関関係を示す傾向がある。FFSは人間の性格の研究を標準化しようとできる限りのことをしてきたが，真の統一理論を考え出すにはまだやるべきことがあるのかもしれない。

（1）解答　**1**

<u>設問の訳</u>　この文章の筆者は人々が過去に人を分類しようとした方法について何を示唆しているか。

選択肢の訳 **1** それらは，裏付けとなる証拠なしに作られた考えを基にしたもので，人が示す性格特性を考慮に入れていなかった。

2 人々は，自分に割り当てられた分類に基づいて，予想される性格により近くなるよう自分自身の行動を変化させるだろう。

3 それらはマイヤーズ＝ブリッグス・タイプ指標のような現代の体系においてそれらに応用されているより現代的な視点と仮定を使って再パッケージ化された。

4 それらは人間行動の予測において新しい体系と変わらないが，その理由はこれまでに開発された体系はどれも人を分類するのに効果的でないからである。

解説 第1段落第2文に昔から行われている分類法としての星座や血液型占いが挙げられている。続く第3文に，このような体系は非科学的で，人の行動の観察と分析に基づいたものではなかったとある。behaviorをpersonality traitsで言い換えている**1**が正解。

(2) 解答 **3**

設問の訳 この文章によると，FFSについて正しいことの1つは何か。

選択肢の訳 **1** 科学的方法の導入後に開発されたものであり，人を分類しようというその試みにおいてその原理を利用している。

2 自己評価に頼るのではなく，代わりにその人を知る人にその人の性格や行動を評価してもらう。

3 人はある特性を完全に体現することはなく，スケールの範囲内のどこかに該当するということを認めている。

4 他のどの体系よりも少ない指標を使用し，その作成者はさらにその方法を簡素化するよう積極的に取り組んでいる。

解説 第3段落以降がFFSの説明である。第3段落第3文にそれぞれの特性について二者択一の選択肢の1つを人に割り当てないとあり，さらに第4文に，人は2つの考えられる両極端間の範囲のどこかにいるとある。これらの内容を言い換えている**3**が正解。

(3) 解答 **1**

設問の訳 協調性スコアが高い人にとって課題となるのは次のどれか。

選択肢の訳 **1** 自分自身の幸福を確保するため，自分自身のために上司に思い切って話をする勇気を持つことができること。

2 会社の成功のために他人の助けなしでより大きな責任のある仕事を進んで引き受けること。

3 生涯を通じて家族を支えるために，支出を管理し，経済的なプランの立て方を学ぶこと。

4 もっと急を要する事態から焦点をずらしてしまう，重要でない細かなことに関する対立を無視すること。

解説 FFSの因子の1つである協調性について，そのスコアの傾向は第5段落に述べられている。第4文の「平和的な結束を重要視する傾向があるので，対立を放置する」や，第6文の「自分の給料を主張することで他人を動揺させたくない」などが協調性スコアの高い人の傾向として挙げられている。したがって，彼らにとって課題となるのは**1**と判断できる。

（4）**解答 1**

設問の訳 批評家によると，FFSによって正確に描写されにくいのはどんなタイプの人か。

選択肢の訳 **1** その体系の作成者よりも経済が発達していない文化圏の出身者。

2 その体系について知っていて，結果に影響を与える診断用アンケートに対する回答を変えることができる，広範に教育を受けている人々。

3 生みの親に育てられず，自分たちが生まれた社会とは非常に異なった社会にいる人々。

4 教育と工業化の水準のため，他のほとんどの人々とは異なるいわゆるWEIRD諸国の市民。

解説 最終段落に，FFSの問題点として，主張するほど普遍性はなく，対象者の偏りがあり，作成者も研究対象者もWEIRD諸国に関連しているとある。また，第4文に「工業化の進んでいない，WEIRD諸国以外のより貧しい国で行われたFFSの研究では低い相関関係を示す」とあるので，**1**が正解。

語句

- □ propensity「（好ましくない）傾向，性癖」
- □ millennia「数千年」（millenniumの複数形）
- □ scrutiny「精査」
- □ rigorous「厳密な」
- □ spectrum「スペクトル，領域」
- □ overarching「包括的な」
- □ extroversion「外向性」
- □ neuroticism「神経症的傾向」
- □ extroverted「外向的な」
- □ detriment「損害，損失」
- □ detractor「中傷者，反対者」
- □ purport「～と称する」
- □ zodiac「十二宮の星座」
- □ veneer「うわべ，見せかけ」
- □ folly「愚行」
- □ nebulous「漠然とした」
- □ align with ～「～と一致する」
- □ consolidate「～を統合する」
- □ conscientiousness「誠実性」
- □ agreeableness「協調性」
- □ binary「2進の，2値の」
- □ introverted「内向的な」
- □ inheritable「遺伝性がある」
- □ boil down ～「～を煮詰める，要約する，帰着する」
- □ methodology「方法」 □ extensively「広範囲に」

B 問題編 ▶ p.90

全訳 誤った大統領行政命令

ルーズベルトによる大統領行政命令9066号発令

1942年2月19日，フランクリン・D・ルーズベルト大統領は，大統領行政命令9066号を発令し，アメリカ軍当局に対して，立ち入り禁止区域の宣言と日系人の転住を命じる権限を認めた。アメリカ政府の情報によると，ルーズベルトがこの行政命令を出した後，カリフォルニア州と，ワシントン，オレゴンならびにアリゾナの各州の一部地域において，子どもや老人を含む11万超の日系人が家を退去しなければならなかった。このような人々の大半は，家財道具を適正な値段で処分することはおろか，それを保管したり売却したりする時間もなかった。他の州に移り住むことができた人もいたが，大多数は強制収容所へと向かった。彼らはごくわずかの身の回りの品しか携行することを許されず，多くの家族は事実上，携行品以外のすべての持ち物を失った。その後，収容された人々は収容所で数年間を過ごし，有刺鉄線が張りめぐらされたフェンスの中に閉じ込められ，武装した警備兵が彼らを巡視していた。粗末な造りの狭いワンルームの住居に家族全員で暮らしていることも多かった。

フォード大統領の決断

ルーズベルトの大統領行政命令は，発令からちょうど34年後の1976年2月19日，ジェラルド・フォード大統領により布告4417号の一部として終わりを迎えた。この布告を出すにあたってフォード大統領は「2月19日はアメリカ史における悲しい日の記念日である。大統領行政命令9066号が発令されたのは，1942年のその日，1941年12月7日に始まった戦闘に対応しているさなかのことであった。その後，この行政命令は1942年3月21日に制定された法令の犯罪者処罰規定に基づいて施行され，忠実なアメリカ国民を追い立てる結果となった。11万を超える日系人が自宅から退去させられ，特殊な収容所に拘留され，最終的には転住させられた。戦時転住局とこれら日系アメリカ人の福祉を案じるアメリカ人の多大な努力が，この話にバランスの取れた見方を加えているかもしれないが，それは基本的なアメリカの理念のつまずきを消し去るものではない。幸いなことに，ハワイの日系アメリカ人社会は，本土の人たちが経験した侮辱を免れることができた」と述べた。

再調査と結論

1980年，民間人の戦時転住と抑留に関する委員会が議会によって設置された。この委員会は，大統領行政命令9066号が日系アメリカ人に与えた影響を再調査し，彼らは連邦政府による差別の被害者であったと断定した。この公文書は「強制収容しなければならない軍事面あるいは安全面での理由は何一つなかった」，また「日系人の強制収容を招いたのは，人種偏見，戦時ヒステリー，そして政治的リーダーシップの失敗であった」と明確に述べた。

被収容者への償い

1988年8月10日，ロナルド・レーガン大統領は，1988年市民自由法に署名した。議会で

可決された同法の目的は，被収容者と強制疎開者，そしてその他の第二次世界大戦中の連邦政府の差別的行為のために自由や財産を失った日系人に対し，大統領が謝罪し，象徴的な意味合いで1人あたり2万ドルの賠償金を支払うことであった。また同法は，強制収容期間のことを子どもと一般市民に教える一助として，市民自由法公教育基金を創設した。

市民自由法が求める5つの行動

同法は次の5つの行動に着手することを求めた。政府が，第二次世界大戦時の日系人の立ち退き・転住・強制収容という根本的な不法行為を認める，命令の影響を受けた人々に謝罪する，何が起きたのかを人々に知らせるとともに同様のことが再び起こらないようにするための公教育努力に資金を提供する，強制収容された人々に損害賠償金を支払う，他国での人権侵害に対するアメリカの憂慮の念の表明により真実味と誠実さを持たせる，という5つの行動だ。アメリカ政府の書面による正式な謝罪は，翌年にジョージ・H・W・ブッシュ大統領によってなされた。

過ちは繰り返されないのか

今も残る疑問は，別のアメリカ人の集団がいずれ同様の扱いを受ける可能性はあるのかどうかである。中東におけるアメリカの関与とイスラム過激派の脅威が継続する中で，アラブまたはイラン系のアメリカ人に，あるいはアメリカのイスラム教徒に対して何が起こり得るのだろうかと心配する人がいる。今日の人々が，第二次世界大戦中に日系アメリカ人が経験したのと同じ不正や侮辱を受ける可能性はあるのだろうか。そのようなことが二度と起きることがないように十分な対策が講じられているのだろうか。

過去から学ぶ意味

テロリストの容疑者が投獄されて通常の刑事裁判が受けられないでいる様子が，日系アメリカ人に対してなされた行為を思い出させると主張する人もいる。強制収容された日系アメリカ人は犯罪容疑者ではなく，日本政府と何の関係もないアメリカ市民だったことを理由に，両者の状況を別のものと見ている人もいる。しかし，アメリカ史のこの悲しむべき1章を覚えておくことは，差別と恐怖に根差した同様のこじつけに対し，予防策を講じる上で重要な1歩となる。また，謝罪し，これまでにした過誤と虐待を認める措置を取ることで，各国は過ちから学び，今後同様の行動をうまく避けることが可能になるかもしれない。

(1) 解答　**3**

設問の訳　大統領行政命令9066号の実施に関する次の記述のうち，正しいものはどれか。

選択肢の訳　**1** 生粋の日本人の血を引く人たちより，どちらの血も引いている日系アメリカ人のほうがよりよく扱われ，強制収容所に連れて行かれなかった人が多かった。

2 米国市民の安全に深刻な脅威をもたらすと考えられた日系アメリカ人だけが強制収容所に留置された。

3 強制収容所に連れて行かれた日系アメリカ人の大部分はほとんど警告されてお

らず，自分たちの財産を売却する機会はほぼ皆無だった。

4 収容所への移送中，被収容者は身の回りの物を一切携行することが許されなかった。

解説 行政命令9066号が実施された当時の様子は第1段落を通して説明がある。軍に権限が与えられ（第1文），11万人を超える日系人が家を追われ（第2文），家財道具を保管したり売却したりする暇もなく（第3文），大半の人々が強制収容所へ行った（第4文）とある。第3文の内容に一致する**3**が正解。

(2) 解答　**3**

設問の訳 ジェラルド・フォード大統領が，日系アメリカ人の強制収容に関する1976年の声明で示唆したことは，

選択肢の訳 **1** 強制収容された人々の中には，実際にはアメリカに対して完全には忠誠でなかった人もいて，留置には正当化できる部分もあった。

2 もし彼が行政命令9066号を発令した当時のアメリカ合衆国大統領だったら，彼もその手続きを進めていただろう。

3 後に日系アメリカ人の生活改善に向けて努力がなされたものの，行政命令9066号は基本的なアメリカの理念に反していた。

4 他の人より苦しんだ人はいたが，アメリカ社会の基本理念はフランクリン・D・ルーズベルトの命令によって守られた。

解説 フォード大統領の声明は第2段落で引用されている。大統領行政命令9066号が発令された2月19日は悲しい日であり，この行政命令のせいで忠実なアメリカ国民が自宅からの退去や収容所での拘留を余儀なくされた（第1～4文）。日系アメリカ人の福祉を案じる多大な努力もあったが，それをもってしてもアメリカの理念のつまずきは帳消しにならない（第5文）というのがその内容。この第5文が**3**に一致する。

(3) 解答　**2**

設問の訳 ロナルド・レーガン大統領が1988年に署名した市民自由法がもたらした1つの結果とは何か。

選択肢の訳 **1** 強制収容された日系アメリカ人は，自分たちが経験した苦しみに対する適切な補償を求めてアメリカ政府を訴えることができるよう，無料で法定代理人をつけてもらえた。

2 アメリカ政府は，第二次世界大戦中に行った日系アメリカ人の強制収容は容認できないと認めざるを得なかった。

3 強制収容は最後の手段である一方，それが唯一の現実的な選択肢となる状況があることを一般の人々に説明するため，教育基金が設立された。

4 連邦政府はすべての日系アメリカ人に対し，第二次世界大戦中に強制収容された結果として彼らが失った財産を全額補償することで合意した。

解説 ロナルド・レーガン大統領の市民自由法については第4，5段落に説明があり，第4段落は法令の目的やそれに関連する動き，第5段落は法令の詳しい内容になっている。そして第5段落の最後で，その結果として，書面による正式な謝罪について述べている。よって正解は**2**。

（4）解答 **1**

設問の訳 今日，一部の人たちが危惧する1つの問題とは何か。

選択肢の訳 **1** 日系アメリカ人の強制収容が起きたという事実を前例に，アメリカ国内の異なる集団に対して同様の手段が取られることもあり得るだろうということ。

2 日系アメリカ人の強制収容に関する世間の憤りは，アメリカがもっと効率的にイスラム過激派と戦うことを一層困難にしていること。

3 ジョージ・H・W・ブッシュ大統領の謝罪は不十分であり，行政命令9066号の影響を受けた人々を満足させるためにその評価をし直す必要があること。

4 アメリカ政府は第二次世界大戦中のその行動について不公平だったと認めさせられたにもかかわらず，アメリカ史のこの悲しい時期を包み隠す努力を続けていること。

解説 現在も残る疑問や懸念については，最後の2段落に説明がある。最後から2番目の段落では「別のアメリカ人の集団が同様の扱いを受ける可能性はあるのか」と疑問を提示し，最終段落第1文で「テロリストの容疑者が投獄され通常の裁判が受けられない様子は，日系アメリカ人のことを思い出させる」という意見を紹介しており，**1**がこの内容に一致する。

語句
- [ ] executive order「行政命令」
- [ ] internment camp「強制収容所」
- [ ] internee「被収容者」
- [ ] barbed wire「有刺鉄線」
- [ ] cramped「窮屈な」
- [ ] proclamation「布告」
- [ ] uproot「～を根こそぎにする」
- [ ] detain「～を留置する」
- [ ] perspective「バランスの取れたものの見方」
- [ ] setback「つまずき，頓挫，逆行」
- [ ] unequivocally「明白に」
- [ ] evacuee「避難者」
- [ ] undertake「～に取りかかる」
- [ ] restitution「賠償」
- [ ] intern「～を抑留する」
- [ ] be reminiscent of ～「～を思い出させる」
- [ ] travesty「こじつけ」
- [ ] implementation「実施」
- [ ] precedent「先例」
- [ ] outrage「憤り」

C 問題編 ▶ p.94

全訳 ハリー・フーディーニ vs. 霊媒師

フーディーニのスピリチュアリズムとの対立

ハリー・フーディーニは1874年，ブダペストでエリック・ワイズとして生まれ，最も世界的に有名な魔術師，脱出芸人として現在でも知られている。彼の名前は現代では魔術の代名詞になっているが，フーディーニは本当の魔法の力を持つと主張する人々の正体を暴露することに尽力した。彼は芸能活動の仕事の合間に，かなりの時間と努力を費やして，100人余りの偽魔術師を調査し，そのうそを暴き，急成長するスピリチュアリズム運動と対立した。

スピリチュアリズムの繁栄

スピリチュアリズムとは，20世紀初頭に繁栄した多くのさまざまな信仰体系の総称で，主に世界には超自然的な力が存在し，人々を他の次元の存在と交信させることができるという考え方に基づいている。それは地球外生命体であったり，他の次元に存在したりするものを意味することもあるが，おそらくスピリチュアリズムの主な目的は死者との交信だった。第一次世界大戦後，スピリチュアリズムが大人気を博したのはこの側面があったからである。多くの人が戦争で愛する人を失っており，多くが亡くなった人と話したいと切望していたのだ。死者と会話ができると主張する，旅する霊媒師として働くことはもうかる仕事となった。多くが，故人と交信しようとする会合である降霊会に参加するのに料金を課した。

偽霊媒師を暴くフーディーニ

フーディーニは公演以外の多くの自分の時間を，客を騙して亡くなった親族と話ができると信じ込ませる詐欺的な霊媒師の正体を暴露することに費やした。自称霊媒師たちが客を騙す手口は，フーディーニが彼の魔術の舞台で使うものとよく似ていたので，彼は霊媒師たちのうそを暴くことに特に長けていた。これらの霊媒師が使用するトリックは，特に降霊会が行われたような暗闇で行われた場合は，素人には印象的であったかもしれないが，フーディーニは，自分が仕事で使っていたのと同じ手品の技法を見て取ることができた。時には彼がこれらの降霊会に堂々と姿を見せることもあり，多くの場合はサイエンティフィック・アメリカン誌の代表として現れた。同誌は，超自然的な能力を発揮できることを決定的に証明できた人には賞金を約束していたのだ。また時には，彼の巨大な名声のため，疑惑を呼び起こさぬよう変装して出席せざるを得なかった。

ドイル夫妻による亡き母の降霊会

フーディーニがこれらの詐欺師を追求する熱意は並外れたものであり，単なる合理性への信念や，彼の技能を不謹慎な目的のために使おうとする人たちへのプロとしての軽蔑を超える動機を示唆していた。実際，彼の動機には感情的な要素も含まれていた。1922年，フーディーニは現在はシャーロック・ホームズの小説の著者として最もよく知られている，有名なイギリスの医師で作家のアーサー・コナン・ドイル卿によりある降霊会に出席するよう招

待を受けた。当時，ドイルはスピリチュアリズムの最も著名で熱心な支持者の1人であり，彼の妻のジャン・ドイルは亡くなった霊を導き，その霊の代わりに言葉を書くことができると主張する，いわゆる「自動書記者」だった。その降霊会の目的はフーディーニを彼の母のセシリア・ワイズと交信させることであった。彼女は1913年に亡くなっていて，フーディーニは彼女を愛していた。

フーディーニが降霊会に出席した動機が，亡き母と純粋に話がしたかったのか，イギリス屈指の有識者と親交を持ちたかったのか，または単なる好奇心だったのかはわからない。いずれにせよ，彼にとってこの体験は非常に落胆させるものだった。ジャン・ドイルが彼の母から受け取ったと主張するメッセージは，それが本当にワイズ夫人からのものであるという証拠を提供してくれそうな具体性に欠ける，退屈な慰めにすぎなかった。最も決め手となる要因は，メッセージは彼女が話せない英語で書かれていたことと，余白に十字架が含まれていたという2つのことだった。十字架はユダヤ教ラビの妻にはとてもありそうもないことだった。

自身の降霊会開催を妻に依頼

スピリチュアリズムがインチキだと知って幻滅したのか，彼の母がペテン師に戯画化された方法に単に侮辱されたのかにかかわらず，フーディーニは霊媒師や霊能者のうそを暴くことに彼の努力を集中させた。スピリチュアリズムが本物だというかすかな望みをフーディーニが抱いたという証拠として，彼は妻のベスに自分の死後10年間は毎年降霊会を開催するように指示したという事実がある。霊媒師が本物であるかどうかを確認するために，彼は彼女に伝達するであろう秘密のメッセージを渡した。ベスはその依頼を尊重し，1926年に行われた彼の死後初めての降霊会は放送までされた。予想された通り，ベスは亡き夫からメッセージを受け取ることはなく，指定された10回目の試みをもって，降霊会の開催を中止した。

現代の降霊会

ベスは亡き夫との接触の可能性を断念したが，世界中の人々はフーディーニの命日であるハロウィーンに今でも降霊会を開催している。これらのイベントはフーディーニの信念を考慮し，通常はかなり皮肉を込めて行われている。ほとんどは仲間の霊媒批判家やフーディーニのファンたちで行われており，彼らは死者との交信という考え方をあざ笑いながら，彼の思い出を独特でショーマン的なやり方で祝いたいと考えている。俳優のアレック・マシソンはフーディーニ博物館で降霊会に参加した後，フーディーニが戻ってこなかったことに驚かなかったと言った。「彼も驚かないと思いますよ」とマシソンは言った。

(1) 解答　**3**

設問の訳　スピリチュアリズムが20世紀初頭にこれほど人気のある運動になったのはなぜか。

選択肢の訳　**1** 交通手段の発達により，多くの霊媒の指導者たちが世界中を旅し，彼らのメッセージを以前より効果的に広めることができるようになった。

2 戦争中の技術の進歩が，人々を伝統的な宗教に対してより懐疑的にしたため，

Chapter 2　内容一致選択問題［800語］解答・解説

彼らは自分たちの精神性を表現する新しい方法を模索した。

3 あまりにも多くの人々の親類が紛争によって命を落としたため，死者とコミュニケーションをとりたいという強い思いがあった。

4 霊媒の指導者たちが商売を実践することで多額の金を稼ぎ，他の人々はその成功をまねしたいと思った。

解説 第2段落に20世紀初頭のスピリチュアリズムの繁栄について述べられている。第2文以降にスピリチュアリズムの主な目的は死者との交信で，第一次世界大戦後は家族を亡くした人々が多く，死者と会話ができるということがスピリチュアリズムの人気を博す理由だったと述べられているので，正解は **3**。

(2) 解答 **4**

設問の訳 フーディーニが偽霊媒師の詐欺を暴くのに特に適していたのはなぜか。

選択肢の訳 **1** フーディーニ自身，かつて霊媒師として働いており，騙されやすい人々に能力が本物だと信じさせるために使用した手口を学んだ。

2 フーディーニは，詐欺的な霊媒師たちの主張を主観的に評価するために，サイエンティフィック・アメリカン誌の編集者から訓練を受けていた。

3 フーディーニの家族はこれらの霊媒師たちに利用されており，どのように騙されたのかを彼に説明した。

4 フーディーニは，霊媒師たちが超自然的な能力をまねるために使用した方法をすでによく知っていたので，それらが単なるごまかしであることを容易に認識できた。

解説 第3段落第2，3文に，フーディーニが自称霊媒師たちのうそを暴くのに特に長けていた理由が述べられている。彼は魔術を仕事としていて，霊媒師たちが使っていた手口が自分のトリックとよく似ていたため，簡単にうそを見破ることができたのだ。これらの内容に一致するのは **4**。

(3) 解答 **3**

設問の訳 フーディーニが偽霊媒師の活動に対し反感を抱いていた理由は，

選択肢の訳 **1** 彼と彼の母が，彼の母の死後に彼女がフーディーニと交信するために使用すると同意した秘密の言葉が，霊媒師によって正しく使用されたことが一度もなかったから。

2 彼は，イリュージョンや魔術は大事な芸能であり，魔法の力を持つと主張する人々はその芸能を汚していると感じたから。

3 自分自身が降霊会に参加するという直接的な体験をしたところ，降霊会を運営している人物が母に対する彼の愛情を食い物にしようとし，霊媒師に対する悪い印象を持ったから。

4 彼の妻が亡くなった親族と話ができると説得された後，彼女が多額の金を霊媒師に費やし，それが夫婦仲に問題を生じさせたから。

解説 第4段落に，霊媒を疑っていたフーディーニはあえてドイルの降霊会に出席し，自分の亡き母と交信してみることにしたとあるが，第5段落にはその結果は母親からのメッセージとはとても思えないものであり，ひどく落胆したとある。さらに第6段落には，その後，霊媒師らのうそを暴くことに力を集中させたとあることから，**3**が正解。

(4) 解答　**2**

設問の訳 文章にフーディーニと交信するための現在の降霊会は「かなり皮肉を込めて行われている」と述べられているが，何を意味するか。

選択肢の訳 **1** スピリチュアリズムは完全に人気が落ちており，現在ではフーディーニの魔術ショーと同じような娯楽としての役割しか果たしていない。

2 フーディーニによる霊媒師たちのうそを暴く努力と同様，そうした降霊会は死者と交信しようとするものではなく，そうすることの概念を疑うためのものである。

3 フーディーニは降霊会の力を信じていなかったので，彼が死後の世界で話しかけられる可能性があるということは，彼を利用して彼の仕事を攻撃することになる。

4 フーディーニは降霊会が本物ではないことを証明するために多くの時間を費やしたが，今となってはそれらは現在の降霊会の最も有名な例の1つだ。

解説 最終段落第2文にある「フーディーニの信念を考慮し，通常はかなり皮肉を込めて行われている」の「信念」とは，それまでの説明にあった，フーディーニが降霊会や死者との交信を信じておらず，そのうそを暴こうとしていたことを指している。また，最終文にフーディーニと交信できなかったことについて「『彼も驚かないと思いますよ』とマシソンは言った」とあり，現在の降霊会実行者や参加者は最初から交信できるとは考えていないことがわかる。この内容に合うのは**2**。

語句
- [ ] debunk「～のうそを暴く」
- [ ] burgeoning「急成長している」
- [ ] disparate「さまざまな」
- [ ] flourish「繁栄する」
- [ ] extraterrestrial「地球外生命体」
- [ ] lucrative「もうかる，有利な」
- [ ] deceased「死者，故人」
- [ ] fraudulent「詐欺的な」
- [ ] adept「熟達した，巧みな」
- [ ] zeal「熱意」
- [ ] disdain「軽蔑」
- [ ] fervent「熱心な」
- [ ] foremost「屈指の」
- [ ] placation「なだめ，宥和」
- [ ] damning「有罪の決め手となる」
- [ ] Jewish rabbi「ユダヤ教のラビ（師）」
- [ ] disillusion「～を幻滅させる」
- [ ] phony「インチキな」
- [ ] caricature「～を戯画化する」
- [ ] charlatan「ペテン師」
- [ ] relay「～を伝達する」
- [ ] cease「～を中止する」
- [ ] specified「指定された」
- [ ] mock「～をあざ笑う」
- [ ] gullible「騙されやすい」
- [ ] sully「～を汚す」

D

問題編 ▶ p.98

全訳 世界の頂上付近

永久凍土が広がるツンドラ

シベリアやアラスカといえば，緑豊かな森と雪に覆われた大地が思い浮かぶことが多い。しかし，実際は最北の森と北極との間にはツンドラと呼ばれる広大な地域がある。この樹木のない領域は驚くことに地球の表面の20パーセントを占めている。年間を通じ気温は氷点下で風も非常に強い。永久凍土として知られる地面はほとんど一年中凍っている。夏に，土壌の最上層である活性層のみが解けて，短い草が生える。

ツンドラに生育する植物

ツンドラでは降雨は希少だ。通常，年間降水量は250ミリメートルに満たず，だいたい砂漠と同じである。そのため，年間を通して大量の水を必要とする樹木や他の植物は育たない。このような状況下では，浅く横に広がる根系を持つ小さな植物である低木のみが生き延びることができる。実は，このような根系は，同じく乾燥した環境で生存するサボテンや他の多肉植物に似ている。菌類と藻類の組み合わさった生物である地衣類もツンドラで繁茂し，岩の側面や地表に生育する。概して，高さ数センチメートルを超える緑はない。

ツンドラに生きる動物

樹木，冬草やその他の植物がないにもかかわらず，北極圏のツンドラには大小たくさんの野性動物がいる。ホッキョクグマは北極から下りてきてこの地域まで分布し，獲物を狩っている。大型のシカであるカリブーもツンドラに生息する。夏の間は草を食べ，冬の間は地衣類に頼って生きる。ホッキョクギツネもこの地域に生息し，小鳥，ウサギ，ネズミを狩り，ホッキョクグマが殺した獲物の残りを食べて生きている。

温暖化によるツンドラの生態系への影響

ツンドラに関して最も注意すべきことの1つは，そこでの生命の不安定なバランスだ。つまり，1つの要素の小さな変化でさえも，全体の生態系へ重大な影響を及ぼす可能性があることだ。例えば，気温が高くなると，寄生生物の数が増加し，カリブーを含む動物に害を及ぼしたり，あるいは殺してしまったりさえする可能性が生じる。カリブーの個体数の減少はホッキョクグマやホッキョクギツネなどの捕食動物に影響を与える可能性がある。ツンドラの永久凍土が解けることは，植物の成長機会が増えることと，地衣類や在来の浅根性植物を根絶させてしまうかもしれない外来種によって景観が奪われる危険も意味する。その結果，これらの植物種を消費している動物たちに深刻な影響を与える可能性がある。

ツンドラの緑化と地球温暖化の悪循環

2016年のNASAの衛星写真プログラムはツンドラ地帯の約38パーセントが緑化しているという，これから起こる深刻な生態系問題の兆候を示した。ツンドラには世界中の他のどこにもいない動植物が生息している。気温の上昇とそれによって生じるツンドラの緑化のた

めに，このユニークな生態系は永遠に失われる可能性がある。この地域の緑化パターンを研究している研究者は，それが永久凍土の融解の結果としての，高いレベルの土壌の水分と温度に関係していることを発見した。この傾向が続けば，永久凍土に閉じ込められている莫大な量の温室効果ガス，特にメタンガスが放出される可能性がある。悪循環に陥り，このガスは大気に到達し，すでに起こっている地球温暖化を加速させる。

ツンドラの温暖化と資源開発

しかし，すべての国がツンドラの温暖化を懸念しているわけではない。例えばロシアはこれをチャンスと見ている。凍った地表の奥深くには何百万トンもの貴重な鉱物や石油の埋蔵量がある可能性がある。地面が柔らかくなれば，道路の建設だけでなく，天然資源を採掘してそれをロシア北部の水路に沿ってアジア，ヨーロッパ，北米へ輸送するために必要なトラック，ドリル，パイプライン，その他の産業機器の操作も容易になる。しかしながら，商業的なエネルギー生産や資源開発は重機や化学物資の使用を伴うので，その結果，手つかずの景観やそのユニークな生態系に取り返しのつかないほどのダメージを与える可能性がある。有害物質が漏れ出せば，事態はさらに悪化しかねない。

ツンドラを救うための取り組み

ツンドラを救うための実験的な取り組みがいくつか行われてきた。在来種の動植物を保存するための保護区域の設定がその1つだ。地衣類や他の在来植物に危険を及ぼす外来の低木を特定し，除去する取り組みも行われている。他にも，永久凍土が解けるのを防ぐために野生動物の群れを増やそうとする実験がある。ウマ，カリブー，その他の草食動物が土地のあちこちを動き回ると，雪を取り除いて断熱層を排除するだけでなく，土壌を圧縮して永久凍土をより低温に保つということを示す証拠もある。たとえそうではあっても，これらの取り組みが成功するかどうかは明らかではない。成功するとしても，根本原因そのものを取り除く地球的取り組みが成功しない限り，地域の気候変動の影響と戦うのは信じられないくらいコストと時間がかかる。世界中で温室効果ガスを削減して，地球温暖化を軽減するさまざまな方法に焦点を当てるべきである。地球の気温が上昇を続ける限り，ツンドラは緑化を続ける。結局のところ，化石燃料から自然に優しい電力源への移行のみがツンドラとその自然の宝庫を救うことができるのだ。

(1) 解答　**2**

設問の訳　この文章によると，ツンドラが砂漠と似ている点の1つは何か。

選択肢の訳　**1** 降雨があまりないので，この地域で年間を通じて生きていくため，動物たちは特別な生物学的適応力を進化させている。

2 そこに育つ植物のいくつかは，大量の水がなくても強く生きられるサボテンや関連植物に見られるのと同様の根系を持つ。

3 年間を通じてほとんど雨や雪が降らないという事実にもかかわらず，驚くほど

多数の植物を養うことができる。

4 この地域は，日中は極端に暑く，夜間は氷点下と変動する極端な気温である。

解説 第2段落第2文に，ツンドラは降水量が少ないことが砂漠と同じだという記述がある。第4～5文には，降水量が少ない場所で育つ植物は浅く横に広がる根系を持っており，砂漠に生息するサボテンや多肉植物も同じような根系を持つとあるので，これらの内容に一致する**2**が正解。

(2) 解答 **2**

設問の訳 気候変動がツンドラに与える影響の1つは，

選択肢の訳 **1** 永久凍土の融解が広範囲の洪水をもたらし，カリブーやホッキョクギツネを始めとする哺乳動物の個体数を大幅に減らす可能性があることである。

2 気温の上昇により，新しい植物がツンドラ地域に侵入し，多くの動物が依存している既存種に取って代わってしまうことである。

3 寒い気温で生活することに慣れている動物が，どんどん暖かくなるにつれてツンドラ地域から出て行っていることである。

4 気温の上昇は寄生生物の数の増加につながり，そのためツンドラ地帯の多くの植物を枯らし，カリブーなどの草食動物にとっての食糧が不足することである。

解説 第4段落で温暖化がツンドラの生態系に与える影響を述べている。同段落の最後の2文で，温暖化で永久凍土が解けると，外来種が侵入して在来種を根絶し，またそれらの在来植物を食べているツンドラの動物にも影響がある，とある。これらの内容に合うのは**2**。

(3) 解答 **4**

設問の訳 ロシアに関する次の記述で，筆者が最も同意しそうなものはどれか。

選択肢の訳 **1** 気温が上がると，他の国々は石油採掘事業を拡大できるため，世界的に彼らのロシア原油への依存度が低下する。

2 ロシアはその地域の融解を利用して，現在はヨーロッパや北米と共有している北方水路の支配を掌握するかもしれない。

3 ロシア内のツンドラ地域には大量の鉱物が埋蔵されているため，ロシアの鉱業は他の場所の鉱業の厳しい競争相手になる可能性がある。

4 永久凍土が解けるにつれ，ロシアは，土地を汚染し，ツンドラの環境を永久的に損なう可能性のあるさまざまな産業活動を開始する可能性がある。

解説 ロシアについては第6段落に記述がある。ツンドラの温暖化をロシアはチャンスと考え，埋蔵する鉱物や石油の採掘のために，ツンドラでの産業活動を進める可

能性があるとしている。その結果として，同段落最後の2文に「手つかずの景観やそのユニークな生態系に取り返しのつかないほどのダメージを与える可能性がある」や「有害物質が漏れ出せば，事態はさらに悪化」とあることから，**4**が正解。

(4) 解答 **2**

設問の訳 ツンドラの緑化に対処するために提案された実験的な解決法の1つは何か。

選択肢の訳 **1** 植物の生育を制御し続けるために，外来植物種を食べる動物をツンドラ地域に導入することができる。

2 気温の上昇が一部の永久凍土が解ける原因になっているため，群れをなす動物を使って土壌を踏み固め，低温を保つのに役立たせることができる。

3 ツンドラの生態系の脆弱性を考えると，この地域でのすべての工業および農業事業はより生態学的に影響の少ない地域に移転することができる。

4 ツンドラ地域に特有の動植物種を保護するため，全域を世界の他の地域から隔絶させることができる。

解説 最終段落に，ツンドラを救うための取り組みがいくつか挙げられている。第4～5文には，野生動物を増やすと，動物が土地を動き回ることで断熱層が排除されるだけでなく，土壌を圧縮して永久凍土をより低温に保つ，とある。この内容に合う**2**が正解。

語句

□ astonishing「驚くべき」 □ scarce「希少な」 □ shrub「低木」
□ succulent「多肉植物」 □ flourish「繁茂する」 □ caribou「カリブー」
□ precarious「不安定な」 □ parasite「寄生生物，寄生虫」 □ predator「捕食者」
□ eradicate「～を根絶させる，絶滅させる」 □ green（動詞）「緑色になる，緑化する」
□ methane「メタン」 □ vicious「悪い，悪意のある」
□ accelerate「～を加速させる」 □ extract「～を採取する，採掘する」
□ exploitation「開発」 □ entail「～を伴う」
□ pristine「手つかずの，自然のままの」 □ toxic「有毒の」
□ herd「群れ，家畜」 □ traverse「あちこち動き回る，～を横切る」
□ insulation「断熱材」 □ mitigate「～を軽減する」 □ thrive「健康に育つ」
□ fluctuate「変動する，上下する」 □ decimate「～の数を大幅に減らす」
□ encroach「侵害する，侵入する」 □ displace「～に取って代わる，～を追い出す」

E 問題編 ▶ p.102

全訳 戦没国の国旗

南ベトナム国旗の由来

旧南ベトナム国旗は，正式にはベトナム共和国の国旗として知られているもので，黄色地に赤い3本線が水平に走っている。デザインや象徴は時代とともに変化したが，これは19世紀にベトナムを統治していたグエン王朝の国旗がベースとなっている。約50年間公式な国旗とはされていないが，世界中の南ベトナム人のコミュニティでは今でも一般的に使用されている。特にアメリカではその傾向が強く，アメリカにはベトナム国外では最大の人口の南ベトナム人が暮らしている。共産主義の北ベトナムとアメリカが支援する南ベトナムの間で争われたベトナム戦争終結時に，南ベトナムから主要軍事支援国へと人々が大移動し，その移民たちが国旗をアメリカに持ち込んだのだ。

2つのベトナム国旗

それ以来，アメリカ在住の南ベトナム人移民はかつての国旗を使用し続けており，彼らの多くは赤地に黄色の星が1つ付いている現在の公式のベトナム国旗を，故郷から逃れることを余儀なくさせた圧政の象徴として見ている。このため，これらのベトナム人移民と，現在ベトナムに住んでいる人だけでなくベトナム人全体を包含する象徴としての現在の公式ベトナム国旗を使用する人との間に緊張関係が生まれている。国旗の使用に激怒するあまり，公式ベトナム国旗を使用せずに文化的背景を示すことができるよう，南ベトナムの国旗を公式の絵文字リストに加えるよう，絵文字を標準化する規制機関に請願する移民もいる。

南ベトナム人の抗議行動事件

公式ベトナム国旗に対する嫌悪は，時に特別に過熱することがある。1999年，カリフォルニア州ウエストミンスターのビデオ店が，公式ベトナム国旗だけでなく，南ベトナム吸収後の統一ベトナムを統治していた共産主義支配者ホーチミンの写真も展示した。ウエストミンスターにはアメリカで最も多くの南ベトナム人が暮らしており，この展示に対する反応は迅速で猛烈だった。抗議は約2か月間続き，ピケを張る群衆は数百人に達した。最終的に抗議行動は暴力的になり，50人以上が逮捕される結果となった。

南ベトナム国旗の反共産主義性

この事件は，単なるベトナム文化の象徴としてのものではない南ベトナム国旗の政治的な側面を示した。その国旗は単にベトナム人だけでなく，より広く反共産主義と関連付けられ始めた。アジア系アメリカ国民は政治的にリベラルな傾向がある一方，ベトナム系アメリカ人は保守的な投票をする傾向がある。共産主義国を去った移民グループであれば，このことは想像に難くないが，この問題は時代とともに関連性が薄れてきている。高齢のベトナム系アメリカ人は保守主義が一般的であるが，若い世代ではリベラリズムへの傾向がある。

若いベトナム系アメリカ人

　この高齢世代の人々はベトナム戦争時に故郷を逃れたり，逃れてきた親に育てられたりした可能性が高い。多くの場合，この経験が現在のベトナム国家のイデオロギーや象徴に対する強烈で感情的な嫌悪感を生み出した。より若い世代は，自分たちの親の祖国と親密な関係を持っていたり，戦争を導いた政治的な違いについて強い意見を持っていたりする可能性は低い。こうした南北の区別は若いベトナム系アメリカ人にはあまり重要ではないのだ。

南ベトナム国旗の保守的な意味合い

　このような環境において南ベトナム国旗は，失われた祖国と，根こそぎにされて世界中を移動した文化の象徴として，あまり重要な意味を持たなくなってきている。代わりにはるかに保守的な意味合いを持つようになり，その意味合いはベトナム人コミュニティの外にまで広がっている。2021年1月6日，ドナルド・トランプが2期目の立候補に敗れた後，南ベトナムの国旗を振るベトナム人コミュニティのメンバーが，大統領選を覆そうとした極右の暴徒たちの中にいた。これらの多くの抗議者たちは，人種差別的な白人至上主義組織を代表する旗を持っており，アジア系移民のコミュニティを象徴するような旗はこのような場にはそぐわないように思えるかもしれないものの，どちらの旗も，保守主義・反共産主義のアジェンダを象徴する意図があった。

南ベトナム国旗の行方

　評論家たちはまた，アメリカの保守主義に関連する牧歌的な過去への回帰願望とアメリカのベトナム人コミュニティの保守派の間に共通点を見出している。ベトナム系アメリカ人作家であるヴィエト・タン・ウェンは，「（トランプの）言葉は，忘れ去られたと感じている多くのベトナム難民と，彼らを敗北させた者たちを，もしかしたら楽しんでさえいながら，くどくどと恨み続けている多くのベトナム難民に共鳴する。そのため，彼らは敗北した運動の象徴である黄色い国旗を振り，それが他の敗北した運動の信奉者に受け入れられるのである」と書いている。このため，国外ベトナム人を団結させることが意図されていた旗は，コミュニティのほんの一部の人々，コミュニティが重要視する価値を形作る次世代の人々との関係が希薄になっている一部の人々しか象徴しないことになるかもしれないのだ。

（1）解答　**3**

設問の訳　国際的なベトナム人コミュニティのメンバーの一部はなぜ南ベトナムの国旗を絵文字にしようとしたのか。

選択肢の訳　**1** 彼らは国旗の絵文字は共産主義の政治的イデオロギーを促進すると考え，絵文字は非政治的であるべきと信じている。

2 彼らは，南ベトナム政府はいまだに亡命中で，承認されたらその正当性が高まると考えている。

3 彼らは祖国の政府から独立した自分たちの文化を表現するのに使用できるシン

ボルを求めている。

4 彼らは，他のかつての国々が同様の承認を得ているのに，ベトナム政府の圧力のために彼らのものがないがしろにされているのは不公平だと考えている。

解説 南ベトナム国旗の絵文字標準化への請願については，第2段落最終文にある。第2段落前半にその経緯が述べられている。国外に出たベトナム移民は現在の公式ベトナム国旗を故郷から逃れることを余儀なくさせた圧政の象徴として嫌悪感を持って見ている。彼らは公式ベトナム国旗を使用せずに文化的背景を示したいとある。これらの内容に一致するのは**3**。

(2) 解答 **1**

設問の訳 1999年に起きたカリフォルニア州ウエストミンスターのビデオ店での事件が特に激しかった1つの理由は，

選択肢の訳 **1** 公式のベトナム国旗だけでなく南ベトナム陥落に関連する政治指導者の肖像画も掲示されていたからである。

2 それは，ベトナム人でない経営者が外部から入ってきてベトナム人コミュニティの多数の感情を害してしまった例だったからである。

3 経営者の自由に発言する権利のために親共産主義者である反対抗議者が大勢声を上げたからである。

4 その事件はベトナム戦争終結後すぐに起こったため，人々の心の傷がまだ鮮明に残っていたからである。

解説 1999年のカリフォルニア州ウエストミンスターの出来事は，第3段落で公式ベトナム国旗に対する嫌悪が過熱した例として出ており，その原因については「公式ベトナム国旗だけでなく，統一ベトナムの共産主義支配者ホーチミンの写真も展示した」からだと説明している。この内容に合う**1**が正解。

(3) 解答 **1**

設問の訳 この文章の筆者は，南ベトナム人移民が他のアジア系アメリカ人とは異なる政治的忠誠心を持つ理由について，どのように示唆しているか。

選択肢の訳 **1** 彼らは他のアジア系アメリカ人よりも祖国を離れる時に反共産主義者としてトラウマになるような経験をした可能性が高い。

2 彼らは移住することにつながった出来事の結果として政治的関与が高いが，一方他のアジア系アメリカ人は政治的関与が低い。

3 彼らは，彼らの子どもたちが母国へ渡航する可能性が限られているため，文化的伝統について教育することにより気をつけている。

4 彼らは一般的に, 他のアジア系アメリカ人よりも早くアメリカに移住していて, アメリカ文化により溶け込んでいる。

解説 第4段落第3文に, アジア系アメリカ人のほうがベトナム系アメリカ人に比べリベラルであること, 第4文の冒頭にはベトナム系アメリカ人が共産主義国から逃れてきたことを考慮すると予想がつくとある。また, 第5段落第1～2文には, 祖国を追われた南ベトナム移民は現在のベトナムに対し強烈で感情的な嫌悪感があると書かれているので, **1**が適当。

（4）**解答　2**

設問の訳 極右のデモに参加するベトナム系アメリカ人について, ヴィエト・タン・ウェンが最も同意する可能性が高いのは次の記述のうちどれか。

選択肢の訳 **1** 彼らは, 北ベトナム政府の犠牲者となったのと同じように, 現在のアメリカ政府の犠牲者として自分たちを描こうとしている。
2 彼らの動機となっているのは過去への強烈な郷愁であり, 海外で暮らすベトナム人コミュニティの若いメンバーとは連絡が途絶えている。
3 彼らが共産主義支持者であるとアメリカ人の間で疑われていただろうから, 彼らは過去において保守派からは受け入れられなかったであろう。
4 ベトナム人のアメリカへの大量移住につながった一連の状況を, 彼らはだいたい忘れてしまっている。

解説 最終段落第1文で, アメリカの保守主義とベトナム人コミュニティの保守派の共通点として, 牧歌的な過去への回帰願望があるという評論家の意見を取り上げた後, ヴィエト・タン・ウェンの「（選挙で敗れたトランプのために）ベトナム系アメリカ人は敗北した運動の象徴である黄色い国旗を振り, そのことが他の敗北した運動の信奉者に受け入れられている」という見解に触れている。さらにそこから導き出される結論として, 「国外ベトナム人を団結させるための旗は, 次世代の人々との関係が希薄になっている一部の人々しか象徴しなくなるかもしれない」と述べている。これらの内容をまとめている**2**が正解。

語句
□ flee「～から逃れる」　　□ encompass「～を包含する」　　□ incense「～を激怒させる」
□ aversion「嫌悪, 反感」　　□ swift「迅速な, 素早い」
□ connotation「意味合い, 言外の意味」　　　　□ bid「立候補」
□ idyllic「牧歌的な」　　□ resonate「共鳴する」　　□ lost cause「敗北した運動」
□ bolster「～を強化する, 高める」　　　　□ legitimacy「正当性」
□ volatile「感情的に激しい」　　□ sensibility「感情」

Chapter 3
模擬テスト

))) 01 問題編 ▶ p.108

全訳 アメリカの高等教育の質が本当に高い理由

世界一の実力と人気を誇るアメリカの大学

2022年, 世界の上位10大学のうち6大学, 30大学のうち18大学がアメリカの大学であることがわかった。アメリカは他のどの国よりも圧倒的に多くのノーベル賞受賞者と画期的な学問研究を生み出してきた。さらにアメリカが引きつける留学生の数は最も多い。2020年のデータによると, アメリカで勉強している留学生の数は100万人を超えており, これは留学先として世界で2番目に人気があるイギリスで勉強している留学生の数の約2倍であった。

アメリカの強さの秘密

アメリカの取り組みは3本の柱に立脚している。第1の柱として, アメリカの大学は学術的な焦点と, 組織上の事業利益とのバランスをとっており, そのおかげで, よりダイナミックな行動ができる。例えば, 最も才能のある人材を雇用するために多額の投資をしている。それが2番目のポイントにつながる。競争の促進である。大学が最も優秀な教師, 研究者を集めることによって, 優秀な学生を集めることができる。これが大学ランキングと評判の向上につながる。さらに, 競争力を高めることでこうした結果に到達しようという意欲が大学内部での組織改善につながるのだ。3本目は, 政府は極めて重要な資金源になっているものの, 大学のカリキュラムと学内政治に関しては無干渉政策をとっていることである。この資金調達については, 個人の寄付, 学生が支払う授業料, そして企業からの支援で釣り合いが取られている。

他国の大学の現状

アメリカで質の高い高等教育の提供に注ぎ込まれる努力は, 他の多くの先進国を明らかに凌ぐ。一部の国では国の資金供与に頼りすぎていることから, 高等教育が泥沼の状態にある。このことがひいては政府が条件を指示することを許してしまい, しばしば組織に期待される研究の種類が決められてきた。例えばフランスとドイツでは, 多くの学者は公務員である。そのため, こうした国々の大学の中には政府を満足させようとしていると批判されてきたところもある。さらに, 国の経済状況の結果として資金が枯渇すれば, 学生に提供される教育の質が落ちかねない。一部の場所では, 高等教育が, 最良の教師や学生を他国から引きつけるための十分な努力をしていないことで, グローバリズムの時代にあまりに外国人恐怖症になっている, とも非難されてきた。

(1) 解答 **4**

解説 空所には, 前文に続き, 教育に関してアメリカが何をしているのかが入る。空所

の後では，2020年の留学生数ランキングで，アメリカに来る留学生数は100万人を超え，2位のイギリスの倍であったと述べられている。したがって，**4**が正解。**1**「学術的な向上をより重視している」，**2**「大学が海外に分校を持つという考えを推進している」，**3**「理系を専攻する学生への支援が素晴らしい」はどれも留学生の数を増やす上で役立つかもしれないが，具体的すぎて空所後の話とはつながらない。

> **解説**　空所には前文にある「ダイナミックな行動」の例が入る。学術的にも学校経営的にもメリットがあること，空所後で競争を促進して大学のランキングや評判の向上と組織改善につながると述べられていることから，**2**が適切。**1**「伝統的な価値観を強調している」は「ダイナミックな行動」の例とは言い難い。**3**「競争している者同士の間の緊張を和らげている」，**4**「あらゆる学業レベルの学生を受け入れている」は空所後の内容に合わない。

（3） 解答　**1**

> **解説**　第3段落では，予算面で国に依存している他国の大学の状況を述べており，空所にはフランスやドイツの大学が批判されている理由が入る。前にある第3文の「政府による条件の指示を認め，どんな研究をするか決められてきた」という内容から，予算的に依存することで，大学の運営そのものも国の意向に左右されていることがわかる。このような大学に対する批判として適切なのは**1**である。**2**の「私立大学を見下している」，**3**の「予算を厳しく管理している」，**4**の「独立性を心配している」は，いずれも空所前の内容に合わない。

語句

☐ breakthrough「画期的な」　　☐ pillar「柱」
☐ balance「バランス，均衡」　　☐ organizational「組織の」
☐ hands-off「無干渉の」　　☐ counterbalance「〜を釣り合わせる」
☐ in a quagmire「泥沼で」　　☐ dictate「〜を指示する」
☐ dwindle「次第に減る」　　☐ xenophobic「外国恐怖症の」
☐ keep a tight rein on 〜「〜の管理を厳しく行う」

Chapter 3　模擬テスト第1回　解答・解説

))) 02 問題編 ▶ p.110

全訳 スマートフォンでスマートになる

フィッシングサイトの脅威

　最新のデバイスが提供するすべての便利な機能を消費者が利用する中，世界のスマートフォンユーザー数は近年急増している。しかし，利便性が高まれば新たなリスクが生まれる。モバイルセキュリティ企業のZimperiumは2019年から2021年の間に数十万のフィッシングサイトの分析を行い，特にモバイルユーザーを標的にした詐欺サイトが50％増加していることがわかった。フィッシングサイトというのは，公式サイトに見せかけて作られたもので，パスワードや銀行口座の詳細といった個人情報を入力するようユーザーに促す。フィッシングサイトが収集した情報はその後犯罪行為に利用されることがある。このような方法でユーザーの情報を取得することで，サイバー犯罪者はユーザーを追跡したり，銀行情報を盗み出したり，マイクやカメラにアクセスしたりといったことができる。

企業を標的としたフィッシング攻撃

　フィッシング攻撃は個人のスマートフォンユーザーをはるかに超える影響を及ぼす場合もある。ある悪名高い事件では，犯罪組織が世界経済を左右する攻撃を行った。フィッシングメールから取得したパスワードが使用され，大手燃料供給会社のコンピュータシステムを危険にさらす悪意のあるソフトウエアが挿入された。攻撃者の目的はその会社から多額の金を脅し取ることだった。悪意のあるソフトウエアの拡散を防ぐため，この燃料供給会社は1週間の操業停止を余儀なくされ，200億ガロンの石油の輸送ができなくなった。このため，世界中で物価が急騰し，世界各地の企業や消費者に影響が及んだ。

企業の防衛策

　従業員のスマートフォンをフィッシング攻撃から守るため，パスワードの盗難からデバイスを保護するパスワードマネージャーを使用するなど，企業は基本的対策を講じることができる。社員の意識を高めて，社員によるデバイス保護を確実にするための包括的なトレーニングプログラムを実施し，一歩進んだフィッシング対策戦略を取っている企業もある。多くの企業においては，こうしたプログラムには，攻撃を模擬体験するために新しくフィッシングメールを作成することすら含まれる。まず，過去に犯罪者が実際に使用したフィッシングメールから脅威を除去する。そしてそのメールを社員に送信し，現実的なシナリオで彼らの反応をテストするのだ。このような方法で企業はどの社員がフィッシング攻撃の危険に遭いやすいかを見極め，その社員たちを適切にトレーニングすることに注力できるのだ。

(4) 解答　**4**

解説　第1段落第1文はスマートフォンが便利になりユーザーが急増したという内容。

空所の直前には接続副詞 However があるので，空所には第1文と対照的な，または予想外の内容が入ると考えられる。空所の後には，モバイルセキュリティ企業による分析結果ではフィッシングサイトが増加していることや，フィッシングサイトに関する具体的な説明やリスクについて説明されている。この流れに合うのは**4**。

(5) 解答　**3**

> 解説　第2段落第1文には，個人のスマートフォンユーザーを超えて影響を及ぼすフィッシング攻撃があるとあり，第2文の冒頭 In one infamous incident から空所にはその一例の説明が入ると予想できる。空所を含む文の後でその手口が説明され，最終文は「世界中の企業や消費者に影響を与えることとなった」と締めくくられている。そのような攻撃とは「世界経済を左右する」攻撃なので，正解は**3**。

(6) 解答　**4**

> 解説　第3段落では，企業による従業員のフィッシング対策トレーニングについて述べられている。空所を含む文は「こうしたプログラムには（　）すら含まれる」という意味。空所の後を注意して読むと，「脅威を削除した実際のフィッシングメールを社員に送り，フィッシング攻撃に弱い社員を見つけ出して適切にトレーニングする」とあり，**4**がその内容に一致する。

語句

□ embrace「〜を受け入れる，〜を利用する」　　　□ phishing「フィッシング（詐欺）」
□ fraudulent「詐欺の」　　□ cybercriminal「サイバー犯罪者」　　□ infamous「悪名高い」
□ malicious「悪意のある」　□ compromise「〜を危険にさらす」□ fuel「燃料」
□ extort「金をゆすり取る」　□ skyrocket「急騰する」　□ comprehensive「包括的な」
□ scenario「シナリオ」　　□ vulnerable「脆弱な」　　□ accordingly「適切に，それに応じて」
□ diplomatic「外交上の」　□ authentic「本物の」
□ simulate「〜の模擬訓練（体験）をする，〜のシミュレーションを行う」

))) 03 問題編 ▶ p.112

全訳 暗号通貨と環境

大量の電力消費を伴うマイニング

暗号通貨のネットワークにおいて、マイニングとは取引を検証してブロックチェーンとして知られる公開台帳または履歴に追加することを指す。このプロセスは膨大な量の計算能力とエネルギーを消費するため、環境への影響の懸念が深まっている。エネルギー消費量が多いのは、複雑な数学的問題を解くために強力なコンピュータを必要とするマイニングのプロセスによる。そのプロセスで大量の電力が消費されるのだ。研究によれば、ある主要な暗号通貨ネットワークが使用するエネルギーは、天然ガスなどの化石燃料から生成されることが多いため、その暗号通貨ネットワークだけでも、香港とほぼ同等の二酸化炭素排出量がある。さらには、マイニング作業で使用されるコンピュータの製造も環境に有害である。必要とされるコンピュータは特殊なチップで作られることが多く、その製造で大量のエネルギーが消費されるのだ。また、マイニングを行う個人・事業者たちは古いハードウエアを新しいモデルへと頻繁に交換するため、マイニングでは大量の電子廃棄物が発生する。

中国のマイニング禁止令とその影響

暗号通貨の環境への影響は、再生可能エネルギーの利用へと移行することでおそらく軽減できるのだが、まだそうはなっていない。CNNのジャーナリスト、ジョン・サーリンの記事によると、暗号通貨業界は近年「ますます汚れてきている」。記事では、中国が2021年に暗号通貨マイニングの禁止を決定したことに触れているが、その決定は世界的に暗号通貨業界に影響を与えた。多くの人々は、中国の禁止令は暗号通貨業界が環境へ及ぼす全体的な影響を減少させるだろうと想定していたが、実際は逆の効果をもたらした。禁止前、多くのマイニング作業は中国で発電される再生可能エネルギーの1つである水力電力に依存していた。しかし、禁止令が出ると、これらのマイニング作業は急遽、他のエネルギー源に頼らなくてはならなくなった。以前に使用されていた水力電力の多くは、米国で生産された天然ガスに置き換えられ、2020年から2021年の間に、ある大手ネットワークの電力源に占める再生可能エネルギーの割合は17パーセント減少した。

暗号資産気候協定とその展望

しかしながら、暗号通貨が地球に与える大きな影響に対処する試みは行われている。大半の大手ネットワークの慣行を破り、一部の暗号通貨ネットワークは、大量のエネルギー消費を必要としない別の枠組みを利用しようとしている。さらには、2021年、暗号通貨業界にかかわる組織の連合が、2040年までに同業界から排出される温室効果ガスをなくすという合意である暗号資産気候協定を発表した。その協定には、排出量を報告するオープンソースの枠組みを作り、暗号通貨業界の環境への影響を一貫して透過的に計測できるようにするという意図もある。支持者はこの合意が今後のこの業界を一変させると述べている。しかし、

専門家の中にはあまり楽観的でない者もいる。懐疑的な人は，2040年の目標は実現不可能であると考えている。さらに，協定の高い目標にもかかわらず，多くの主要ネットワークのマイニングモデル全体はエネルギーの消費に基づいているという事実は変わることがなく，そのため協定は本質的には役に立たない。また，この協定は，単に業界を実際より環境に優しく見せようとするグリーンウォッシュだと懸念している人もいる。

(7) 解答 **1**

設問の訳 この文章によると，暗号通貨マイニングの環境への影響について正しく述べているのは次のうちどれか。

選択肢の訳 **1** 排出物は，必要なコンピュータの部品を製造する時だけでなく，ブロックチェーンの更新時にも発生する。

2 マイニングに使用される最新のコンピュータは多くの組み立て部品を必要とするため，古いモデルよりも多くの電子廃棄物を生む。

3 暗号通貨マイニング作業で生成される排出物の大部分は，旧式の効率の悪いハードウエアの使用によって生じる。

4 香港のマイニング作業は，暗号通貨関連の炭素排出の世界最大の発生元である。

解説 環境に対する暗号通貨マイニングの影響は第1段落で述べられている。第1～3文から，環境への負荷が高いのは，ブロックチェーンという公開台帳を更新するマイニングは膨大な計算ができる強力なコンピュータを必要とし，それに大量のエネルギーを消費するからだとわかる。また第6文に，その強力なコンピュータは特殊なチップで作られるため，製造に大量のエネルギーを消費するとある。こうしたエネルギー消費は，第4文から二酸化炭素などの排出につながるとわかるので，**1**が正解。

(8) 解答 **1**

設問の訳 中国による暗号通貨の禁止令の結果，何が起きたか。

選択肢の訳 **1** 作業に必要な電力を供給するために，多くの暗号通貨ネットワークはより排出量の多い再生不能な電力源への移行を余儀なくされた。

2 暗号通貨全体の価値が上がり，中国外での環境に有害なマイニング作業の加速につながった。

3 世界的な暗号通貨マイニング作業のアウトプットが激減し，それにより環境への影響が大幅に軽減した。

4 中国のマイニング作業は，ネットワークが水力発電のような環境により優しいエネルギー源に依存できる国々へと移転した。

> **解説** 中国のマイニング禁止令については第2段落に記述がある。段落中盤以降に，以前は再生可能エネルギーである水力発電に頼っていた中国のマイニング作業が禁止されると，マイニングのエネルギー源は天然ガスなどの非再生可能エネルギーに置き換えられていったと述べられている。これらの内容に一致するのは**1**。**2**は「暗号通貨全体の価値が上がり」という部分が本文には言及がないので不正解。

(9) 解答　**4**

> **設問の訳** 最終段落によると，暗号資産気候協定に対する批判でない記述は次のうちどれか。

> **選択肢の訳** **1** その協定は，暗号通貨が環境に害が少ないように見せかけることによって，暗号通貨に対する世間のイメージをよくしようとする試みにすぎない。
> **2** 2040年までに暗号通貨業界で二酸化炭素排出量ゼロを達成するというその合意目標は，達成できる可能性が低い。
> **3** その目標が達成不可能なのは，多くの主要な暗号通貨ネットワークはその性質上，エネルギーの無駄遣いに依存しているためである。
> **4** その合意で提案されている排出量を記録するシステムが手ぬるすぎるため，ネットワークが排出量を隠ぺいすることが可能である。

> **解説** 2040年までに業界から排出される温室効果ガスをなくすという暗号資産気候協定については第3段落で述べられており，後半にはその協定に懐疑的な立場の人たちの意見が紹介されている。具体的には「2040年の目標は実現不可能」，「マイニングモデルはエネルギー消費に基づいているので，協定は本質的に役に立たない」，「単なるグリーンウォッシュ」とあり，それぞれ選択肢の**2**，**3**，**1**の内容に一致する。**4**の排出量を記録するシステムの手ぬるさや隠ぺいについての批判は本文にないので，これが正解。このような「NOT」の問題は近年はあまり見られないが，過去には出題されたことがあるので一応こういうパターンもあるかもしれないぐらいに思っておくとよい。

語句

- [ ] cryptocurrency「暗号通貨」
- [ ] verify「～を検証する，～を確認する」
- [ ] ledger「台帳」
- [ ] blockchain「ブロックチェーン」
- [ ] mining「マイニング，採掘」
- [ ] carbon footprint「カーボンフットプリント，二酸化炭素排出量」
- [ ] approximately「およそ」
- [ ] equivalent to ～「～と同等の」
- [ ] chip「チップ，集積回路をつける半導体の小片」
- [ ] mitigate「～を軽減する」
- [ ] transition「移行する」
- [ ] prohibit「～を禁止する」
- [ ] address「～に対処する」
- [ ] necessitate「～を必要とする」
- [ ] coalition「連合」
- [ ] transparently「透明的に」
- [ ] game-changer「大変革をもたらすもの，ゲームチェンジャー」
- [ ] skeptic「懐疑論者」
- [ ] lofty「高い，高遠な」
- [ ] inherently「本質的に」
- [ ] greenwash「グリーンウォッシュする（企業などが環境に配慮しているように見せかけること）」
- [ ] sound「優しい，健全な」
- [ ] acceleration「加速」

全訳 宗教改革

宗教改革とアウクスブルグの和議

　神学者マルティン・ルターは，1517年にカトリック教会に対する批判を発表し，その後何世紀にもわたり永続的に影響を与える宗教改革運動の火付け役となった。彼の批判は，ヨーロッパ中の他の思想家たちに，カトリック教会の権威に異議を唱え，プロテスタントと総称されるキリスト教の独自の宗派を形成するよう促した。数年間の緊張状態の後，カトリック教会と新しいプロテスタント宗派は次第に共存の道について合意するようになった。1555年，長期間の宗派間の闘争状態の後，そのような合意の1つにより，ドイツの諸侯は，自分の領邦がカトリック教か，ルター派として知られる新しいプロテスタント宗派のどちらに従うかを選択できるようになった。アウクスブルグの和議として知られるこの条約はまた，宗派間の改宗を希望する者は，選んだ宗派がその領邦の信仰宗派となっている場所へ移り住む限りは平和的に改宗できることを保証するものだった。1555年以後も長きにわたり宗教紛争はドイツで続いたが，その時宗教の自由がさらに拡大する前例ができたのだった。

宗教改革とヨーロッパにおける経済成長との関連性

　宗教改革の影響は宗教を超えて広がった。多くの経済学者は，マルティン・ルターが開始した宗教改革がその後の数年間にヨーロッパで起こった急速な経済成長につながったと信じている。宗教改革と経済成長を関連付けた最初の人たちのうちの1人が，社会学者のマックス・ウエーバーだった。現代のドイツとポーランドに位置する州であるプロシアへ旅行した時，ウエーバーはプロテスタントの都市に住む人々がカトリックの都市に住む人々より裕福であることに気づいた。彼はその発見を1905年に本として出版しているが，その中で彼は，プロテスタントは信者の人生の価値観を変え，それが彼らを裕福にし，より勤勉にしたと理論付けた。最近では，サッシャ・ベッカーやルドガー・ウイスマンなどの学者がデータを分析し，確かにウエーバーが訪れたころのプロシア人はプロテスタントとカトリックの間で富の格差があったことを証明した。しかし彼らはその原因を，プロテスタントの宗教改革が識字率に与えた影響のせいだとした。プロテスタントは，聖書をラテン語からドイツ語やフランス語などの一般の人々が話す言語に翻訳した。そして，神の教えをよりよく理解するために宗教書を自分たちのために解釈することが奨励されたため，多くのヨーロッパ人が読むことを学んだ。

宗教改革とその代償

　一部の専門家の見解では，プロテスタントの宗教改革によりもたらされた好ましい変化には代償もあるという。歴史家のブラッド・S・グレゴリーは，環境破壊や，現代に見られる労働者権利の乱用は，ある意味でプロテスタント宗教改革によってもたらされた社会変革の結果であると主張している。グレゴリーによれば，プロテスタントの宗教改革以前，カトリ

ック教は，生活のあらゆる側面に影響を与えたり物質主義的な行動を制限したりする，社会を結束させる唯一のものとして機能していた。人々が自由に教会を選択できるようになると，この宗教によって結ばれていた連帯意識が損なわれ，自分たちのコミュニティよりも自分自身をよくすることに関心を持ち始めたのだ。この個人主義的な精神が，他者への影響を気にすることなく，人々は自由に売買するべきだという態度を生み出した。そして，この考え方が動機付けとなり，企業は消費者の要求に応えるためにはどんな手段も講じようとするのだ。

(10) 解答　**1**

設問の訳　この文章の筆者によると，1555年の合意の意義は何であったか。

選択肢の訳　**1** ヨーロッパの宗教の自由の進展において，将来の発展に影響を与える根拠となった。

2 カトリックの優勢を逆転させ，カトリック信者が多数を占める地域においてプロテスタント教会に権威を与える結果となった。

3 カトリック教会が支配する地域でプロテスタントが自由に信仰を実践することを可能にする最初の協定だった。

4 ドイツ全土に広範囲に発生していた宗教的動機による暴力を収束させる最終の決定的要因だった。

解説　1555年のアウクスブルクの和議については第1段落に述べられている。最終文に，宗教紛争は依然として続くが「宗教の自由がさらに拡大する前例」となったとある。この内容に一致するのは**1**。

(11) 解答　**4**

設問の訳　プロテスタントの宗教改革後のヨーロッパの経済成長に関してマックス・ウェーバーはどのように考えていたか。

選択肢の訳　**1** 聖書を読めるようになることで，プロテスタントは神とのより密接な関係を形成することができ，神が彼らに経済的成功を授けた。

2 新しく結成された教会は，ヨーロッパの経済活動の主要拠点であったプロシアに，プロテスタントが移住することを促した。

3 プロテスタント教会は，信者に聖書を読むよう促すことによって，識字率を向上させ，それが経済的成果を上げるのにつながった。

4 プロテスタントの宗教改革は人々の考え方に大きな変化をもたらし，人々をより勤勉にさせ，経済状況を改善した。

解説　第2段落第1〜2文に，宗教改革の影響としてヨーロッパ経済の成長があると述べられている。その関連性を指摘した学者の1人がマックス・ウエーバーで，彼

が1905年に出版した本で理論付けたのは「プロテスタントは信者の人生の価値観を変え，それが彼らを裕福にし，より勤勉にした」ことだとあるので，**4**が正解。

（12）解答　**2**

設問の訳　ブラッド・S・グレゴリーは，プロテスタントの宗教改革は今日の環境問題と関連付けられると考えている。なぜなら

選択肢の訳　**1** キリスト教の新しい宗派が，環境より人権を重視する考え方を信者に奨励したからである。
2 宗教改革は，人々が社会全体より自分自身を優先するという考え方を生み，抑制のない消費と規制のない企業行動につながったからである。
3 キリスト教の新しい宗派は，科学に対して懐疑的な態度を促進し，人々が気候変動に対する最新の知見を拒否するようになったからである。
4 宗教改革は，大企業の大量生産に頼らずに需要を満たすために十分な商品が地元で生産されるような共同社会の弱体化につながったからである。

解説　第3段落で，宗教改革の代償として環境破壊などがあるというブラッド・S・グレゴリーの見解が述べられている。段落後半に，自由に教会を選択できることが個人主義の精神を生み，自由な売買を促し，企業が消費者の要求に応えるためにはどんな手段も講じる動機となっていることが述べられている。これらの内容に一致するのは**2**。

語句
□ Protestant「プロテスタント」
□ Catholic「カトリックの」
□ lasting「長く続く，永続的な」
□ Christianity「キリスト教」
□ denomination「宗派」
□ warfare「戦争」
□ precedent「前例」
□ subsequent「その後の」
□ theorize「～を理論化する」
□ materialistic「物質主義的な」
□ collective「連帯の，集団の」
□ better「～をよくする」
□ reversal「反転，逆転」
□ hub「拠点，中心地」
□ unrestrained「無制限な」
□ corporate「企業の」
□ theologian「神学者」
□ spark「～の火付け役となる」
□ critique「批判」
□ collectively known as ～「～と総称される」
□ prolonged「長期間の」
□ monarch「君主」
□ initiate「～を始める」
□ sociologist「社会学者」
□ cohesion「結束，団結」
□ erode「～を侵食する，～を損なう」
□ mindset「意識，精神」
□ incentivize「～に動機を与える」
□ dominance「優勢，支配」
□ prioritize「～を優先させる」
□ unrestricted「規制のない」
□ communal「共同の」

))) 05 問題編 ▶ p.118

全訳 経済制裁

イラクへの経済制裁

1990年8月，イラクが隣国のクウェートに侵攻した後，国連安全保障理事会はイラクに厳しい貿易制限を課した。医薬品を除き，イラクとの輸出入はすべて禁止され，国は経済的に孤立した。社会倫理学の教授であるジョイ・ゴードンの見解では，その後に起こったことは国連安保理のせいで生じた最も悲惨な人道的危機だった。制裁はイラク政府を破綻させるという目的を達成したが，結果として，一般市民が苦しんだのだ。医者や教師などの公務員は給料が支払われず，そのため退職を余儀なくされ，重要機関は職員がいなくなった。しかし，破壊はそこだけにとどまらなかった。ある推計によれば，イラクでは人々が生命維持に必要な輸入食糧を得られなくなったことで大規模な飢餓が発生し，50万人以上の子どもの悲劇的な死を招いた。

鈍器となる経済制裁

経済制裁は，諸外国による侵略，人権侵害，その他の好ましくない行動に対処するために最も一般的に行使される手段の1つだ。制裁は，伴うコストやリスクが一般的に少ないため，軍事行動などの他の介入方法より好ましいとされることが多い。しかしながら，その有効性はしばしば疑問視されてきた。アメリカの外交官リチャード・ハースはかつて，制裁を，狙った目標を超えて広範囲に影響を及ぼす可能性がある「鈍器」であると表現した。このことを明確に示しているのは，イラクに課された制裁の予期せぬ結果である。

経済制裁が人道的危機を招く要因

ジョイ・ゴードンはイラクにおける人道的危機を招いた多くの要因を指摘している。最初に国連安保理より制裁が課されてからほんの1年後，イラクへの経済制裁に加えて，アメリカを中心とした連合軍がイラクに対して開始した軍事攻撃である砂漠の嵐作戦という形で本格的な戦争が行われた。この軍事作戦中，連合軍は国の道路や公共施設の多くを爆撃して破壊し，この激動の中でのイラク政府と国連機関によるイラク人への食糧供給の努力を台無しにした。

経済制裁における人道的配慮の必要性

軍事衝突の影響に加え，アメリカとその同盟国は食糧やその他の必需品を配送してイラク市民を援助するという枠組みを制裁の中に組み込むことに失敗したのだと，ゴードンは強調している。これは人道支援団体による試みが欠如していたからではない。厳しい制裁期間中，人道的支援の提供を例外とするよう，国連の人権機関から一貫した要求があったのだが，軍民両用を根拠にこれらの要求はすべて無視あるいは阻止されることが非常に多かった。軍民両用とは，物資が一般市民に加えてイラク軍への供給にも使用されるのではないかという懸念を説明するためにゴードンが使っている言葉である。アメリカとその同盟国はイラク政権

を可能な限り弱体化させることを目指した。その目的は達成したかもしれないが、人道的利益への配慮の欠如が壊滅的な結果をもたらしたのだった。

成功例としての南アフリカへの制裁

　制裁が必ずしもイラクで見られたような悲惨な結果を招くとは限らない。1960年代に始まった国際社会から南アフリカに課された一連の制裁は、介入の成功例として多くの人から称賛されている。アパルトヘイトとして知られる南アフリカの歴史のこの期間中、国の公共施設や機関では人種隔離が厳しく行われていた。制裁は南アフリカの人種隔離政策に関与している政権を倒そうという試みで行われた。当初は制裁を無意味な行為であると見なす者もいた。しかし時間の経過とともに、その有効性が認められて制裁は高く称賛されるようになり、さらには人種差別撤廃運動を主導して南アフリカ政権により投獄された政治活動家のネルソン・マンデラでさえ、制裁は紛れもなく運動のために役立ったと言った。

制裁以外の要因の存在

　しかし、南アフリカ政権の崩壊を検証する際、関連する他の要因を軽視しないことが重要だと専門家は強調する。最近では、アパルトヘイトの崩壊を評価し直し、マンデラと黒人が多数を占める力強い政治運動が、制裁が設定した目標を達成する上ではるかに役立っていたのだと結論付ける専門家もいる。留意すべきもう1つの重要な要因はソ連の崩壊であり、それによって南アフリカ与党は、ネルソン・マンデラの運動が共産主義革命につながらないだろうと安心することができ、結果としてマンデラの釈放と最終的にはアパルトヘイトの終焉につながった。

実行方法と状況を考慮する重要性

　南アフリカへの制裁が政権崩壊にどの程度貢献したのかについては議論の余地があるかもしれないが、ほとんどの政治コメンテーターは、制裁が、一部の人たちが考えるほど影響力は大きくなかったかもしれないものの、前向きな力であったと考えている。これは、ほぼ例外なく悲惨な失敗であったと見なされているイラクへの制裁とは全く対照的だ。これら2つの大きく異なる結果に基づいて、1つ明らかだと思われるのは、制裁の実行方法と制裁が行われる際の状況は検討すべき重要な要素だということである。

（13）解答　**3**

設問の訳　リチャード・ハースが経済制裁を「鈍器」と特徴付けたことを説明する1つのことは、次の事実である。

選択肢の訳　**1** イラクでは、貿易に対する厳しい制限のため、医薬品を国内へ一切輸入することができなくなった。

　2 イラクは経済的な孤立期間を経験し、重要な商品を世界の国々と取引できなくなった。

　3 イラク政府が運営する機関には従業員がいなくなり、病院や学校は適切に機能

するのに十分なスタッフがいない状態となった。

4 制裁はイラク政府を経済的に破綻させ，クウェートを攻撃した政権は自ら資金調達ができなくなった。

解説 第2段落第4文に，blunt instruments（鈍器）について「狙った目標を超えて広範囲に影響を及ぼす可能性がある」と説明されている。これは，第1段落第4文から，狙った目標はイラク政府の破綻であったが，一般市民にまでダメージが及んだことを指している。第1段落第5文の，医者や教師などの公務員が退職を余儀なくされ，重要機関は職員がいなくなったことはその具体例で，これに一致する**3**が正解。

（14）解答　**2**

設問の訳 ジョイ・ゴードンによると，イラクに悲惨な結果をもたらした要因の1つは次のうちどれか。

選択肢の訳 **1** アメリカとその同盟国がイランに対して開始した軍事作戦が，イラクへの食糧供給に必要なインフラを機能不全にすることができなかった。

2 援助団体が一般市民への人道的な食糧という形での援助ができるよう訴えたが，連合軍は繰り返しそれを却下した。

3 イラク政権へのダメージを最大にするという連合軍の計画は，紛争後にその国をどう再建するかを考慮することなしに実行された。

4 支援提供を担当する国連の機関が，手遅れになる前にイラクの人道的危機の程度を認識できなかった。

解説 ジョイ・ゴードンの指摘する，イラクへの経済制裁が人道的危機を招いた要因は，第3，4段落に述べられている。要因については第3，4段落に説明がある。第4段落第3文には，国連の人権機関は制裁中も人道支援はするよう求めていたが，こうした要請は無視されたり阻止されたりしたとあるので，**2**が正解。国連の機関は人道的危機を認識していたので，**4**は誤り。

（15）解答　**1**

設問の訳 この文章によると，南アフリカのアパルトヘイト体制に対する制裁について最近の分析は何を示唆しているか。

選択肢の訳 **1** 制裁の効果は誇張されている可能性があり，他の要因がより大きな影響を与えた可能性があると考える理由がある。

2 もしソ連が権力を維持していたら，制裁は政権にもっと大きなダメージを与えられたかもしれない。

3 アパルトヘイトは制裁の行使がなければ終わらなかっただろうし，制裁は政権を打倒する決定的要因であった。

4 制裁は国際社会が単に道義的姿勢を示すために行使されただけで，実際には逆効果であった。

解説 南アフリカのアパルトヘイト体制の崩壊は制裁の成功例として第5段落で説明されており，南ア政権崩壊に関する最近の検証については第6段落以降で述べられている。マンデラなどによる政治運動やソ連の崩壊などの他の要因を軽視しないことが重要だという説明が第6段落にあり，さらに第7段落には制裁には考えられていたほどの影響力はなかったかもしれないとあるので，正解は**1**。**3**は最近の分析より以前に考えられていたことなので誤り。

（16）解答 **2**

設問の訳 この文章の筆者は制裁の行使についてどのように結論付けているか。

選択肢の訳 **1** 制裁は軍事行動のような厳しい対応に頼ることなく外交政策の目標を達成する唯一の方法だ。

2 制裁の影響は悲惨な結果につながる可能性があるため，慎重に実施されるよう注意が必要だ。

3 制裁は人種差別に関連する人権侵害への対応としてのみ適用されるべきで，侵攻を行った国を罰するために適用されるべきではない。

4 制裁は常に有害無益であることを歴史が示しているので，制裁の行使はやめるべきだ。

解説 最終段落で筆者は，制裁が前向きな力となった南アフリカと悲惨な失敗となったイラクという対照的な結果について述べ，最終文で制裁の実行方法と行われる際の状況を検討することが重要だと結論付けているので，正解は**2**。

語句

- □ ethics「倫理学」
- □ humanitarian「人道的な」
- □ diplomat「外交官」
- □ warfare「戦争」
- □ regime「政権」
- □ hail「～を称賛する」
- □ toppling「崩壊，転倒」
- □ crucial「重要な」
- □ stark「全くの」
- □ render「～を…にする」
- □ consideration「配慮」
- □ counterproductive「逆効果の」

- □ devastating「悲惨な，深刻な」
- □ aggression「侵略」
- □ blunt「鈍い」
- □ coalition「連合，連合軍」
- □ catastrophic「壊滅的な」
- □ segregation「隔離」
- □ downplay「～を軽視する」
- □ reassure「～を安心させる」
- □ execute「～を実行する」
- □ cripple「～を損なう」
- □ overstated「誇張された」

- □ intervention「介入」
- □ supplement「～を補う」
- □ rationale「理由，理論的根拠」
- □ disastrous「悲惨な」
- □ enforce「～を実施する」
- □ instrumental「役に立つ」
- □ eventual「最終的な」
- □ pharmaceutical「医薬の」
- □ implement「~ を実行する」
- □ topple「～を倒す」

))) 06 | 問題編 ▶ p.122

全訳 土地の承認

土地の承認の広まり

　1970年代，オーストラリアのパースの芸術祭において，イベント主催者は長年続くオーストラリアのアボリジニの儀式を取り入れ，その芸術祭が行われている土地はもともとオーストラリアのアボリジニの人々によって占有・耕作されていたことを最初に認めてから，ゲストを迎え入れた。その後10年間で，これらの「土地の承認」は国中に広まり，やがてカナダやアメリカなど，ヨーロッパからの入植者によって先住民が先祖代々の土地から暴力的に立ち退かされた他の国々にも広がった。これらの声明は，イベントや会議，その他の会合の冒頭で行われることがあり，先住民が土地の管理者として行動していたという事実を認め，彼らがその土地から強制的に立ち退かされたことを認めるものである。先住民の幅広い歴史は一般的に知られており，学校でもしばしば教えられているが，土地の承認はこれらの国のもともとの住民の不当でしばしば残虐な扱いを，現代の人々に思い起こさせるのに役立っている。

土地の承認の問題点

　これらの国々の歴史を覆い隠したくないというこの願いは，多くの先住民やその指導者に歓迎されており，彼らはそれを和解に向けた重要な第一歩と考えている。しかしながら彼らの多くは，先住民の生活を向上させるための具体的な行動が伴わなければ，土地の承認は空虚なジェスチャーで終わるだけだろうと感じている。土地の承認に関するインタビューで，カナダ先住民族の1つである，アルゴンキンのアニシナアベ・クエ（アニシナアベ族女性）である作家のリン・ゲールは，「私はカナダは恩着せがましいと思っています。なぜなら，私はカナダが私たちと国対国ベースで向かい合っていないのを知っているからです」と述べた。

状況改善を伴う土地の承認を

　むしろ，多くの先住民指導者たちは，土地の承認は先住民グループの状況を改善しようとするもっと具体的で法的な変化によってバックアップされるべきだと考えている。何よりもまず，そのような措置は先住民に土地を返還することを目的とすべきである。州所有の土地をアメリカ先住民族に返還するというカリフォルニア州のプログラムのように，その分野で前途有望な進展がある。また，祖先が取得した盗まれた土地が生み出した富に基づいて25万ドルを地元部族に支払ったアメリカの教授のように，個人が返済することもできるのだ。そのような行動が，土地の承認のような声明を単なる言葉以上のものにする可能性があるのである。

(1) 解答　**2**

解説　空所には先住民について「土地の承認」が認めていることが入る。続く文に，土地の承認は先住民が受けた不当で残虐な扱いを現代人に思い起こさせてくれるとあるので，**2**「その土地から強制的に立ち退かされた」を入れると自然な流れになる。**1**の「そこに住んでいた多くの人々のうちの1人」，**3**の「過去にそのようなイベント開催をした最初の人」，**4**の「互いによく軍事的に衝突していた」はどれも空所後の内容に合わない。

(2) 解答　**1**

解説　第2段落冒頭にある国々の歴史を覆い隠したくないという願いは，土地の承認によって先住民の不当で残虐な過去を現代の人々に思い起こさせるという第1段落最終文を受けている。空所の次の文はHoweverで始まっており，土地の承認が空虚なジェスチャーとなる懸念について述べているので，空所には逆の内容，つまりこれを歓迎している先住民がどう思っているかが入る。よって，**1**「和解に向けた重要な第一歩」が正解。空所の後で，それでも先住民は具体的な生活向上策をさらに求めていることがわかるので，**3**「政府ができる最善策」は誤り。**2**「非先住民の教育機会」や**4**「何世代にもわたる協力の結果」は後続の内容に合わない。

(3) 解答　**4**

解説　第3段落の流れを確認すると，第1文で先住民が状況を改善する具体策を望んでいると述べており，Primarily で始まる空所文には，そのような措置がどんなゴールを目指すべきかが入る。後ろの文を見ると，その具体例としてカリフォルニア州における先住民への土地返還プログラムについて説明している。したがって，空所には**4**が入る。**1**「すべての土地所有者に適正な対価を支払わせること」，**2**「先住民へ経済支援を提供すること」，**3**「土地を盗んだ者を罰すること」は後続の内容に合わない。

語句
□ acknowledgment「承認」
□ cultivate「〜を耕す」
□ ancestral「先祖代々の」
□ inhabitant「居住者」
□ patronizing「恩着せがましい，上から目線の」
□ tangible「具体的な」
□ forcibly「強制的に」
□ longstanding「長く続いている」
□ evict「〜を立ち退かせる」
□ steward「管財人，執事」
□ paper over 〜「〜を覆い隠す」
□ indigenous「先住の，土着の」
□ promising「前途有望な」
□ reconciliation「和解」

))07 問題編 ▶ p.124

全訳 人類の隠れた縞模様

ブラシュコ線

シマウマやトラのように体に目を引く模様がある動物とは異なり，人間は一般的に非常に均一な体色をしている。しかしながら，実は人間には見えない縞模様が全身にあり，それは規則正しく並んでいる。これは，20世紀初頭，ドイツ人の医師であるアルフレッド・ブラシュコにより発見されたのだが，彼は多くの皮膚疾患の症状がすべての患者において同じパターンに従っているようだと気づいた。彼は当初，それらは神経や血管，体の他のシステムの向きに従っていると想定していたが，完全に独立していることがわかった。これらの線は発見者に敬意を表してブラシュコ線と名付けられた。

ブラシュコ線のでき方

これらの線は人間の赤ちゃんが成長する道筋の名残だ。胎児が子宮の中で発育すると，新しい皮膚が生成され，その間に皮膚細胞は急速に成長する。しかし，新しい皮膚は体全体に断片的に現れるのではなく，ブラシュコ線に沿って「継ぎ目」から出現する。新しい皮膚細胞が表面まで押し進むと，そこにあった皮膚は横へ押しやられる。現れる模様はちょうど，溶岩が噴出して新しい土地を形成し，もともとあった土地を帯状に押し出す時に構造プレートの断層付近に現れる形によく似ている。これらの線は一般的にはすべての人間で共通で，腕や脚では垂直に走り，腹部と背部では深いV字型を形成している。

キメラのブラシュコ線

実際には，皮膚疾患を患うことなくブラシュコ線を呈す人たちもいる。例えば，キメラの人たちのブラシュコ線は見えることがある。キメラとは，体内に複数のDNAセットを持つ人々である。この状態は，2つの受精卵が胚に成長する前に結合し，それから胎児になるということが原因で起こることがある。1人が2セットのDNAを持つと，それぞれのセットは皮膚の色をどのくらい濃くするかについて異なる指示を出す可能性がある。これらの相反する2つの指示の境界がブラシュコ線に沿っていて，ほとんどの人間に隠されているものの目に見える証拠となる。

(4) 解答　**4**

空所には皮膚疾患の症状についてブラシュコが発見したことが入る。空所文の後に「それらは神経や血管, 体の他のシステムの向きに従っていると想定していた」とあることから, 同じパターンに従っているようだったという **4** が正解。**1**「血液疾患による」, **2**「人間と動物に異なる影響を与える」, **3**「他の健康問題につながる」についてはいずれも前後の文脈に合わない。

(5) 解答　**3**

空所にはブラシュコ線が何の名残なのかが入る。第2段落第2～4文に子宮の中の胎児が発育するにつれ新しい皮膚がブラシュコ線に沿って次々に形成され, もともとあった皮膚が横に押しやられる, とブラシュコ線が形成される過程の説明がある。ブラシュコ線は **3**「人間の赤ちゃんが成長する道筋」の名残とするのが正しい。**1**「人間の赤ちゃんが患う病」, **2**「人間が時代とともにどう変わったか」, **4**「人類最古の祖先」はどれも空所文に続く内容に合わない。

(6) 解答　**2**

空所文は段落冒頭にあり, この段落では同文の some people について説明していると考えられる。空所文の後には複数のDNAセットを持つキメラとブラシュコ線に関する記述があり, 普通は隠されていて見えないブラシュコ線がキメラでは見えると説明している。この内容に合うのは, ブラシュコ線の現れ方に言及している **2**。**1**「決してブラシュコ線を形成しない人」は空所文の後の内容に矛盾する。**3**「ブラシュコの理論を拒絶する人」と **4**「ブラシュコの主張を反証する皮膚病を持つ人」は空所文の後と関係のない内容。

- coloration「配色」
- remnant「名残, 残骸」
- womb「子宮」
- seam「継ぎ目, 縫い目」
- lava「溶岩」
- fertilized「受精した」
- embryo「胚」
- initially「最初は」
- fetus「胎児」
- piecemeal「断片的に」
- tectonic plate「構造プレート」
- chimera「キメラ」
- merge「結合する」
- claim「主張」

))) 08 問題編 ▶ p.126

全訳 倫理的投資

　企業の目的とは何か。少なくとも20世紀後半以来，アメリカ人の経営者は株主価値に集中するように教わってきた。この基準では，シニアビジネスリーダーの成績は，会社の株価の変化だけに基づいて評価される。株が1株当たり100ドルから150ドルまで上昇した企業のCEOは「よい」リーダーであり，より巨額の報酬が与えられるだろう。反対に，株が100ドルから50ドルに下がったら，CEOはおそらく解雇になり，役員も総入れ替えになるだろう。さらに，ミルトン・フリードマンという，20世紀に最も影響力があった経済学者の1人によると，企業は一般的にチャリティーにかかわるのを避けるべきであり，その理由はそれが法律上も倫理的にも企業の目的ではないからである。もし企業に余剰資金があるなら，将来の成長のための資産に投資するか，配当という形で株主に戻すべきであり，社会に寄付すべきではない。フリードマンの言葉を言い換えると，企業の唯一の社会的責任は利益を増やすことである。アメリカの重役会議室では1980年代までにこれが経営基準になった。

　フリードマンの経営理念は，特に年配の経営者や古くからある産業の間では，多くの点でいまだに支配的である。しかしながらこのモデルは，数十年にわたって支持を失っている。人権，環境保護，そして社会的平等を求める多数の活動家が，企業実績の新しくて革新的な基準を1960年代にはすでに要望していた。ゆくゆくはウォール街の企業と世界中の投資会社がこうした要望に反応し，環境，社会，ガバナンス（ESG）の考えを中心にしたファンドと事業運営を設計した。ESGの定義はさまざまであり，その根本要素については議論がある。しかしながら，「環境」は一般的に企業が自然に優しい方法で事業を行うことに関係する。したがって，鉱業，林業，あるいは石油採掘業に携わる企業は，ESGの状況を適格と認めてもらうのが一層難しくなるかもしれない。「社会」は，女性や宗教的・人種的少数派といった社会の非主流グループに有益な企業の運営，雇用慣習に関係している。「ガバナンス」は，企業が透明性があって倫理的な方法で事業を運営しているかどうかに関連する。これにはベンダーも同じことをしていると保証することに加え，労働者を丁寧に扱っていること，職場の安全性を保っていること，公正に賃金を支払っていることも含む場合がある。

　多くの従業員，投資家，経営者は，特に若い人たちはESG関連の企業やファンド，株式にとても夢中になっている。2022年には，ESGベースの投資ファンドが記録的ペースで誕生していた。一部の専門家は，2004年から2018年までの株式市場での実績を分析し，一般的なESGファンドは従来のファンドと比べてより好調か同等に推移したと主張している。一方で，ESG関連企業に関する懐疑論も十分にある。1つには，ESGの共通の定義がなく，企業やファンドが本当にESGのルールに従っているかどうかを検証する組織も一切ない。ESG投資はせいぜい一時的な流行にすぎず，最悪の場合は完全な詐欺であると考えている人もいる。他の投資家はESGベースのファンドに対して裁判すら起こしている。彼らは，

資産運用者の唯一の目的はクライアントのために金を稼ぐことであるべきだと感じているためだ。ただし，それでもESG支持者は，ESGと利益は互いに相容れない関係ではなく，上手に経営されているESG関連企業は両方とも実現できるはずだと主張する。批判的な人は，もうけを出すことはただでさえ難しく，ESG目標を追加することで利益を上げることは不可能になると言い返す。倫理とESGの有用性をめぐる議論はすぐには終わりそうにない。

(7) 解答 **2**

設問の訳 ミルトン・フリードマンの理論に関してわかることは何か。

選択肢の訳 **1** 普通の株主に支払われる配当を著しく上回らない限り，チャリティーへの寄付を支持している。

2 多くのアメリカ企業に対し，特にシニアマネージャーに主として金銭的な利益に焦点を絞るよう刺激することにおいて，強い影響力を持つようになった。

3 過去の時代には成功しているCEOに影響を与えたが，1980年代を過ぎると，彼らによる効率への過度な集中はあまりに急進的だとますます見なされるようになった。

4 弱者を助けて国民全体がさらに繁栄するために社会的責任のある企業ができることを再定義することにおいて，多くの企業トップを援助してきた。

解説 フリードマンの理論については第1段落後半に説明があるが，その特徴の1つは，企業の唯一の社会的責任は利益増大だということ。続く第2段落冒頭ではさらに，年配の経営者の間ではいまだに支配的だと述べているので，これらの内容をまとめた**2**が正解。**1**と**4**は逆の考え。**3**については記述がない。

(8) 解答 **2**

設問の訳 ウォール街は活動家の要望にどのように反応したか。

選択肢の訳 **1** すべての投資会社に，スタッフとマネージャーをESGガイドラインに関する集中研修を受けさせるように要求した。

2 従業員，その他の利害関係者，そして環境に恩恵があることを保証する，透明性のある商取引を中心とするファンドを生み出した。

3 差別的な雇用慣習に関する既存のガイドラインに加え，環境的な配慮も含むよう企業の社会的責任の定義を変えた。

4 活動家が批判していた慣習を偽装しようとして，企業の透明性に関してもっと寛大な法令を要求した。

解説 Wall Streetとactivistsの関係については，第2段落第3，4文に，活動家の要望に応じてウォール街の企業はESGの考えを中心にしたファンドと事業運営を

設計したとある。それ以降にESGの詳しい説明があり，それは環境に優しく（＝Environment），少数派にも有益で（＝Social），透明性があり従業員を大事にする（＝Governance）ことに関連があると述べている。以上の内容に一致する**2**が正解。**3**の「差別的な雇用慣習」は第8文にあるようにESGが撤廃を目指していることの1つであり，既存のガイドラインはないため誤り。

(9) 解答 **1**

設問の訳 ESGを批判している人たちが主張していることの1つは，

選択肢の訳 **1** ESGの意味について明確な理解はまだなく，企業がESGのしきたりに従うことで利益を出すのに苦労しかねないということである。

2 ほぼすべてのアメリカ企業がすでに利用しているESGのしきたりを実践したことを理由に，人々が企業に対して裁判を起こしかねないということである。

3 人々はどの企業が本当にESGの認証を得る資格があり，どの企業にはないのかを判断するため，自分自身のビジネスネットワークを使わなければならないということである。

4 人々は自分の金を投じる前に，一般市民に奉仕している経験豊かなチャリティー組織の実績を，ESG関連ファンドの実績と比較すべきであるということである。

解説 ESGに対する批判については，最終段落第5文に，ESGには共通の定義もなければ企業やファンドがそのルールに従っているかを検証する組織もない，とある。さらに最後から2文目で，「ESG目標」が追加されたら利益を上げることは不可能になる，と述べている。以上の内容に一致する**1**が正解。ほぼすべてのアメリカ企業がESGの考えを取り入れているとは述べていないので**2**は誤り。**3**のビジネスネットワークや，**4**のチャリティー組織とESG関連ファンドの実績の比較については，記述がない。

語句

☐ ethical「倫理の」

☐ assess「〜を評価する」

☐ conversely「反対に」

☐ surplus「余剰の」

☐ dividend「配当」

☐ dominant「支配的な」

☐ progressive「革新的な」

☐ marginal「あまり重要でない，（中心から外れた）周辺的な」

☐ transparent「透明性のある」

☐ claim「〜と主張する」

☐ skepticism「懐疑論」

☐ in compliance with 〜「〜に従って」

☐ outright「完全な」

☐ advocate「支持者」

☐ ethics「倫理（学）」

☐ transparency「透明性」

☐ be critical of 〜「〜を批判している」

☐ eligible「適格で，適任で」

☐ criterion「基準」（複数形は criteria）

☐ compensation「報酬」

☐ influential「影響力のある」

☐ asset「資産」

☐ paraphrase「〜を言い換える」

☐ activist「活動家」

☐ component「構成要素」

☐ wage「賃金」

☐ conventional「従来の」

☐ verify「〜を検証する」

☐ fad「一時的な流行」

☐ fraud「詐欺」

☐ exclusive「排他的な」

☐ consideration「考慮，思いやり」

☐ disguise「〜を偽装する，〜を隠す」

☐ implement「〜を実行する」

☐ certification「認証，認可」

全訳 アルファベットと情報の順序の付け方

アルファベットの由来とその順序

数千年の人類の歴史の中で，人々は象形文字を使って言葉や音を表現してきた。音を抽象的な記号で表現するという考えは言語の発達の中では後年に誕生したもので，一般的に紀元前1000年ごろに地中海周辺に住んでいたフェニキア人に起因する。このアルファベットは，現在もまだ使用されているギリシャ文字やローマ字の前身だった。形そのものや対応する音は，現在でももともとのものに類似している。現代のアルファベット記号の順序はもともとの順序と似ていて，記号そのものと同様，特別な理由はなく恣意的なものが多い。それでもアルファベットが使用されている地域では，この順序は子どもたちが文字表記に出会う時に最初に学ぶことの1つである。

階層的な順序付け

この順序は情報を整理する明白で直感的な方法と思われており，そのためリストを順序付けする際のデフォルトになっている。しかしこのデフォルトは常にそうであったわけではない。つい数百年前には，情報は階層的に順序付けられることが多く，より重要で基本的な情報は最初に整理されていた。部分的に，これはあるトピックについてすでに詳しい人が情報を調べるプロセスを容易にするために使用されていたが，時に尊敬や敬意の問題であることもあった。イングランドで土地の統計が行われた際は，すべての地主を名前によってリストアップするのではなく，ランクによる順序で並べた。国王は当然ながら最初に並べられ，続いて宗教指導者，貴族階級，そして最後に庶民が列挙された。アメリカのハーバード大学とイェール大学では，学生リストは以前，彼らの家族がどれだけ裕福で社会的地位が高いかに基づいていたのだが，それはそうしないとより裕福な親たちに対して無礼である可能性があったからである。初期のヨーロッパの百科事典もこの基準に従っていたが，それは人間についてだけでなく，すべての人間の知識についてであった。このため，このような参考書では神が常に最初に登場する。たとえAやBの順番がGより前であっても，リンゴ（apple）やクマ（bear）を神（God）よりも前にエントリーするのは非常に失礼なことだったためである。

アルファベット順の普及と標準化

このシステムは書籍の出版が普及するにつれて衰退した。参考書はもはや情報を裏付ける必要がある専門家だけでなく，何かを学びたいと思うすべての人のものとなった。庶民はあるトピックの全情報が階層的にはどのように処理されるかは知らないが，トピックの頭の文字はわかるので，アルファベット順がよりアクセスしやすい選択肢になった。この変更をあざ笑う者もいたが，ブリタニカ百科事典がアルファベット順で発刊された時，イングランドの詩人で哲学者のサミュエル・テイラー・コールリッジはそれを「頭文字の偶然によって決定された配列による……巨大なつながりのないものの寄せ集め」だと言った。このような冷

笑にもかかわらず，アルファベット順は習得しやすかったため，最終的には標準となった。もちろん，物事をリストアップするのにもっと論理的な順序がある場合もある。ほとんどの人は，家族を一覧にする際にはアルファベット順ではなく年長者から順にするだろう。それでもやはり，アルファベット順は信頼性があり情報を整理する容易な方法である。

(10) 解答 **2**

設問の訳　第1段落によると，最初のアルファベットの順序について正しいことは何か。

選択肢の訳　**1** 記号が意味する単語の重要度を基に記号を順序よく並べるというそれまでの文字体系に基づいていた。

2 その順序には特定な論理はなく，どの文字にも割り当てられた価値のないランダムなものだった。

3 最初にギリシャ人によって変更され，次にローマ人が前者の文化の書き方を取り入れた後に変更した。

4 学校でアルファベットを学ぶ予定の庶民にとって容易になるよう順序が作られた。

解説　第1段落ではアルファベットの由来とアルファベット順について述べられている。最初のアルファベット順についての説明は最後から2番目の文に，現代のアルファベット記号の順序は初期のものの順序と似ていて，順序には特別な理由はなく恣意的だとある。この内容に一致するのは**2**。

(11) 解答 **3**

設問の訳　文章で言及されている大学の学生はなぜもともとそのような方法でリストアップされていたのか。

選択肢の訳　**1** 大学は，どの家庭がより多くの寄付をしているかを示し，他の家庭にも寄付をするよう促したかったから。

2 学生を調べる人々は，無名の学生より先に有名な学生を知りたかったから。

3 著名でない家庭の子どもたちの後ろに自分の子どもが並べられることで，人が怒ってしまう可能性を避けるため。

4 新しい学生が大学に入学する時，常に並べ替える必要がないように，到着順に学生を並べるほうが簡単だったから。

解説　大学の学生リストのかつての順序付けについては第2段落中盤に記述がある。第7文に，リストは学生の家族の裕福さ，社会的地位の高さに基づいており，そうしないと，裕福な親たちに対して無礼である可能性があるからと述べられている。この内容に一致するのは**3**。**1**の「寄付」，**2**の「無名・有名な学生」，**4**の「到

着順」については本文に言及がないので誤り。

（12）解答　**1**

設問の訳　筆者は最終段落でなぜ家族の成員について言及しているのか。

選択肢の訳　**1** 情報の順序の付け方についてのサミュエル・テイラー・コールリッジの意見が正しいというケースがまだ存在することを示すため。

2 サミュエル・テイラー・コールリッジがアルファベット順を認めた理由の一例を示すため。

3 物事が恣意的に順序付けされ，それがほとんどの人々の習性となっているという別の状況を説明するため。

4 物事の順序付けのシステムは何千年も前に確率されて以来，ほとんど変わっていないということを指摘するため。

解説　最終段落最後から 2 番目の文の後半で「家族を一覧にする際にはアルファベット順ではなく年長者から順にするだろう」とあるが，これは同文前半の「物事をリストアップするのに（アルファベット順より）もっと論理的な順序がある場合」の具体例である。アルファベット順が普及し標準となったにもかかわらず，それを否定したサミュエル・テイラー・コールリッジの言い分の正しさを示す一例として家族の成員に言及していると考えられる。したがって，正解は**1**。

語句

□ pictograph「象形文字」
□ Phoenician「フェニキア人」
□ precursor「前身，先駆け」
□ arbitrary「恣意的な，無作為な」
□ default「デフォルト，標準」
□ be acquainted with ～「～を知っている」
□ nobility「貴族階級」
□ well-heeled「富裕な」
□ wane「衰退する」
□ corroborate「～を裏付ける」
□ deride「～をばかにする」
□ miscellany「寄せ集め」
□ signify「～を意味する」

□ be attributed to ～「～に起因する」
□ circa「およそ，～年ごろ」
□ analogous to ～「～に類似した」
□ intuitive「直感的な」
□ hierarchical「階層的な」
□ deference「敬意」
□ prestigious「名門の，高い地位にある」
□ disrespectful「失礼な」
□ widespread「普及した」
□ hierarchically「階層的に」
□ philosopher「哲学者」
□ derision「あざけり」
□ obscure「無名の」

全訳 男性と女性における脳の違いとは

男女の違いについての議論

　1992年，ジョン・グレイは『男は火星から，女は金星からやってきた』というタイトルのベストセラー本を書いた。プロのカウンセラーであるグレイは，カップル間の大半の問題は根本的な心理的相違から生じると主張した。神経科学者のニラオ・シャーによると，ほとんどの社会において男性と女性とでは交尾および子育ての行動において異なる振る舞いが見られるだけでなく，攻撃性の度合いの違いも見られるという。彼の主張によれば，動物界では，脳は生存を広める特質を示すように回路ができあがっており，その結果，性別間の自然な違いが生じる。しかし，英国の神経科学者ジーナ・リッポンは，男女の脳の違いに関する議論は過大評価され，作り話で満ちていると見ている。しかしながら，男女間の明白な傾向を指摘する者もいる。例えば，女性のほうがうつ病などの特定の精神衛生状態になる可能性が高い一方，自閉症などの特定の神経発達状態になる可能性は男性のほうが高いといったことだ。

脳の処理における性差

　さらに研究では，ある認知的作業をしている時，性別によって脳の処理が異なることが示されている。これらの違いの根底に何があるのかは完全にはわかっておらず，男女で脳に著しい違いがあるのかどうかについては疑問が残ったままだ。平均すると，男性の脳は女性の脳よりも約10％大きい。「しかし，大きいほど賢いという意味ではありません」と言うのは『女性の脳の力を解き放つ』の著者であるダニエル・エイメン医学博士だ。「脳の大きさにかかわらず，男女にIQの違いは見られませんでした」。男性と女性の脳は，大脳皮質（思考と随意運動を制御する脳の外層）の特定の領域で体積が大きい。おのおのの部位は，独占的ではないものの，異なる種類の情報処理を担っている。女性の脳のほうが，前頭前野（感情と意思決定の処理を担っていると考えられている領域）の体積が大きい。一方で男性は，学習に関連する部分である側頭領域の体積が大きい。

脳の神経回路に見られる違い

　新しいテクノロジーの発達により，男性と女性の脳の回線と機能の仕組みについて生まれつきの違いもあるという証拠がより多く出てきた。ペンシルベニア大学の研究者であるラジニ・バーマは，拡散テンソル画像化と呼ばれる技術を使い，8〜22歳の男性428人，女性521人について脳の神経連絡図を作った。神経連絡は，脳の情報が行き交う道路システムのようなものである。言い換えると，神経連絡によって信号が送受信されるのだ。神経回路図によってわかっているのは，平均して女性の脳は左半球と右半球の接続が強いが，対照的に男性の脳は一般的に脳の前部と後部の接続のほうが多いということである。バーマは，女性は脳の左側と右側を一緒に働かせる必要がある作業で有利であるかもしれないのに対し，男

111

性は主に脳の片側に大きく依存する作業でよりよい働きをするかもしれない，と結論付けた。「私たちの研究では，たとえ男女が同じことをしている場合でも，男女の脳の回路における重要な違いを見つけています。いわばフィラデルフィアからニューヨークまで車を運転している2人が，違う道を通るのに結局同じ場所に行き着くようなものです」とバーマは言う。

記憶と社会的認知が得意な女性

磁気共鳴画像法（MRI）を使って脳をスキャンすると，性別による最大の違いは，女性の海馬（記憶における役割を果たす組織）と左尾状核（コミュニケーションスキルを制御すると考えられている）にはより多くの灰白質があることだとわかる。バーマは，女性の脳には，記憶と社会的認知に関連する領域により多くの回線があることを発見した。心理学者たちは，女性のほうが聞き上手で，他の人がどのように感じているかを理解するのが上手であると認識される理由はここにあるのかもしれないと主張する。

薬の作用における違い

新しいテクノロジーによって脳の違いがよりよく理解できるようになると，科学者が脳を研究する方法が変わる可能性があるだけでなく，神経学的状態への，そしてどちらか一方の性により多くの影響を及ぼす障害の治療法への洞察につながる可能性もある。ノースウェスタン大学の研究者たちは最近，画期的な発見をした。彼らは分子構造の違いのせいで薬は男女の脳に異なる作用をすると主張している。具体的には，海馬（学習，記憶，ストレスへの反応にかかわる脳の領域）におけるシナプスの調節に違いが生じる。

テルアビブでの研究でわかったこと

しかし，一人一人の脳は固有のものだと言う研究者もいる。あるテルアビブの研究が示唆するところでは，脳における性差は，人々が育った文化と彼らが人生で経験してきたことに大いに依存している可能性がある。脳が同じ信号を何度も処理すると，そうした信号が通るネットワークが強化される。繰り返しのトレーニングが筋肉を強くするようなものだ。したがって，男性と女性の脳は最初は似ているとしても，時間がたつにつれて違っていく可能性がある。男性と女性とでは社会的な期待が違うため，異なる扱いを受けるからだ。テルアビブの研究はまた，脳が欠陥部分を補い，損傷に適応できることも示した。この考えを裏付けたのがカーネギー・メロン大学の研究で，1つの脳領域が機能を失うと，補助的な脳領域の「バックアップ」がただちに作動し，もはや機能していない領域の代わりを務めることを明らかにした。これが可能である理由は，思考やその他の活動を制御するのは，独立して機能する脳内の1つの部分というより，一緒になって機能する脳の部分の集まりだからだ。

脳の男女差は生物学的か環境的要因かの議論の行方

「男性であれ女性であれ個人には能力に大きなばらつきがあります」とバーマは言う。「例えば，私は数学の学位を3つ持っていますが，方向音痴です」。心理学者と社会学者は，男性と女性とでは確かに脳にいくつかの違いがあることにたいてい同意するが，その違いが環境的な要因によって引き起こされているのではなく，どれくらい生物学にのっとっているのかについては議論の余地がある。単純に，脳における解剖学的な差異が異なる行動や認知を

説明しているとの結論を出すだけの十分な証拠がないのだ。さらに多くのことがわかるまで，ほとんどの研究者は，行動を生物学的な違いとだけ関係付けないように警告する。

（13）解答　**4**

設問の訳　次の証拠のうち，男性と女性の脳に違いがあると一部の人々が信じることにつながったものはどれか。

選択肢の訳　**1** テストによって，男性と女性の知能レベルには測定可能なほどの違いがあることが示されている。
2 観察によって，女性の脳はさまざまな脳の領域間で情報を処理するのに対し，男性の脳は1つの領域でしか情報を処理しないことが示された。
3 男女関係の根本的な問題は，両方の性に内在する心理的な違いの結果であることがわかった。
4 特定の神経障害は，男性か女性のいずれか一方でより一般的であることが示されている。

解説　第1段落の最後の2文で，男女間で傾向が明白な場合があり，それは女性のほうがうつ病などの病気になる可能性が高く，一方で男性のほうが自閉症などの神経発達状態になる可能性が高いと述べている。これに一致する**4**が正解。**1**は，男女にIQの違いはないと述べている第2段落第5文に矛盾する。**2**は第3段落第4文の内容に矛盾する。**3**は第1段落の冒頭に出てくるグレイが主張したことだが，彼の主張で脳には男女間で違いがあると信じられるようになったわけではないので誤り。

（14）解答　**2**

設問の訳　この文章によると，男性と女性の大脳皮質の違いに関して何が言えるか。

選択肢の訳　**1** 大脳皮質の相対的な大きさに違いがあるが，これが男性と女性の行動に影響を与えるという証拠はほとんどない。
2 大きさの違いが明らかである大脳皮質の領域は，異なる認知活動と関連している。
3 女性は，脳の両側を同時に使用する必要があるタスクをするのが上手でない可能性がある。
4 男性は女性よりも前頭前野の体積がかなり大きいが，情報処理を制御する側頭領域の体積は小さい。

解説　brain cortex「大脳皮質」については第2段落後半に説明がある。第6文の「男性と女性の脳は，大脳皮質の特定の領域で体積が大きい」と，最後の2文の，女

性は感情と意思決定の処理を担う前頭前野の体積が大きいのに対し男性は学習に関連する側頭領域の体積が大きいという内容を簡潔に述べている**2**が正解。**1**と**4**は最後の2文に矛盾する。**3**は大脳皮質のことではなく脳の神経回路について書かれた第3段落第5文に矛盾する。

（15）解答　**2**

設問の訳 拡散テンソル画像化により，男性と女性の脳について研究者はどのような結論を出すことができたか。

選択肢の訳 **1** 脳の右半球において男性が示す神経連絡の数ははるかに少ない。
2 女性の脳は，異なる脳半球間でより多くの情報伝達をしており，男性の脳よりも相互に関連している可能性がある。
3 一人一人の脳は異なるため，性別に関しては脳で情報がどのように行き交うかについて結論を出すことはできない。
4 脳障害を治療するために作られた薬は，神経回路にはいくつかの違いがあるにもかかわらず，男性と女性に同様の効果がある。

解説 拡散テンソル画像化については第3段落に説明がある。第4文の「女性の脳は左半球と右半球の接続が強い」に一致する**2**が正解。男性の脳内の神経連絡数に左右差があるとは述べられていないので**1**は誤り。拡散テンソル画像が明らかにしたことの中に，個体差や薬に関する話はないので**3**と**4**も誤り。

（16）解答　**1**

設問の訳 テルアビブの研究者は，男性と女性の脳の違いは…と主張している。

選択肢の訳 **1** 根本的な生物学上の違いというよりもむしろ，社会による男性と女性の扱い方の結果である
2 男性と女性は生涯を通じてあるホルモンを作り出す程度が異なるという事実によって引き起こされる
3 環境的な要因よりも生得的な要因のほうが人の脳回路を決める時の影響が大きいために生じる
4 女性は生涯にわたって男性よりも多くの薬を消費する傾向があり，これが脳細胞の分子構造に影響を与える可能性があるという事実に一部原因がある

解説 テルアビブでの研究については第6段落に説明がある。脳の性差は育った文化と人生経験に依存するという第2文と，男女で社会的な期待と扱いが異なるため，時間の経過とともに脳に違いが出てくるという第4文の内容から，**1**が正解。**3**は同じ箇所に矛盾する。**2**の「ホルモン」と**4**の「薬の消費量」については本文

に説明がない。

語句

□ entitle「〜に…とタイトルをつける」
□ counselor「カウンセラー」
□ stem from 〜「〜から生じる」
□ mating「交尾」
□ claim「…と主張する」
□ autism「自閉症」
□ brain cortex「(大脳) 皮質」
□ exclusively「独占的に」
□ neural「神経の」
□ cognition「認知」
□ societal「社会の」
□ sociologist「社会学者」
□ correlate 〜 with ...「〜を…と関連付ける」
□ measurable「測定可能な」
□ simultaneously「同時に」

□ Mars「火星」
□ contend「…と主張する」
□ neuroscientist「神経科学者」
□ aggression「攻撃性」
□ propagate「〜を普及させる」
□ cognitive「認知の」
□ voluntary「自発的な」
□ inherent「生来の」
□ magnetic「磁気の」
□ initially「初めのうちは」
□ variation「違い, 変種」
□ anatomical「解剖学上の」
□ solely「単に」
□ innate「生来の」
□ substantially「かなり」

問題番号		1 2 3 4
2	(1)	① ② ③ ④
	(2)	① ② ③ ④
	(3)	① ② ③ ④
	(4)	① ② ③ ④
	(5)	① ② ③ ④
	(6)	① ② ③ ④
3	(7)	① ② ③ ④
	(8)	① ② ③ ④
	(9)	① ② ③ ④
	(10)	① ② ③ ④
	(11)	① ② ③ ④
	(12)	① ② ③ ④
	(13)	① ② ③ ④
	(14)	① ② ③ ④
	(15)	① ② ③ ④
	(16)	① ② ③ ④

問題番号		1 2 3 4
2	(1)	① ② ③ ④
	(2)	① ② ③ ④
	(3)	① ② ③ ④
	(4)	① ② ③ ④
	(5)	① ② ③ ④
	(6)	① ② ③ ④
3	(7)	① ② ③ ④
	(8)	① ② ③ ④
	(9)	① ② ③ ④
	(10)	① ② ③ ④
	(11)	① ② ③ ④
	(12)	① ② ③ ④
	(13)	① ② ③ ④
	(14)	① ② ③ ④
	(15)	① ② ③ ④
	(16)	① ② ③ ④